大学广告
系列丛书

丛书主编　夏文蓉

中外广告发展史

夏文蓉　编著

南京大学出版社

总　　序

改革开放20多年来，我国的广告业从无到有，高速发展。与此相适应，广告业对广告人才的需求十分旺盛。全国近百万的广告从业人员总数依旧不能满足行业发展的需要。我国加入WTO以后，广告实务界对广告从业人员的专业化程度以及知识结构的优化均提出了更高的要求。因此，加大广告专业人才的培养力度仍然是今天以及今后高等教育的当务之急。

2005年底，我国开始履行对世贸组织的承诺，全面开放广告市场，外资可以在中国开办独资广告公司。这意味着中国广告业发展的整体环境发生了变化，为期20多年本土广告业一直享受的"保护期"结束了，今后的中国广告业将在全球化的平台上与国际广告业同场竞技，同时，这也将引发许多新的现象与问题有待全新的理论阐释。

中国的广告业依托中国经济的发展取得了令世人瞩目的成就，但与发达国家相比仍然存在较大差距。这一差距在更深的层面上则表现为国内的广告教育和理论研究水平与发达国家之间存在的差距。

广告业在我国是一个年轻的行业。专业化程度是表征这一行业发展水平和成熟度的重要指标之一。综观我国广告高等教育的现状，毋庸讳言，广告专业化教育仍然存在诸多不足，如专业教育的系统性、规范性不足，学科建设状况不能适应广告实践的发展需要等。

在新的竞争环境下，广告专业人才培养水平的提高有赖于广告高等教育的更广泛普及。我国高等学校广告专业数量的急剧增长以及自学考试、专业培训数量的增加便是这种努力的表征。无论是科班出生还是从其他专业进入的广告从业人员，无论是学生还是学术界人士，在21世纪新的形势下均面临着知识更新的挑战，向社会提供系统化的专业知识便成为广告教育界的使命。新的广告发展环境下，高等院校广告专业的人才培养目标既是面向本土的，又应该是面向国际的；人才培养方式既是充满创新精神的，又应是高度规范化、系统化的。

但是，提升广告专业人才培养水平的最根本因素还是本土广告专业教育整体水平的提高。在过去相当长时期内，本土广告专业教育一直在解决

“有无”问题，广告教育“量”的增长在一定程度上快于“质”的提高。这一状况导致广告高等教育水平参差不齐。从根本上提高本土广告专业教育整体水平，则又必须首先提升广告学术研究的整体水平。理论是观察世界的独特视角，也是事半功倍解决问题的利器。有人说，好的理论总是最实用的，此言不虚。广告学理论研究是用以解决中国广告界问题的利器。

我国广告学术研究的滞后，有显著的历史成因。回顾中国广告学术研究的历史，中国社会发展历程的特殊性使得广告学术研究的历史既悠久又短暂。20世纪初，中国的现代传播还在襁褓之中，就有了1918年甘永龙编译的广告学专著《广告须知》的问世、徐宝璜对报纸广告的研究以及高等学校广告教育活动的展开。此后到1949年以前，与中国社会的发展实际以及广告业发展水平相适应，也曾出现过一些零星的广告学术研究成果。1949年至1979年这30年间，广告学术研究则几乎是空白。因此，我国真正意义上的广告的学术研究的历史其实只有改革开放以后的20多年。在这短短的20多年中，国内学术界筚路蓝缕，大量译介西方广告学著作，也撰写了一定量的广告专业教材。这一学术积累的过程是具有历史性意义的，不仅为广告专业人才的培养提供了初期宝贵的学术资源，而且也为今后广告学术研究与发展奠定了基础。广告学作为一门年轻的学科，其理论的成熟与完善必然要经历一个较长的学术积累过程。

随着时间的推移以及我国广告业发展实际的急速变化，许多过往的广告学术研究成果已经不能满足今天的需要，因此，作为广告学术界的一分子，在现有成果的基础上继续推进广告学术研究发展、促进广告理论创新正是责任所在，广告学术著述的出版则是我们一直在努力的证明。

有鉴于此，我们在南京大学出版社的鼎力支持下推出了“大学广告”系列丛书。本套丛书从本土广告教育的实际出发，本着“求精不求全”的原则，按实际需要有针对性地选取书目，包括广告法律制度、市场调查与统计、广告发展史、广播电视广告、广告设计实务、广告媒体实务等研究领域，以满足广告教学与研究的急需。我们希望通过自身的努力在本套丛书中突出如下特点：

一、专业知识的系统性和全面性。系统全面地梳理各广告专业领域的研究成果，以便读者建立系统全面的专业知识体系。

二、理论与实践的相关性与互动性。本套丛书既有对广告理论研究的学术探讨，又有对广告实务以及广告案例的分析与总结。

三、与读者对象的适应性。本套丛书既强调理论框架体系的完整性，又强调教材的实用性、工具性；既强调作为教材用书应有的浅显易懂，又力争扩大内容的深广度。因此，本套丛书应既适合用做高校广告学专业教材，也适用于广大广告爱好者自学使用，同时，对广告专业研究者也应有相当的参考价值。

我们的丛书仅仅是一个开始，我们希望通过本套丛书的问世，为21世纪广告业和广告教育事业的发展，尤其是为广告专业人才的培养做出应有的贡献。这是本套丛书全体作者的共同愿望。

丛书主编　夏文蓉

2009年11月

目　录

上编　中国广告发展史

下编　西方广告发展史

绪 论

第一节 广告的内涵

一、广告词义溯源

“广告”一词最早源于拉丁文“Advertere”，意思是引起注意、进行诱导。1300 年至 1475 年间，中古英语里有了“Advertise”一词，其含义是“某人注意到某事”，后演变为引起别人注意，通知别人某件事。17 世纪末，由于英国工业革命的兴起和发展，“Advertise”开始被广泛使用。当时的报纸上已经常出现“Advertisement”一词，作为文章标题，表示“通告”的意思，以引起读者注意。据《牛津英语词典》的解释，1750 年有一位市民在广告中说，能找到偷他 60 基尼的人，将受到奖赏（A citizen had advertised a reward for the discovery of a person who had stolen sixty guineas.）。其中使用的“广告”一词的含义已经十分符合现代广告的意义。在现代英语中，“Advertisement”与“Advertising”都是名词形式的广告，但两者含义存在细微差别。前者是指具体的广告作品，具有静态的含义；后者则既是广告的总称也是指广告活动，具有宏观的、动态的含义。

日本学者认为，“广告”一词最早在日本出现。铃木保良在《现代广告手册》一书中认为：大约在明治五年至明治二十年（1872—1887），日本开始流传“广告”一词。在“广告”一词出现以前，日语中一般用报告、告文、广白、告白、引扎、御披露等指称广告品。

一般认为汉语中的“广告”一词是 20 世纪初由日本传入的外来词，在此之前，汉语中对广告品和广告活动均没有统一称呼，常用告白、布告、招贴等词指称。1872 年 4 月 30 日创刊的《申报》在其创刊“第一号”头版头条就刊载了名为《本馆告白》的广告，同时还刊登了 3 条“告白”刊例，即广告刊载价格。汉语中的“广告”一词的字面意思就是“广而告之”。

1898 年 12 月 23 日，梁启超在日本横滨创办的《清议报》是我国最早使用“广告”一词的中文报纸。1899 年 4 月 30 日出版的《清议报》第十三期中，刊出了用日文撰写的报纸招揽广告的告白《记事扩张卜广告募集》，并附了一份《广告料》，即广告刊例（广告报价单）。这是中文报刊上最早使用“广告”一词。

“广告”一词真正意义上以中文形式出现在中文报纸上是在1901年。创刊于1872年的中文报纸《申报》在1901年10月18日第二版上刊出了一份报纸的创刊广告，即《商务日报广告》，并连续刊登了好几天。这是国内报纸第一次正式使用“广告”一词。自此，《申报》刊载的广告愈益增多。1901年10月23日，《申报》第二版刊载一则推销书籍的广告《上洋京口博文书局广告》。1901年11月23日《申报》上出现了银行广告《横滨正金银行上海分行新订章程广告》。此后，广告越来越多地出现在报纸上，但在开始阶段，“告白”等用语出现的频率也仍然非常高，混用情形较为普遍。

二、广告的定义

人们通常所说的广告有广义与狭义之分。广义的广告泛指一切广告活动，所有意在传递信息、促进沟通的广告形式——商业广告与非商业广告都包括在内。商业广告是指那些传递经济信息、促进销售的广告；非商业广告则指商业广告之外的一切广告，如各种社会组织发布的公告、声明、启事以及公益广告，等等。非商业广告一般不以获取经济利益为目的。随着社会的发展进步，非商业广告的形式越来越多元化，广告的内容、广告的深度和广度都是以往所不能比拟的。狭义的广告即指以赢利为目的商业广告。但上述对广告的认识仅仅还是表层的对广告类别的认识上。

关于广告的定义其实是一个非常复杂的问题。自有“广告”这一概念以来，人们对广告的定义方式不下数百种。

在历时性维度上，不同历史时期均出现过关于广告的代表性定义。

1890年以前，西方社会对广告的定义是：“广告是有关商品或服务的新闻”。英文的原文为：News about Product or Service。这一时期，广告被看作一种起告知作用、与新闻报道相类似的传播活动。

到了19世纪末20世纪初，被称为美国现代广告之父的拉斯克对广告的解释曾一度流行。拉斯克说：广告是印刷形态的推销。拉斯克揭示了广告另一个最为核心的含义，即广告是一种销售手段。这一定义是早期广告观念的体现，曾被视为广告界的金科玉律。

1932年，美国专业广告杂志《广告时代》(*Advertising Age*)公开征集广告定义，得票最多的入选定义是“由广告主支付费用，通过印刷、书写、口述或图画等，公开表现有关个人、商品、劳务或运动等信息，以达到影响并促进销售、使用、投票或赞同的目的。”这一定义强调了广告传递信息的功能以及广告具有明确的传播意图的特性。

美国营销协会1948年初步提出、并在1963年左右几经修改、最终确定的广告定义是:“广告是由可确认的广告主,以任何方式付款,对其观念、商品或服务所作的非人员性的陈述和推广。”这是迄今影响最大的广告定义之一。这一定义较全面地阐述了广告的基本要素,即广告主、付费传播以及传播的非人际特点。

1977年版的《韦伯斯特大辞典》中对广告的定义是:“广告是指在通过直接或间接的方式促进商品销售、传播某种主义或信念、召集参加各种聚会和集会等意图下所有告知性活动的形式。”但1988年的《韦伯斯特大辞典》中对广告的定义已经改作:“在现代,广告被认为是运用媒体而非口头形式传递,具有目的性信息的一种形式,旨在唤起人们对商品的需求并对生产或销售这些商品的企业产生好感,告知提供某种非营利性目的的服务以及阐述某种意见和见解等。”同一辞典对广告定义的上述改动,一方面说明人们对广告的认识和观念的变迁,另一方面也有可能是因为广告活动和广告表现的确发生了较大变化。

《简明不列颠百科全书》中关于广告的定义是:“广告是传递信息的一种形式,目的是促进商品和劳务的销售,影响舆论,获得公众支持,推进一种事业或引起刊登广告者所希望的其他反应。广告通过各种媒介(包括报纸、杂志、电视、广播、路牌等)把信息传递给广告对象。广告区别于其他传播方式之处在于广告需要向媒体付费。”

美国广告公司协会(American Association of Advertising Agencies)的广告定义是:广告是付费的大众传播,其最终目的是为了传递信息,改变人们对于所广告的商品的态度,诱发其行动而使广告主获得利益。

日本广告行业协会对广告的定义是:广告是被明确表示出的信息发送方式,是对呼吁(诉求)对象进行的有偿信息交流活动。

我国学者也曾对广告下过诸多不同的定义。早期较有代表性的定义有1926年由我国著名报学史专家戈公振先生提出的对于广告的定义:“广告为商业发展之史乘,亦即文化进步之记录。人类生活,因科学之发明日趋繁密美满,而广告即有促进人生与指导人生之功能。故广告不仅为工商界推销出品之一手段,实负有宣传文化与教育群众之使命也。”作为一个报学史专家,戈公振先生对于广告的定义着重强调了广告在人类社会生活中的重要地位及其重要的社会文化功能,而这一方面恰恰是许多定义所忽视的方面,因此,这一定义在林林总总的广告定义中独树一帜。

1999年版《辞海》对广告的定义是:“通过媒体向公众介绍商品、劳务和企业信息的一种宣传方式。一般指商业广告。从广义上说,凡是向社会公众传播社会人事动态、文化娱乐、宣传观念的都属于广告范畴。”在这里,广义的与狭义的广告内涵都被提及。

三、广告的基本特征

上述广告定义，表述各不相同，内容各有侧重。但根据上述各种对广告的定义表述，又可以发现广告的一些共性。这些共性，就是广告的基本特征。归纳起来，大致有如下几点：

1. 广告是一种信息传播的活动和行为。

广告具有一般信息传播活动的基本元素，即信息、传播者和接受者、传播渠道。

2. 广告是一种具有投入产出特点的付费传播。

付费的主体是广告主。作为广告信息发布者，广告主必须向媒体支付传播费用。这使得广告活动与社会工商企业所进行的一般经济活动有相近之处。不同的是，广告费用的支出所带来效益并不都是直接的。

3. 广告是一种有意图的传播。

广告的目的是针对特定对象施加特定影响。这种影响的施加方式有直接的和间接的方式。通常，其最终目的是使目标消费者接受广告信息，从而促进购买、影响销售。因此，广告是一种有计划、有目的的说服性传播。

4. 广告是一种非人际传播。

非人际传播是指各种通过媒介传递信息的方式，区别于一对一或小范围的人际传播。在当代社会，广告主要是通过电视、报纸、广播、杂志、网络等媒介，向消费者传播信息。随着传播技术的日新月异，越来越多的新媒体成为广告媒介，广告的传播形式愈益多元化。

四、广告活动的形成与发展

广告活动是指广告信息传播的全部过程，这一过程包括一系列为实现特定传播目标而实施的协调一致的行为。

人类的广告活动是商品交换的产物。但广告活动起源于何时，一直到今天并没有确切的答案。可以确定的是，人类的广告活动是随着社会生活的变迁而变化的。今天，广告在内容、传播形态、组织形态等方面均达到了前所未有的高度。

从人类社会开始出现广告活动到今天广告活动无处不在，大体可将人类广告活动的发展分成如下四个阶段：

首先是广告活动的起源阶段。最初的原始广告活动出现在生产力水平十分低下的情况下，主要服务于物物交换的商品交换形式。人类的原始广告活动往往表现为通过介绍和展示自己的物品来达到广告目的。这种活动只是初步具备了广告的雏形，其中包含了广告活动所需的基本元素，如商品信息的介绍、对商品的展示。即使是今天最现代的广告形式也由这种原始广告形式发展而来。

随着社会生产力水平的提高、商业活动的日渐频繁，专事介绍和展示物品的广告形式开始固定化，出现了叫卖、招牌、海报等广告形式。正如我们不知道原始广告活动始于何时，我们也不知道这种广告形式究竟在历史上持续了多久。能够知道的是，许多原始广告形式在技术高度进步、广告传播媒介无比丰富的今天，依然保持着旺盛的生命力。

人类广告活动发生质的变化是在第二阶段，即广告的大众传播时代。这是人类广告活动发展的最重要阶段之一。广告活动进入到大众传播时代的重要标志是15世纪中期印刷术在西方的革新与普及。这一阶段，印刷术的普及使得报纸的大众化渐成现实，也使得报纸以大众媒介的身份在19世纪上半叶逐渐成为广告的主流媒体。另一方面，随着工业革命在西方国家的次第展开，资本主义商品经济迅速发展起来，商品生产转向社会化大生产，商品产量激增导致了市场供求关系发生了变化，商业竞争日趋激烈，商品推销成为企业经营的常规活动。经常性的推销活动对商品广告的频率、市场覆盖面、传播技巧均提出了相应的要求。20世纪二三十年代以后，电子媒介开始出现。从无线电广播到电视的逐步普及，高新科技带来广告传播手段、传播方式的巨大变化。

第三阶段即广告活动的职业化阶段。1841年，福尔尼·帕尔默在美国开办了第一家广告公司。1869年美国艾耶父子广告公司成立，开始代理广告业务，标志着广告业作为一门职业的诞生。此后，广告活动日益得到发展。广告活动职业化、专业化的转变是20世纪现代广告发展的基础。广告的职业化发展带来了广告活动的巨大变化。

首先，广告竞争日趋激烈。19世纪后期，西方社会工商企业生产规模进一步扩大，产品的销售在商品经济活动中占有愈益重要的位置。面对规模越来越扩大的市场，商品销售必须借助于广告手段，因此，广告越来越受到企业的重视。于是，商品销售的竞争，也转移到广告竞争之中。广告竞争使得社会工商企业加大了广告投入，也使得广告行业获得了巨大收益，广告活动的整体水平不断提高。但广告竞争也带来了许多负面影响，如虚假广告不断出现。广告活动中的急功近利行为打击了消费者对广告的信任度，影响到行业的美誉度，甚至威胁到广告业的生存。

其次，广告活动的规范性加强。正是由于激烈的广告竞争带来了一系列负面影响，职业化的广告活动的另一特征产生了，这就是对广告活动的管理。1911年美国广告联合俱乐部率先发起维护广告真实性与道德性的运动。此后,各国政府为加强对广告的管理,均先后制定了专门性的广告管理法规,广告业的行业自律问题也日益受到重视。各国政府均对广告提出要求,即广告不能仅仅从广告主和广告公司的立场、利益和目标出发,必须同时兼顾消费者、竞争对手以及社会公众等多方面的利益。

第四阶段即当代广告活动时期。当代广告活动的主要特点是传播手段日益丰富,广告功能更加多元。就广告媒介的发展而言,以互联网等数字技术为代表的新媒体技术越来越多地被运用到广告传播过程中,广告的效益、广告的技巧、广告的形态都大大超越了传统的大众传播时代。广告信息传播速度更快,覆盖范围几乎无远弗届;广告诉求方式更为多样,人们接触广告的方式也更加多样化,广告对经济、社会生活的影响更为深广。广告业已经成为当代社会的朝阳产业,广告活动的组织化程度日趋提高,如:广告公司的规模正在向大型化、综合性方向发展,广告经营活动日趋国际化、全球化。

五、广告的功能

自产生之日起,广告便不仅是一种特殊的信息告知活动,而且也是一种对社会经济、文化具有影响力的社会现象。综观广告发展演进的过程,广告的功能主要体现在微观层面的对商品销售活动的功能、中观层面的对社会组织的功能以及宏观层面的对社会文化的功能。

1. 广告对商品销售活动的功能

在具体的商品销售活动中,广告能够传递商品信息或具有劝服作用,帮助消费者做出消费决策。这是广告最基本的功能。人类从叫卖等原始的广告形式发展到现代大众传播的媒体广告,虽然广告形态、广告内容、广告技巧都发生了很大的变化,但传递商品信息,诱导消费的本质没有变。

广告传播关于商品或服务的信息,不仅是因为商品提供者具有推销商品的动机,也是出于消费者具有满足其商品消费的需要。在商品交换活动中,消费者在采取购买行为之前,为了减少失误,一般要首先了解有关的商品信息。在社会经济较发达的社会,人们的生活节奏日益加快,经济活动中的信息不对称现象日益严重。作为消费者,人们主要是通过电视、报纸、传单等各种传播媒介获取商品信息,而不再依赖亲身接触或人际传播。各种广告媒体,尤其是大众传播媒体,具有传播速度快、传播范围广、传播强度大、传播附加值高等特点,尤其有利于新事物的推广。

在微观层面上,广告的劝服和诱导功能尤为显著。广告的这一功能有多种表现和技巧,通常是借助产品功能或品牌形象对消费者展开劝服和诱导。劝服的方式可以是直接的,也可以是间接的,其终极目标导向均在于商品销售的实现。由于劝服和诱导因素的加入，广告在刺激消费、诱导消费等方面具有显著的功能。

广告还具有对消费者进行宣传教育、改变消费者观念的功能。广告是一种经济传播形式，为了达成经济传播目标，广告常常以某种消费观念或社会观念作为其符号。某种程度上说，既然广告是一种劝服性传播，那么，广告就是一种观念的传播。广告传播的信息，往往包含了商品、消费等多方面的知识。广告能够把新的商品知识、消费知识以及科技知识等，潜移默化地渗透到消费者的脑海中。公益广告作为广告的一种重要形式，更是常常被用于对消费者的观念教育，以传播正确的价值观、促进社会行动、改善社会风气为旨归。

2. 广告对社会组织的功能

广告是伴随着商品经济的发展而逐渐繁荣起来的。在商品经济发达的社会条件下，商品广告将有关商品或劳务的信息传递给目标消费者，沟通生产与消费，是企业经营活动的一部分，其动机和目的都在于促进工商企业经济的发展。

在现代企业经营活动中，广告的作用正如广告大师大卫·奥格威在《一个广告人的自白》中引用企业界人士观点所表述的那样："随着广告的实施，带来的是节省的效果，在销售方面，它使资金周转加速，因而使零售价得以降低而不致影响零售商人的利润。在生产方面，这是使大规模生产得以实现的一种因素。谁又能不承认大生产导致成本下降呢？"的确，广告的大量传播通常能够带来消费者的大量需求、企业的大量生产、大量销售，从而进一步使企业降低成本、降低售价。因此，广告满足了商品经济链环上多个经济主体的需要。

广告对于社会组织来说，是有计划、有组织的传播活动。对企业而言，广告通常是企业营销战略的一部分。广告的营销功能是广告的基本功能。企业的营销战略是企业经营活动的重要组成部分。早期营销理论包括产品、价格、销售地点、销售促进等四个方面，被称为"4Ps"（product，price，place，promotion）。随着市场经济的进一步繁荣和成熟，尤其是在20世纪90年代以后，现代营销理论认为，企业经营活动应以消费者为中心，强调消费者、成本、便利性和传播，即"4Cs"（consumer，cost，convenience，communication）在营销活动中的主导地位。在"4P"理论中，广告的功能是向消费者传递商品信息，是促进销售的环节之一。在"4C"理论中，广告的功能则是与消费者保持持久沟通，以满足消费者需要为目的。广告是整合营销传播活动的一个有机组成部分。营销观念的转变带动广告功能发生了变化。

在整合营销传播中，广告活动仍然是企业与消费者交流信息的重要手段。在现代传播技术条件下，广告的信息传递功能不仅没有削弱，反而前所未有地加强了。广告能够超越时间和空间的限制，把商品和劳务等信息及时准确地传达给目标消费者，能够借用现代媒介日益精进的传播技巧和强有力的劝服功能实现对消费者的深度渗透以促进销售。

3. 广告的社会文化功能

作为一种经济传播现象，广告对社会经济领域的贡献是有目共睹的，但广告对于社会文化而言究竟有何种功用则一直存在争议。有人认为，广告属经济传播的范畴，主要作用于社会的经济领域，并不直接担负太多的社会责任；也有些人认为广告对社会文化具有正面功能；另外有观点则认为广告对社会文化具有腐蚀破坏功能。孰是孰非，难以定论。

关于广告是否具有社会文化功能与影响，结论是毋庸置疑的。尽管广告是一种经济传播，但广告通常是以文化的符码来传递信息的，有着文化的外观。广告以其特殊的传播方式，如观念灌输、重复传播、大量传播的特性对社会文化具有强劲的渗透力。

商业广告对社会文化的影响，主要直接表现在社会消费文化层面，而间接作用于人们的价值观，进而渗透到社会文化的方方面面。而各种以传播观念为特征的非商业性广告更是以直接的方式参与社会文化的建设和塑造。

广告不仅是一种客观存在的社会现象，也是人类在社会发展的漫长过程中一再选择的产物，广告对社会文化当然具有正功能。但是，广告的本质是逐利的手段，因此，广告对社会文化的负功能也是在所难免。

广告能够折射社会的价值观，表达人们对生活的追求；广告可以创造流行、形成时尚、倡导新的生活方式。丰富多彩的广告艺术可以给人审美愉悦，对大众文化的繁荣做出贡献。从这一角度看，广告本身就是一种文化现象。但由于广告主体是各种社会组织、团体或个人，广告主体具有非组织化特征，广告量多质杂，良莠不齐的现象较为普遍。一些质量低劣的广告作品有肤浅化、低俗化现象，这在客观上对社会文化的健康发展也会造成损害，是应当加强制约的。

在广告发展过程中，广告业的发展与大众传播产业的发展是紧密相连的。一方面，大众传播产业为广告提供了发布的空间与渠道，媒介的丰富为广告打开了海量传播之门；另一方面，广告业的发展也为大众传播产业打开了财富之门，广告是现代大众传媒主要的经济支撑。不仅如此，广告还丰富了大众传播媒介的内容空间。优秀的广告作品是大众传播媒介中一道亮丽的风景线。

第二节 广告起源与演进历史概述

广告起源于何时,依据现有的考古成果,还没有明确的结论。人们已形成共识的是,广告是商品经济的产物,是伴随着社会经济的发展而逐渐产生发展起来的。广告产生的最直接动因是人们在商品交换等商业活动中产生了对信息的愈益增多的需求。广告的发展过程与其他的社会历史过程存在某种对应关系。

世界广告的演进历史,也是一部社会经济、文化、传播技术演变的历史。

一、原始广告的产生

原始社会时期,由于社会生产力水平十分低下,劳动的剩余产品少,商品交换活动十分有限,商品交换的范围、品类以及行为方式均十分原始,现代意义上的广告并不存在,但具有现代广告某些性质的广告活动和广告状态已经出现了。实物陈列广告、叫卖广告、标志性广告等均是广告的原始形式。

陈列广告是指在商品交换活动中,直接将商品陈列出来,以吸引人们的注意,是一种实物广告。

叫卖广告则往往与陈列广告相结合。商品销售者在陈列商品的同时通过叫喊来吸引买者。

标志广告,顾名思义,是用商品标记或广告主的记号来广而告之的广告形式。中国古代标志性广告的主要形式有招牌、幌子等。

招牌在古代主要是指商店的名称和记号,以标牌的形式置于商店的醒目位置。中国古代的招牌有横招、竖招、坐招、墙招等形式。横招是在标牌上横题字号;竖招是竖题字号;坐招是设置在商店柜台上的招牌;墙招则是直接将商店名称写在店墙上的形式。

幌子也是商店的标记,但不同于招牌的是,幌子主要用来表示商店经营的商品类别或服务类别。

公元前 3000 年至公元前 2000 年左右,古代巴比伦商业已经比较发达。当时已经出现了叫卖广告和招牌广告。商人们雇用叫喊人为他们宣传,店铺的门外挂着商业招牌。公元前 1000 年,古埃及首都特贝散发的“广告传单”,是迄今为止发现的世界上最早的广告物。古代巴比伦、古代埃及的广告内容有许多涉及悬赏寻找逃走的奴隶。古代埃及(公元前 700—前 176)有专门的叫喊人在码头上叫喊商船到岸时间。船主甚至雇人穿上前后都写有商船到岸时间和船内装载货物名称的背心在街上来回走动。这应该是三明治广告人的最早雏形了。

据考古发现，古亚述帝国（公元前3000年中叶至公元前605年，史书称亚述里亚）建立起胜利纪念碑，布告天下，碑文以宣扬战功为主要内容。这是迄今发现的人类社会早期的非商业广告。

古希腊、罗马时代，布告牌非常普及，其功用是告知出卖的货物或公演的戏剧。布告牌被看作人类早期的广告媒体，也被看作是人类社会早期的新闻媒体。公元前1世纪以前，希腊和罗马的店铺门口盛行悬挂招牌。

我国原始社会后期，相传夏禹铸九鼎，象征国家政权，昭示天下。周文王演绎八卦，让人刻成碑文，用以示众。陈列和口头叫卖是我国最古老的广告形式。据《易·系辞下》记载，早在殷、周时代，便形成了"日中为市"，"致天下之民，聚天下之货，交易而退，各得其所"，这样的物物交换是最早的实物广告。实物广告主要通过陈列来展示商品。陈列是吸引人们注意的一种有效方式，叫卖更是一种对注意力的有效唤起方式。与叫卖紧密联系的是音响在商品销售中的作用。叫卖往往有一定标志性的节奏和韵律，有时又会和音响互相配合使用。

中国的招牌广告和幌子广告是经过较长的历史阶段才逐步形成的。在唐宋的文学艺术作品中已经可以见到非常丰富的关于招牌广告和幌子广告的记载。例如，常常在诗文中出现的酒旗就是一种常见的标志幌。《韩非子》中已经记载："宋人有酤酒者……悬帜甚高"。历代诗词中也有许多关于酒旗的诗句，如：唐代刘禹锡有："城外春风吹酒旗"；杜牧诗云："水村山郭酒旗风"，宋代欧阳修有："西风酒旗市，细雨菊花天"的诗句，不胜枚举。幌子还有其他一些形式，如酒店挂上酒葫芦，剪刀店里画剪刀，鞋店画鞋子，等等。在绘画方面，北宋的《清明上河图》中十分细腻生动地描绘了当时的商业盛况以及招牌、幌子等丰富多样的广告形式。图中汴河岸边上靠近桥头的一座彩楼上有一条上书"新酒"二字的彩条旗，这是酒店的旗帜广告。在彩楼下面一个店门口悬挂着一个写着"脚店"的灯笼，这是旅馆的灯笼广告。城门里面沿街两旁的店铺门口，家家挂着写着各种各样的字样的招牌。中国古代，招牌与幌子往往结合起来使用，古代招牌和幌子的制作已经非常讲究精美与特色。

二、近代广告

近代广告时期到来的标志是印刷广告的兴起与普及。在印刷术发明以前，中外广告形式长期保持着原始广告形态，信息传播范围、传播速度受到很大的限制。

印刷术的发明和普及，引发了人类社会传播的巨大变革，也为广告提供了先进的传播手段，并使广告传播的范围空前扩大，广告对商品销售的影响日益增强，从而也促进了广告自身的发展。

单从印刷术的发明来看，7 世纪，我国隋唐时代就出现了雕版印刷技术，北宋济南刘家功夫针铺的雕刻铜版，是迄今发现的世界最早的印刷广告。1045 年，毕昇发明了胶泥活字印刷术。13 世纪末叶，元代王帧对活版印刷做了改进。以后，中国又先后出现了木活字和锡、铜、铅活字。中国的造纸术和印刷术先后流传到东亚和欧洲。印刷术的发明标志着人类已经掌握了复制文字信息的技术原理，印刷技术为信息的批量生产提供了可能。但是在古代中国，由于社会的政治、经济和文化条件的制约，中国的印刷术在技术上的革命性力量并没有得到充分发挥，中国的印刷业并没有因为印刷术的发明而进入到信息的大量生产和大量传播的新阶段。

在这个意义上，15 世纪中期，德国古登堡在中国活字印刷和油墨技术的基础上创造了金属活字排版印刷，并把造酒用的压榨机改装成印刷机，才开辟了文字信息的机械化生产时代，从而开辟了人类的印刷传播时代和印刷广告的新纪元。从 15 世纪中叶起，印刷在欧洲已成为一个行业，出版物得以大批量地印制，传单、招贴、标语和商业名片等广告形式得到发展。

《美国新闻史》一书中写道："在 15 世纪末和 16 世纪，印刷术的扩散撕裂了西欧的社会生活结构，并用新的方式将它更新组合，从而形成了近现代模式的雏形；印刷材料的使用促成了社会、文化、家庭和工业的变革，从而推动了文艺复兴、宗教改革和科学革命。"①对广告的发展而言，印刷术的意义首先在于降低了印刷材料的价格，使大众能够获得它们。印刷术不仅降低了单位成本，而且可以批量生产。其次，廉价的印刷读物有助于提高识字率，有利于文字广告的传播。

1472 年，英国人威廉·坎克斯顿在伦敦教会前张贴了一张长 12.5 厘米、宽 17.5 厘米的招贴式广告。取名为 siquis。这个词意指"如果有人(有兴趣的话)"。该广告的主要内容是告知市民如何廉价获取宗教仪式书籍："倘任何人，不论教内或教外人士，愿意取得适用于桑斯伯莱大教堂的仪式书籍，而其所用字体又与本广告所使用者相同，请移驾至西敏斯特附近购买，价格至廉，出售处有盾形标记，自上至下有一条红线纵贯，以为辨识。"这则广告被认为是西方最早的印刷广告。公元 15 世纪的所谓书籍与它们的

---

① [美]埃德温·埃默里、迈克尔·埃默里：《美国新闻史》，新华出版社 2001 年版，第 4 页。

前身手抄本十分相似,但随着印刷技术的进步,更简便的书籍、小册子和单张印刷品逐渐普及并影响到社会生活的方方面面。马丁·路德及其追随者们在1520年之后用印刷品在德意志乡村广泛传播新教教义,它们被大量复制和讨论。这时的印刷品已经是非商业广告的重要媒体。

印刷广告在商业领域的应用更加深入与广泛,广告形式更加丰富多彩。17世纪,"广告已建立了其重要性,一些重要的媒体如招牌、标语、传单、小册及期刊均已应用,其主要功能即标示不同的卖者及其产品,带来需要及供给,助长对新产品的需要,并建立商誉及个人与公司的特性"。①

印刷术的发明带动了近代印刷报纸的产生。在印刷术发明之前,欧洲出现了官办或私人办的、商业性的手抄报纸,这些手抄报纸被称之为新闻信,专门卖给需要当日新闻的贵族或有身份地位的人士。印刷术发明以后,新闻信开始不定期地进行印制,后来则以期刊形式定期出版。16世纪初,德、法、英等国先后出现了早期的印刷报纸。17世纪开始,欧洲逐渐出现了印刷报纸,并很快被用做广告媒介。

不过,早期的报纸广告并没有受到人们的充分重视。当时报纸的发行量小,广告只是报纸新闻信息的附属品。如英国第一家被官方承认的报纸曾拒绝为书籍、药品等商品做广告,认为做广告不是一份有理性的报纸所应该做的,因此拒绝登载广告。

当时的报纸因版面大小便于衣袋携带,又被称作"新闻书"。后来,单页的报纸才逐渐取代了书籍的形式。报纸广告也逐渐增多。1625年,《英国信使报》在报纸上刊登了一则推销图书的广告。这则广告被认为是世界上最早的报纸广告。但也有一种观点认为,1650年英国《新闻周刊》刊登的一则内容为寻找12匹被盗的马的悬赏广告是世界上第一则名副其实的报纸广告。报纸广告的出现,是广告发展的一次飞跃,为广告带来了新的发展空间。此后,报纸长期是广告的主流媒介。当时,广告一般刊登在特定的商业性栏目中,为引起读者的注意,广告逐渐集中刊登。1645年1月15日,The Weekly Account 杂志第一次开辟了广告专栏。该杂志首次在表述"广告"这个意思时不再使用"warning"(预告)这个词,而是使用了沿用至今的"advertisement"这一表述方式。进入17世纪中期以后,广告这一名词已经普遍使用。经常做广告的商品有咖啡、茶、巧克力、药品等。

这个时期除了媒介变革之外,还出现了类似广告代理店的机构。自然经济形态下的广告活动,往往是与商品生产者和经营者联系在一起的,在经

① 樊志育:《世界广告史话》,中国友谊出版公司1998年版,第288页。

济活动中没有独立的地位。广告活动真正成为一种职业，是在资本主义商品经济得到较大发展、媒介发行量和广告量不断增加的条件下逐渐出现的。1610年，英国詹姆士一世让两个骑士建立了最早的广告代理店。1612年，法国人J.雷纳德创立了名为“高格德尔”的广告代理店。

17、18世纪，随着近代报纸的出现，出现了新闻代理。新闻代理其实是早期的报纸推销员，是应报纸发展需要而产生的。其中一部分推销员是报纸自己的广告业务员，他们直接面对广告主销售报纸版面，另一部分新闻代理则是受雇于报业的外部人员，代表报纸向广告主推销版面，从报纸领取佣金作为酬劳。由于报纸的发展和广告活动的频繁，报社组织内部纷纷设置起广告部，集中经营广告业务。另一方面，原先受雇于报社的版面推销员，则开始脱离媒体，从媒体廉价购买版面，然后经分割再高价零售给各广告主，赚取其中的差额利润，成为专业的新闻代理。此时专事媒体购买的新闻代理已经初步具有了广告代理的特征。这种状况一直延续到19世纪。

19世纪，世界经济的中心开始由英国向美国转移，世界广告的中心也随之发生相应的转移，美国广告业空前繁荣，催生了真正意义上的现代广告代理业。1841年，福尔尼·B.帕尔默在费城开办了一家广告代理公司，其性质并未超出早期的单纯的媒介代理，但他却把这种代理作为一种纯粹的职业。1869年，在费城开办的一家艾耶父子广告公司，明确按版面成本收取代理费（媒介返回的代理费或广告主支付的代理酬金），并向客户提供文案、设计，甚至还包括市场调查、建议和安排合适的媒介等一系列服务，成为第一家按当今广告公司运作方式进行运作的广告代理，从而确立了具有现代意义的广告代理佣金制。因此，艾耶父子广告公司被广告史学家称为“现代广告公司的先驱”。

随着报纸和报纸广告的快速发展，最早的广告管理活动出现了。18世纪初，英国政府开始对报纸广告征税。1702年12月，英国的《伦敦每日时报》公布，在报纸上刊登广告的税额一律是1先令。1712年，英国议会通过了对报纸和报纸广告征税的法案。

18世纪中叶，英国开始工业革命。工业革命带动了印刷业、出版业的发展，特别是报纸业的发展。工业革命使商品的大规模生产成为现实，使商品销售量急剧增加。此时，商家迫切需要借助广告这一手段来推销商品。报纸的发行量开始上升，而广告逐渐成为报纸收入的主要来源。报纸和报纸广告都获得了较大的发展。

科学技术、传播技术的进步，使包括报刊广告在内的各种广告表现形式和手段有了长足的进步。尤其使19世纪以后，各种现代广告媒体相继登台亮相。

我国是世界上创办报纸最早的国家之一，但我国古代报纸缺少一般的新闻和言论，广告更无从谈起。19世纪，外国传教士在中国创办了一批教会报纸，包括第一批近代中文报刊。传教士1815年在马六甲创办出版的第一家中文期刊《察世俗每月统纪传》，在其序后附有“告帖”，即广告。总体上，中国近代报刊的宗旨在于阐发基督教义，商业色彩淡，大多不刊登广告。鸦片战争后，中国开始沦为半殖民地半封建社会，西方资本主义开始向中国渗透，西方商品开始对中国倾销。外国商人为了在中国推销商品，沟通中外商情，开始在中国创办商业报纸。首先兴起的英文商业报纸有在香港出版的《中国之友》、《德臣报》等，内容以刊载市场行情、航运信息以及其他广告为主。创刊于1853年9月3日的香港第一份中文报刊《遐尔贯珍》，首次用铅活字排版印刷，除经营广告业务外，还率先宣传广告对商业的作用。随后，在广州、上海、福州、汉口等地，也先后出现了中国人自已办的最早的近代报纸，如《昭文新报》、《循环日报》以及《汇报》等。这些报纸开辟“各行告白(广告)”、市场货物行情、船期等栏目，专事刊登商业广告。19世纪60年代以后，上海成为中国商业报纸的出版中心。

中外近代广告时期的广告已经具备了现代广告的许多特征，例如大众传播媒介的使用，广告形态和广告内容的丰富以及广告管理的出现。

三、现代广告

现代广告是相对于传统广告而言的。一般认为，美国广告代理公司的出现及其位置和角色的明确可以作为现代广告形成的标志。

19世纪后期，现代广告开始萌芽。广告代理和广告代理佣金制的出现是现代广告萌芽的标志。这些新的现象推动了广告作为一门行业的出现。

随着广告市场的扩大和广告业务量的增加，广告代理业逐渐从报纸中分离出来，走向独立。早在1849年，英国美瑟-克劳瑟广告公司(奥美公司前身)已经拥有近100名员工，提供专业的广告服务。在美国，除了帕尔默、艾耶等人先后成立广告代理公司，1865年，乔治·P.罗威尔也开始了“广告批发代理”的业务活动。他预先购买下100家报纸的广告版面，然后再将广告版面以略高的价格分售给不同的广告主。到19世纪末期，许多公司提供类似的广告专业服务，大公司有的已有100个员工的规模。1880年，日本第一家广告代理店“空气堂组”在东京开业，其后，“弘报堂”、“三成社”、“广告社”、“正喜路社”等相继成立。1895年，“博报堂”开业。1901年，“日本广告株式会社”成立。19世纪末20世纪初，美国许多著名广告公司，如智威汤逊广告公司、洛德-托马斯广告公司、扬·罗比凯广告公司均已成立，并在

20 世纪美国广告市场中占据重要份额。许多广告公司聚集在一些国家的经济文化中心，如纽约、东京、伦敦等城市，这些城市也逐渐成为世界广告中心。纽约的“麦迪逊大道”早已成为世界广告业最高水准的代名词。据 1922 年出版的《美国广告代理年鉴》统计，美国当时的广告代理公司有1 200 家。欧洲各国和亚洲的日本等发达国家的一些著名的广告代理公司，也大都创立于这一时期。19 世纪末 20 世纪初，专业广告代理的大量涌现，大大加速了广告产业化的历史进程，广告迅速发展成独立的新兴产业。从此，广告业逐步走上规范化的代理服务，其服务功能也从早期的单纯媒介代理，逐步拓展为以营销为目的，包括市场调查、广告策划与创意、广告设计与制作、广告的媒体发布与效果监测等一系列活动在内的专业服务。

除了得益于广告自身的发展，现代广告的形成还得益于现代传播媒介的发展。

大众化报纸 19 世纪 30 年代以后在美国、英国、法国等国家先后出现。1833 年 9 月 3 日，本杰明·戴在纽约创办《太阳报》，因其只卖一美分，而被称为“便士报”，创刊短短几个月就成为当时美国发行量最大的报纸。该报的收入来源来自广告。报纸按照企业经营管理模式运营，迅速成为最为理想的广告媒体。1840 年，全美国已有 1631 家报社。便士报运动促进了现代报纸的快速增长，使报纸进入到真正意义上的大众化时期。南北战争以后，随着美国经济的迅速发展，各种新型的传播技术发明日新月异。从新式印刷机的普及、打字机和造纸术的改进、照相制版技术的运用、到电报技术的发明和完善、海底电缆的铺设以及电话的发明，报纸的发行量日益扩大，逐渐成为第一广告媒体。

20 世纪初，随着广播媒介的逐渐普及，广播作为广告媒体的价值日益显现。广播广告具有传播迅速、覆盖范围广、价格便宜等优点。1920 年，美国 KDKA 电台开播，这是美国第一家商业电台。KDKA 就是后来广播网的开端。企业家和广告商开始抓住这种新媒体的潜力。1922 年，美国有 500 多家电台开播。美国电话电报公司开设的 WEAF 电台率先实行销售广播时间的政策以获得商业赞助。1926 年，美国全国性广播电台问世之后，广播电台立即成为主流广告媒体。1928 年，美国无线电广播广告的收入已经达到 1050 万美元。随后，世界上各个国家纷纷建立自己的电台。广播广告逐渐成为大多数国家或地区广播电台经费开支的重要来源之一。直到电视出现以后，广播广告的地位才有所下降。

1936 年英国建立起世界上第一座电视台。1939 年美国创办了美洲第一家电视台，但正式开办商业电视台是 1941 年 6 月。1945 年，FCC 开始签发电视许可证。第二次世界大战以后，电视传播事业迅速发展，各国电视台相继建立。其中许多电视台都经营电视广告业务，从而使电视广告迅速发展。20世纪40年代末，电视开始挑战广播的市场份额。1949年初，广播吸引着81%的听众，到了年底，电视占领了41%的广播市场。黑白电视很快代替广播成为全国主要的广告媒体。在20世纪的后50年里，电视一直在广告市场上居于优势地位。随着电视技术自身的不断革新，电视作为广告媒体的作用始终无可替代。

1731年英国出版的《绅士杂志》最早用“magazine”（杂志）一词称呼期刊，并对之如此描述：“每月成集，锦文荟萃，如杂志”。“magazine”一词是由阿拉伯文的“makhzan”变化而来，原词意是“仓库”的意思，就此转用为知识的仓库，后来刊登论文、小说等文字的期刊都被称作杂志。直到20世纪二三十年代以后，杂志才逐渐被普遍重视。20世纪上半叶，杂志趋向成熟，逐渐适应了广播和电视带来的竞争压力。杂志的大发展是在二战以后。像德国的《明镜》，美国的《时代》，日本的《读卖周刊》等杂志都成为世界性的重要杂志。同时，大量趣味性、知识性、娱乐性的杂志不断出现，并且与广告传播结合在一起，从而形成了现代杂志广告。20世纪50年代以后，专业化杂志成为发展趋势。由于杂志拥有其特定的读者群，杂志比其他媒体更能满足广告商细分市场和精准营销的需求，因而杂志也成为优质广告媒体。

现代广告时期，其他的广告媒体形式也得到巨大发展，广告媒体大大增加，种类更为丰富。1853年，美国纽约的《每日论坛》第一次用照片为一家帽子店做广告，摄影广告由此出现。户外广告在17世纪以后出现并得到发展。1870年，户外广告的收入占到商业广告的30%，到20世纪初，随着交通工具的改进，尤其是汽车的普及、公路建设的发展，户外广告的重要性进一步提高。户外广告多以图画为主，目的是加深人的印象。户外广告的种类有广告牌、海报、建筑广告等，形式多样。1882年，英国伦敦安装了世界上第一个灯光广告。1910年，法国在巴黎举办的国际汽车展览会上率先使用了霓虹灯广告；1911年，巴黎一家时装店安装了第一个用霓虹灯制作的招牌，以后霓虹灯广告就成为当时最流行的户外广告。1932年至1934年，美国芝加哥博览会将霓虹灯广告的普及推向了新阶段。路牌广告也进一步标准化、规格化，不仅传递了信息，还美化了环境。

现代传播是大众传播阶段，现代广告也是广告媒体以大众传播媒体为主的新历史阶段。报纸、广播、电视、杂志被认为是20世纪最重要的四大广告媒体。现代传播媒介的发展改变了广告形态，催生了现代广告业。

随着广告专业化程度的提高，现代广告时期的理论研究得到快速发展。

早在18世纪末期，西方国家就已经出现对广告的理论研究活动。19世纪后期，莱伍德和哈顿合著的《路牌广告的历史》(1866年)和桑普森的《广告的历史》(1874年)都是较早的广告学专著。1898年，E. S.路易斯提出了著名的AIDA法则。1900年，美国学者哈洛·盖尔把心理学引进到广告学研究中，写出了《广告心理学研究》一书。1903年，美国学者瓦尔特·狄尔·斯科特出版了《广告学原理》，1908年又出版了《广告心理学》一书，这些成果标志着广告学已经成为一门独立的学科。这一时期，日本广告学研究也开始起步。1914年，早稻田大学创建广告研究会，开设广告学课程，到20世纪30年代，初步形成现代意义上的广告学科体系。英国则在这一时期相继出版了《广告学》、《实用广告学》等学术著作，对广告学的研究也渐次展开。

作为现代广告的又一个特征，20世纪初广告行业管理组织开始出现。1911年，美国诞生了最早的广告法规《普令泰因克广告法草案》。1914年，美国成立发行量审计局(简称ABC)，专门负责核查报纸的发行量。此后，类似机构在英、法等国也相继建立起来。1938年，国际广告协会成立，总部设在纽约。这是一个国际性的非赢利组织，也是世界上最大和最有权威的国际广告组织。现代广告逐渐走上规范化发展道路。

整个20世纪，随着经济繁荣和科技进步，广告对于社会、经济、文化以及日常生活的影响也越来越深。以美国为代表的西方发达国家，在整个20世纪中，经济实力日益增强，市场经济的发展又极大地刺激广告业的发展。1997年，美国的广告收入为1067亿美元，2006年达1630.36亿美元。美国广告业的发展带动了世界范围的广告业的活跃和发展。从广告业发展态势来看，“二战”以后，出现了以美国为核心领导、西欧和日本为重要主体的世界广告业的大发展。目前，美国、日本、德国、英国、法国等西方发达国家在全球广告市场中占据着重要的地位。

中国现代广告业的发展开始于1949年以后。建国以后，我国的广告业发展比较缓慢。1957年，我国第一次参加与国外广告界的交流活动，当时的商业部派视察员赴布拉格参加有13个国家参加的国际广告工作者会议。1958年，国内组织传达了国际广告会议的精神，介绍了国外广告业的发展状况，并对我国广告业的发展展开了讨论。但从总体上看，广告对经济建设的促进作用在1979年以前没有受到应有的重视。“文革”期间，我国的广告事业更是受到前所未有的破坏。广告因被视为资本主义的产物而遭到冷遇，包括霓虹灯在内的多种广告媒体被取缔。

我国现代广告事业的真正发展是在党的十一届三中全会以后的改革开

放时期。改革开放30年来,中国广告业一直以惊人的速度发展着。

1979年以后,全国各地的广告公司雨后春笋般出现。到1990年,广告经营单位已达到11 123户,2001年增加到78 339户。截至2007年底,全国共有广告经营单位17.3万户,从业人员111.3万人,经营总额达到1 741亿元,进入了国际广告市场前列。

1981年以后,我国广告业一直以两位数的速度飞速发展。1981年底,我国广告业收入为1 180万元人民币,1990年底,则已达到25亿元人民币。1997年,中国的广告收入高达36.8亿美元,而2006年则达到了485.18亿美元。

2007年,全球广告市场规模达到4 684.4亿美元,持续平稳增长的广告市场呈现增长稳定和格局多元化的态势。

进入21世纪,全球社会又将进入一个新的发展阶段,其发展速度与发展结果都很难加以准确而具体地预测。但全球经济一体化和传播技术的发展趋势使得全球广告业必将面对新的挑战。广告将成为一种更加综合、更加复杂的沟通过程。

第三节　广告发展史的研究对象与基本问题

广告学是一门年轻的学科。广告学作为一门应用社会科学,20世纪初才在美国诞生。因此,尽管人类的广告行为已经经历了漫长的历史,但广告学仍然是一门新兴学科。最早的广告学的研究成果里,对广告历史的研究占有重要位置。1866年,莱伍德和哈顿合著《路牌广告的历史》、桑普森的《广告的历史》都是现代广告学的最早研究成果。但必须承认,在广告学的发展过程中,对广告史的关注是相对较少的。总体来看,广告学学科体系由三个知识系统构成,即广告理论、广告史和广告业务。其中,广告业务是在广告学研究中与实践结合最为紧密的部分,重点研究广告实际运作中的规律,是广告学研究中的应用性研究,而广告理论与广告史则是广告学学科中的基础研究部分。

一、广告发展史的研究对象

广告发展史是以中外广告的发展、变化过程为研究对象,探索广告发展规律的学科。广告学科是一门应用学科,这一学科性质决定了广告发展史这一门广告学子学科的特殊性质。在广告学科中研究广告发展史,不是为了了解广告历史而研究历史,而是面向当代和未来的广告实践,力求服务于广告实践的发展,具体地说,是希望能够为广告实践的发展提供规律性的历史参照。另外，广告发展史的研究也有别于一些基础学科中的历史研究偏重史实等静态研究对象的特点。广告发展史为了服务当代日新月异、纷繁复杂的广告实践活动，探索广告的发展规律，除了对各种静态史实的钩沉以外，还特别注重对各历史过程动态联系、互动关系的考察。因此，广告发展史的研究对象，大体说来有静态与动态两大类研究对象，静态的研究对象包括：广告史实、广告媒体、广告组织、广告制度、广告理论、广告教育等；动态的研究对象则包括广告与政治、经济、文化等外部社会因素的互动过程。具体而言，广告发展史的研究对象包括如下几个方面的内容：

1. 广告史实

广告史实是指广告发展历史中存在的各种广告事件、广告作品等广告表现形式。这是广告发展历史中的外显的遗存形式，也是研究广告发展史的重要依据。

2. 广告媒体

在广告发展过程中，广告媒体是广告的载体形式，广告媒体的变迁是推动广告发展的重要因素。加拿大学者麦克卢汉认为“媒介即讯息”，虽然这是一种技术决定论的思想，但道出了传播技术在社会发展过程中所扮演的关键角色。媒体与广告，是水乳交融的。没有媒体的发展，就没有广告的发展。两者的关系正如同“皮”与“毛”的关系。广告业的发展是依托于各种广告媒体发展的。我们所说的广告都有它特定的媒体形式。对于广告来说，有时媒体形式比广告自身还要具有标志性意义。因此，广告媒体的变迁是广告发展史研究对象的重要内容。

3. 广告组织

广告组织是广告活动的主体部分。在工业化社会以前，广告活动是一种松散、自发的经济信息传播行为，广告活动的主体往往就是广告主本身，中间没有中介组织的存在。但进入工业化社会以后，广告活动的显著特征就是组织化广告活动的出现。在工业化社会中，社会化大生产成为主流，社会分工越来越细。现代意义上的广告活动的主体从广告主转向专业化的广告组织。专业化广告组织的出现使得广告活动从自发、零散的状态转变为愈益专业化、组织化的社会活动，也正是由于广告组织的出现，广告才逐渐成为一门独立的社会行业。因此，广告组织的产生、发展、演变过程也是广告发展史重要的研究对象。

4. 广告制度

广告活动总是在一定的制度背景下展开的，并且要受到一定制度的约束和管理。广告制度涉及的就是广告的管理问题。这大致有两个方面，即法律法规和行业自律。在法律法规方面，早在公元13世纪的法国，路易七世就曾经颁布《叫喊人法则》，规定了从事叫卖的小贩应遵守的规则，对叫卖广告的行为进行了规范。现代广告时期，美国最早的广告法案可以追溯到1911年通过的《普令泰因克广告法草案》。中国最早的广告管理发端于20世纪20年代的《民律法案》中，其中对广告的效力、撤销、悬赏等作了十六条规定。从行业自律方面来看，作为一门独立的社会行业，行业内部自律性的管理制度对促进本行业的发展有着与他律性法律法规互补的作用，能够通过广告行业内部的组织活动和各种规章、条例等保障行业内部的正常运行，还能够协调行业与社会其他系统的良性互动，既能促进规范发展，又能保障行业权利。从法律法规和行业自律情况的发展变迁可以了解广告发展的内外环境，同时，法律法规与行业自律是否健全，本身就是衡量广告发展水平的重要标志。因此，法律法规和行业自律必然是广告发展史的重要研究对象。

5. 广告理论

广告理论的出现是广告专业化程度提高的重要标志。早在18世纪末期，西方国家就已经出现对广告的理论研究。19世纪后期，莱伍德和哈顿合著的《路牌广告的历史》(1866年)和桑普森的《广告的历史》(1874年)都是较早的广告学专著。1898年，E. S. 路易斯提出了著名的AIDA法则。1900年，美国学者哈洛·盖尔把心理学引进到广告学研究中，写出了《广告心理学研究》一书。1903年，美国学者瓦尔特·狄尔·斯科特出版了《广告学原理》，1908年又出版了《广告心理学》一书、这些成果标志着广告学已经成为一门独立的学科。20世纪初，我国的徐宝璜曾在其撰写的《新闻学》一书中专章论述广告的性质和作用。20世纪以来，广告学的理论研究成果丰硕，对广告实践起到了重要的指导作用。而广告理论自身的变迁折射的是各个历史时期人们广告观念的嬗变。

6. 广告教育

广告教育的普及对于广告专业化程度的提高和广告学成长为一门独立的新兴社会学科具有重要的推动作用，对于现代广告的发展具有重要意义。自从20世纪初广告课程逐渐走进高等学校课堂，广告教育日渐兴旺，在世界各国都相继兴起。美国的哈佛大学率先开设广告课程，其后，广告学在许多高等学校成为一门独立的院系，为广告界培养大量专业人才。

7. 广告与外部环境的互动

历来对广告的定义林林总总，部分是由于广告的复杂性所致。广告是基于经济目的的媒体传播活动，同时，广告传播的符号形式和内涵诉求又是一种文化现象。广告是一种经济活动，也是一种传播活动，还是一种文化活动。广告与社会、政治、经济、文化因素都有密切的关系。社会、政治、经济、文化因素不仅构成广告活动的环境，而且，对广告均有直接或间接的制约作用。另一方面，广告活动作为社会传播活动，也能对某一时期社会的经济、文化，乃至政治产生一定的影响。广告业本身就是一个日益发展的产业部门，较高的广告发展水平能够刺激经济领域的发展水平，也能够对社会的时尚文化产生深刻的影响。在政治方面，许多国家都曾在战争期间运用广告进行战争动员，取得过显著的效果。在西方国家的政治生活中，政治广告在竞选等政治活动中均扮演着重要角色。

二、广告发展史的研究方法

历史学在长期的发展过程中，已经形成了多样化的研究方法和研究流派，其中，比较有代表性的方法有：

1. 传统的逻辑分析法。逻辑分析法有两种最基本的方法，即归纳法和演绎法。

2. 比较史学方法。比较史学方法的特点在于能够从大量的原始材料中选取有效的信息，以用于设定的比较对象的考察。比较研究可以是横向比较或是纵向比较、宏观比较或是微观比较。横向比较通常是对不同国家、不同民族或地区展开的历史比较；纵向比较则是对同一国家、地区、同一民族不同历史阶段的历史现象进行比较；宏观比较是从宏观角度对那些在人类发展进程中产生重大影响的历史现象所进行的概括性比较研究，揭示人类社会发展的一般规律和特殊规律。

3. 心理分析法。这种分析方法主要依靠历史人物遗留下来的私人文献和实物，结合当时的宏观历史背景，对其中人物的潜在心理状态及其与特定的历史活动之间的关系进行深入分析，展现更加感性化的人物特征和立体的历史过程。

4. 计量法。这种分析方法是根据历史现象中反映出来的数量关系来分析历史事件的性质及其一般规律。这种方法主要依赖历史材料中的大量数据，借助计算机建立数学模型，并进行数据处理，以得出一般性的结论。计量方法将定量分析方法引入了传统上以定性描述为特征的历史学研究。

5. 口述史方法。这种方法是指研究者带着一定的研究目的采访历史事件的当事人，搜集有关史料并且整理和分析这些史料。口述历史研究可以弥补书面资料的不足，纠正一些已有研究的误差。

6. 社会史学。这种方法是把社会当作一个有机系统的历史整体来研究，考察特定的研究对象与整个社会历史间的关系，并作出整体性的解释。

除了上述方法之外,西方历史研究还有许多其他方法与流派,如结构分析法、年鉴学派等。

广告发展史的研究也有方法论的问题。只有以科学的研究方法,才能获得广告发展史研究的新发现。在广告发展史的研究中,应科学运用各种历史研究方法,为挖掘和总结人类广告实践中的思想和智慧服务,为给当代广告实践带来启迪、促进当代广告业健康发展的目的服务。

在整个人类社会的历史进程中,广告发展进程只是社会发展的一个很小的侧面。在广告史研究中,尤其应关注广告与社会系统其他部分的互相联系与互相影响。在具体的研究中,应从各个历史时期的广告实务出发,挖掘广告的历史遗存,并在此基础上透视特定历史时期的广告发展面貌以及广告在特定历史时期的作用与影响。在研究方法上,可以借鉴各种社会科学方法,尤其是社会学、心理学、文化学、传播学等学科的研究方法,展开对广告发展史的研究。

三、广告发展史的基本问题

广告发展史的学科体系包含的内容十分丰富,其中,必须包括广告的起源、广告在不同时期的地位、作用与影响、不同时期的广告表现形式及发展脉络、广告环境与广告发展原因、不同时期广告发展的特点以及广告发展趋势等问题。具体而言,广告发展史研究的基本问题有:

1. 广告发展的历史阶段划分

本书将中外广告发展史分为三个重要的历史阶段,即以钱币、实物、招牌、叫卖为主的古代广告时期、以印刷广告为主的近代广告时期和以电视广告、广播广告以及网络广告等现代广告形式为主的现代广告时期。

2. 影响广告发展的社会因素

主要是探讨广告发展与特定历史时期经济、社会、文化、传播技术进步的互动关系,尤其是不同历史时期作为广告环境的社会背景对广告发展所产生的特定影响。

例如,每一个历史时期,社会经济发展水平往往决定着这一时期广告业的发展水平。广告的繁荣程度是经济发展的晴雨表。经济繁荣,则广告繁荣;经济衰退,则广告业萧条。美国是世界第一经济强国,其广告发展水平也是稳居世界第一。20 世纪 30 年代初,美国经济大萧条时期,美国的广告业经历了同样的艰难时期。“二战”以后,经济复苏,广告业也进入了飞速发展时期。广告从本质上来说是一种经济活动,是为了促进赢利的沟通。因此,宏观的经济背景对广告的影响是直接的。当然,这种影响在不同的历史时期会呈现出不同的表象。

再如文化对广告发展的影响。广告是一种基于经济目的的信息传播活动。但广告所使用的符号、广告的风格等无一不受到特定文化环境的影响。美国20世纪20年代流行身份认同广告，突出表现当时社会流动的无限可能性，为美国梦提供多元版本，如：当时有广告劝导中产阶级下层消费者和上层贫民去购买广告中的商品和服务，以提高文化素质和个人修养，并有助于消费者向中产阶层的流动。70年代的美国广告充斥着乡村音乐和牛仔式的卡车司机等平等形象。80年代的广告倾向则随着社会时尚的变化朝70年代的反向摆动：宣传高人一等的优越感。广告受众对广告的接受方式更是有着各自文化背景的深深的烙印。

3. 广告实践的发展脉络

主要回答广告活动和广告产业的发展过程、广告媒体的发展过程、广告创作、设计的演变过程等。对既往广告实务的研究意在总结历史经验，为现代广告实务的发展提供借鉴。

本章关键词

广告　广告活动　广告起源　广告演进历史　研究对象　研究方法

思考题

1. 从广告发展的历史如何理解广告的定义？
2. 广告具有哪些基本特征？
3. 广告发展史大致可以分为哪几个历史阶段？
4. 广告发展史的研究对象和研究方法分别是什么？
5. 广告发展史要解决哪些基本问题？

上　编

中国广告发展史

第一章

中国古代广告史

广告的产生和发展,依赖于商品生产和商品交换的产生和发展,以及生产力的不断提高和广告手段的进步。在古代广告数千年的发展历史中,产生最早的是社会广告,它先于商品交换的产生而存在,并在古代广告中占据较大比重。到了封建社会中期以后,商品经济发展到一定阶段,经济广告得到发展,并超过社会广告。我国古代的经济广告往往与市场上的商品交换活动相结合,受到市场的限制。社会生产力的发展水平决定了广告传播手段的使用。我国古代社会并未形成独立的广告行业。

中国古代社会包括原始社会、奴隶社会和封建社会三个不同的发展阶段。原始社会中期出现了社会广告,原始社会末期和奴隶社会初期,商品广告走进人们生活。封建社会,中国古代广告发展也进入鼎盛时期。总体来看,中国古代广告的发展和其生产力发展水平相一致,在不同的历史时期,由于生产力发展水平的差异,广告表现形式也不尽相同。广告的设计制作水平,传播范围和传播方式受到当时社会政治环境和经济水平的制约。具体来说,中国古代广告的发展呈现出以下几个特点。

首先,中国古代广告的发展水平由当时社会的生产力发展水平决定。

随着生产力水平的不断提高,从原始社会到奴隶社会、封建社会,人们的物质生活水平不断进步,广告赖以生存的物质基础也越来越丰富。生产工具的进步,社会分工的发展,社会组织的建立及不同社会阶层的形成,都为人们的信息交流增加了现实和潜在的需要。广告传播的信息不断增加,广告传播的媒介及传播方式多样化,受众群体人数增多,这些都为广告的存在及发展创造了良好的物质条件。

人类传播史迄今经历了四次传播革命,即口头传播、文字传播、印刷传播、电子传播,与之相对应,广告的传播方式也经历了大致相同的发展阶段。中国古代广告的发展阶段主要表现为,在原始社会,人们利用手势、身体语言或借助自然物来传递信息;语言形成后,人们便借助有节奏的吆喝或抑扬顿挫的旋律来传递信息;文字出现以后,便出现了招牌、幌子等广告表现形式;纸的发明和印刷术的出现使印刷广告成为可能,人们传递信息的方式变得更精确,信息流动的区域更广阔、速度更快捷。

其次,中国古代广告的出现和发展与人们的现实生活需要密切相关。

广告直接来源于人们的生活，并为人们的生活服务。原始广告最初为人们的生存和生产服务，社会广告则为人们日常生活及社会组织的管理及运行服务。商品广告出现后，主要在人们进行的商品生产和商品交换中发挥作用。

再次，中国古代社会主要有社会广告、商品广告、文化广告、军事广告四种类型。

广告是人类有目的信息交流的产物，当人类传播的信息是社会信息时，社会广告早于商品广告出现。中国古代社会生产力水平比较低下，国家管理手段比较单一，交通不便，社会广告对于维护统治秩序和民族统一发挥了重要作用。

商品广告的发展程度是由商品经济的发展程度决定的。中国古代社会的不同时期，不同的统治者对商业发展的政策不同，进而影响到商品广告的发展。尽管商品广告总体发展较为缓慢，但其发展态势是向上的。商代产生了商业和商人阶层，西周时期城市商业开始萌芽。在春秋战国时期，隋、唐、宋朝时期商业都得到比较大的发展，城镇商业得到不同程度的发育。在元、明、清时期，市场发育相对比较成熟，在商业比较繁荣的地区，商业广告也发展较快。然而，中国古代社会的不同历史时期，重农抑商的政策、政权更迭、战乱等因素致使商业发展受到限制，商业广告的发展也受到影响。

中国古代商品广告受市场发育程度的制约还表现在商品广告往往与市场上的商业活动直接关联。中国古代社会的市场，主要是指商品交换场所。由于交换活动多在市场中或被限定只能在市场中进行，因此而产生的广告活动无论是在时间上还是空间上都不可能超出市场的范围。如口头广告、陈列广告、招牌广告、幌子广告、店堂广告等均自然地成为市场交换的组成部分。

最后，中国古代社会广告市场发育不成熟，尚未形成独立的广告行业。

中国古代社会是一个相对稳定的传统农业社会，商品经济虽然萌芽较早，但发展缓慢。自给自足的经济模式决定了自产、自销在商品生产和商品交换中占据较大比重。我国有学者明确提出，在漫长的自然经济历史中，缺少广告行业独立分工的基础。因此，中国古代社会的商品广告不是由商品经销者独立完成的。在大多数情况下，商品的生产者就是商品的经营者，同时也是广告的发布者。广告市场中的多角关系尚未形成，广告市场发育不成熟，没有形成独立的广告行业。这也是中国古代社会广告发展的特点之一。

本章将介绍中国古代社会的广告、不同时期经济发展、与之相对应出现的不同广告形态。口头广告和商品陈列广告是原始商品交换活动中出现的两种最基本的广告形态。以后其他形式的广告形态均是在此基础上发展起来的。口头广告发展的基本线索是原始的吆喝广告向着利用或借助音响工具发展的音响广告和采用民间词曲的音韵旋律而创造出来的吟唱广告两个方向发展。陈列广告沿着这样一条主线发展:实物广告—悬物广告—幌子广告—招牌广告—彩楼、欢门广告。而诗歌广告、楹联广告分别同吟唱广告和招牌广告的发展相关联。

第一节　先秦时期的广告

中国古代商业广告产生于原始社会解体、奴隶制出现的初期。商品广告出现的直接动因是生产力水平提高导致社会分工的出现及在此基础上出现的商品生产和商品交换。夏、商、西周时期,商业主要控制在官府手中,在"工商食官"制度下,城市商业中"市"和"肆"的形成是商业广告产生的基础。春秋战国时期,行商和坐贾分化,促使广告表现形态从原始的叫卖和陈列向更为复杂的招牌、幌子等广告形态延伸;自由商人和自由贸易的出现,也促使广告发展突破了地域限制。

一、原始社会时期的广告

1. 社会广告

广告是人类信息交流的必然产物。人们只有相互交往,才能共同生存。人们在一定的社会关系基础上结合而成生活的共同体,由此形成社会。在生产力水平低下的人类社会早期,社会生活中就产生了广告信息的萌芽。"社会广告"是一个较为宽泛的概念,它先于经济广告而出现。人类的社会生活是极其复杂的,人们在社会生活中交互作用而形成的联系也是多种多样的。

广告是人们建立社会联系的方式之一,它的出现需要具备以下三方面因素:一是人类有互通信息的需要;二是人类有剩余商品交换的需要;三是具备产生广告手段和形式的物质条件。因此,作为信息传递基本手段的社会广告就先于经济广告出现了。

《左传·宣公三年》记载了夏禹铸九鼎以示天下的信息传播方式:"昔夏之方有德也,远方图物。贡金九牧,铸鼎象物,百物而为之备,使民知神奸"。说的是禹作了首领,收集九州贡献来的铜铁等金属,在荆山脚下铸造了九个大鼎,上面刻画了九州万国毒恶生物和鬼神精怪的图像,让人们识别并防备。统治者把管理条文昭示天下,这就是早期的社会广告。我国最初的文字广告，也多为政治、军事性质的社会广告，如“诰”是夏商周三代一种训诫勉励的广告，“誓”是告诫将士的言辞。

2. 经济广告

原始社会末期出现了商品生产和商品交换，作为传达商品信息的经济广告也随之产生。商品广告的出现有两个基本前提。

一是这一时期人类生产力水平得到较大程度提高，人类已创造出更丰富的物质产品，为商品广告的出现提供了物质基础。

二是原始社会末期，出现了畜牧业和农业分离的第一次社会分工，随后逐渐形成了以原始农业为主的自然经济，偶然的商品交换就出现了。这是商品广告出现的最直接动因。不同产品的生产者为了交换，把要交换的产品带到市场上去陈列或展示，这是最原始的广告表现形态。《诗经·卫风·氓》中记载：“氓之蚩蚩，抱布贸丝。”描述的是一个满脸堆笑的小伙子抱着布等待交换。布是一种交换的媒介，“抱布”就是实物陈列广告。为了提高物物交换的成功率，交换者开始有针对性地向人们介绍自己的产品，并伴以吆喝声。原始的商业广告形态——实物陈列和口头叫卖广告就产生了。直到今天，这两种广告形态仍然存在于我们的生活当中。

二、奴隶社会时期的广告

从夏、商、周到春秋战国，中国古代社会完成了从奴隶社会向封建社会的转变，实现了从封建割据逐渐向中央集权制统一国家的过渡。在社会变革和商业逐步繁荣的过程中，商业广告得到了初步发展，在奴隶社会及以后主要表现为政治广告、军事广告和文化广告。

1. 夏商周时期

由原始社会转变为奴隶社会的过程中，出现了手工业从农业和畜牧业中分离的第二次社会大分工。在距今约四五千年前的龙山文化中，出现了农业、制陶、牲畜、手工业等经济生产部门的分工和显著发展，剩余产品增多，简单的商品交换逐步发展起来。夏代关于商品生产和商品交换的传说有不少，史书记载了尧统治时期的商品生产和交换状况。舜统治时期，舜本人就曾从事过商业活动。到了商代和西周时期(公元前16世纪至公元前771年)，商品交换的地区范围和商品种类进一步扩大，货币成为商品交换的主要媒介，并出现了商业比较集中的“市”，市内分布着不同行业的“肆”。市里还设有管理市场的市官和相应的管理法规，保证商品交换的有序进行，也为更加成熟的广告形式的出现奠定了物质基础。

商代和西周的商业主要控制在官府手中，奴隶主控制商业活动，奴隶从事商品活动，商业收入归官府所有，人们称这种商业形式为“工商食官”制度。在这种制度下，从事商业活动的人地位十分低下。根据史学家吴晗考证，周朝时期，“周民中一部分会做买卖的商人，即殷遗民”，他们被限制在特定的区域内，经常被召集训话，不许乱说乱动。他们没有政治权利，也没有土地，迫于生计，只能从事商业活动，但这一社会现实在客观上为商人阶层的出现创造了条件。由此可见，城市商业的出现，“市”、“肆”的形成，商人阶层的产生，都为商业广告的出现提供了可能。

这一时期，广告的表现形式仍然是以商品陈列和口头广告为主。如《楚辞·天问》中有“师望在肆……鼓刀扬声。”师望就是吕望，即姜太公，在被周文王赏识任用之前，曾隐居市井，操屠宰之业。他把肉案剁得砰砰响，然后伴着节奏高声叫卖。这里的“鼓刀”和“扬声”被认为是口头叫卖形式。

西周时，卖糖食的小贩就已经懂得利用吹箫管吸引人们注意。

总之，口头广告和实物陈列及展示广告已成为夏、商、周时期商业活动中普遍存在的现象。

2. 春秋战国时期

春秋战国时期(公元前 770 年—公元前 221 年)，是我国古代商业史上第一次繁荣时期。和前一个时期相比，这一时期的商业领域有几个较为显著的变化：“工商食官”制度被打破，自由贸易和商人开始出现；以铜铸币为主的金属货币的出现促进了商业的发展；区间贸易更加活跃；各诸侯国把经营商业提升到“富国强兵”的高度来对待。这些都促进了工商业的发展。

(1) 口头叫卖广告和陈列广告

商人阶层分化为“行商”和“坐贾”。由于二者经商方式不同，传达商品信息的方式也不同，这种分化直接导致了新的广告形式的出现。“行商”就是走街串巷或进行区间贸易的商人，原始的口头叫卖和每到一地的陈列展示更加频繁，广告的表现也更加成熟。行商采用不同的器具，摇、打、吹、划等，以各类特殊音响来代表不同行业。货郎打“小铜锣”、摇“巴郎鼓”，卖油郎敲“油梆子”，磨刀人拿着四块刀形铁片串成的“铁滑链”等。

《韩非子》记载了这样一则故事：楚人有鬻楯与矛者，誉之曰：“吾楯之坚，莫能陷也。”又誉其矛曰：“吾矛之利，于物无不陷也。”或曰：“以子之矛，陷子之楯，何如?”其人弗能应也。这则寓言生动地描述了卖楯和矛的人如何进行口头广告宣传，但是过分夸大，结果弄巧成拙。

(2) 悬物广告

“坐贾”是守着固定场所或摊位招徕顾客进行买卖的商人，除了口头叫卖和陈列展示之外，为吸引人注意，他们开始把陈列在地上的交换物悬挂起来，这就是早期的悬物广告。所谓悬物广告，是指商品经营者在销售场所或摊位前悬挂与经营特征有关的物品或标志的广告形式。《晏子春秋·内篇杂下》记载:"君使服之于内,而禁之于外,犹悬牛首于门,而卖马肉于内也。"晏子是春秋时齐国的宰相,他认为要使臣民内心信服,就要做到表里如一,而非悬牛首而卖马肉。他是通过打比方来说明治国之道,但从中可以看出春秋时期已有悬物广告这种形式。

悬物广告具有直观、醒目的优点,但在实践中也存在一些难题,如易腐烂的物品不能长期悬挂、太笨重的物品也不能悬挂等。有经营者开始尝试使用布、帛等材质,在上面画上要出售的物品。这样,原始的"旗帜"广告就产生了。战国末年,韩非子在《外储说右上》中记载:"宋人有酤酒者,升概甚平,遇客甚谨,为酒甚美,悬帜甚高。"说明了卖酒的人很有经营意识,讲究服务态度,酒的质量好,给的分量足,把旗帜挂得非常高,吸引人注意。

(3) 标记广告

有的产品最初加刻铭文、年号,表示私有权、纪念、装饰。随着商品交换的发展,逐渐出现了商业性的标记。最初的标记比较简单,一般是把制造者的印记刻在产品上。在出土的春秋战国文物中,发现在民间手工业者制造的陶器、漆器及绢绣等产品上标有"某记"的字样。这些产品拿到市场上交换,产品上的文字标记就具有了商标的作用和广告的职能。

第二节　秦汉时期至隋唐时期的广告

秦始皇统一全国,促进了区域间商贸往来。汉初的"休养生息"政策,促进了商业经济的进一步繁荣。广告环境有了改观,官府统一规范的广告形态有了新规范,以"市场"为中心的广告形态如旗亭、市鼓出现,招牌、幌子、声响等广告表现形式表现活跃。隋朝是中国古代社会经济走向鼎盛时期的起点,中国古代商业广告的发展也由此进入一个新的时期。唐代是中国古代社会政治、经济、文化的全盛时期,商业广告十分兴盛,出现了全国性的商品展览、陈列等形式,传统的广告表现形态在经济繁荣的大背景下也得到进一步复兴。

一、秦代时期

秦王朝(公元前221年—公元前206年)是中国古代历史上第一个统一的中央集权制的封建王朝。从经济发展的角度看,秦始皇统一中国,实施了一系列经济政策和改革措施,有利于生产力的发展,促进了商品流通和商业贸易的发展,如:统一货币,有利于商品交换;统一度量衡,使得市场交易更加规范,商业贸易更加便利;书同文、车同轨,有利于商业契约的签订和商品的运输等。秦代城市商业进一步发展，形成了商业贸易中心，如：秦朝都城咸阳是当时全国的政治、经济、文化中心。

秦代的商业广告在形式和内容上与春秋战国时代相比，并没有实质的变化。民间所具有的广告形式在秦代延续下来。比较大的变化是官府加强了对商业贸易活动的控制和对市场的管理，由市场管理者统一规定的悬牌广告出现了。湖北出土的云梦秦简记载："小物不能各一钱者，勿婴"。说的是如果商品价值超过一钱，就应悬挂商品的价格牌。"婴"有悬挂之意。

二、汉代时期

公元前206年，西汉王朝（公元前206—公元23年）建立。西汉是中国古代历史上国家统一巩固后对外扩张的第一个时期，在综合国力不断提升的前提下，商业发展进入到一个新的阶段。西汉初期商业的发展主要归于两个方面的因素：一是汉初的"休养生息"政策，为商业经济的恢复和发展奠定了良好的基础；二是西汉和东汉的国力强盛和经济快速发展，使商业经济的发展保持在一个较高的水平上。汉代的商业发展主要表现为城市经济的快速增长。经济繁荣时期，汉代以城市为中心，将全国的经济发展地区划分为五大区域，包括二十余个重要城市。汉代形成了以城市为中心的商业贸易区域，为商品经济的进一步发展创造了有利条件，出现了一些新的广告形式。

(1) 旗亭和市鼓

汉代称为市亭、市楼，其上高悬旗帜以为标志，称为旗亭。它具有双重含义：旗亭本身就是市场的标志；旗亭上多悬挂旗帜，旗帜广告成为旗亭广告的组成部分。旗亭常常是市场内最高的建筑，也是市场的标志。市鼓也是市场的标志之一，多悬挂在市楼之上。每当市场开启或关闭之时，均击鼓告知民众。

(2) 标记和铭刻

汉代商品生产者常常在自己生产的商品上刻上名号或打上标记。在长沙马王堆等汉墓出土的文物中，人们发现了大量打有标记或者铭文的漆器。有一些铭文是生产者有意刻上的一些祝福或吉祥用语，以迎合人们的心理需要。为了让购买者放心，有些铭刻把生产时间、规格、工序和所有手工业生产者的名字也都刻在产品上。

(3) 悬物广告

汉代以后，悬物广告比较流行，是店铺在门前悬挂与经营范围有关的物品或习惯性标志，起着招牌广告的作用，如药店悬壶为幌成为风俗，称悬壶售药，就是用葫芦作为药铺的标志；经营扫帚的店铺，在门前悬挂一把扫帚做标记；卖灯笼的店铺在门口挂一个灯笼。

(4) 垆

垆是卖酒的标志。垆是酒店门前垒起的土台子，多用以温酒。妇女当垆是汉代出现的卖酒的广告形式。让容貌娇好的女子在垆前招徕顾客，也是商家的一种促销手段。《史记·司马相如列传》中记载："文君夜亡奔相如，相如乃与载归成都，家居徒四壁立，文君久之不乐。……相如与俱之临邛，尽卖其车骑，买一酒舍，酤酒而令文君当垆，相如自著犊鼻裈与保佣杂作，器于市中。"司马相如是西汉著名的辞赋家，卓文君为爱情和司马相如私奔到成都后，迫于生计，买一酒舍沽酒，因为卓文君长得漂亮，坐在沽酒的垆旁招徕顾客。

(5) 命名广告

汉代以来，手工业发达，商品种类繁多，市场上出现竞争。商人为稳固自己的商品市场，多以该产品的能工巧匠的名称或与商品有关的故事情节、历史背景命名商品，形成了商品命名广告。史书《三辅绝录》中记载："夫工欲善其事，必先利其器，用张芝笔、左伯纸及臣墨。"当时东汉市场流行的名牌文具是"张芝笔"、"左伯纸"、"韦诞墨"等。张芝字伯英，东汉人，善草书，时人称其为"草圣"。左伯字子邑，是蔡伦之后的造纸专家。韦诞字仲将，善制墨和制笔，他制造的墨受到当时文人学士的欢迎和好评。这些以能工巧匠的名字命名的纸、笔、墨等，能够体现商品的特色，在购买者心目中树立起品牌。

这一时期除了新的广告形式之外，商人还开始讲究广告技巧和顾客心理。出现了名人广告。"马价十倍"即是一例。据《战国策·燕二》记载："人有卖骏马者，比三旦立市，人莫之知。往见伯乐曰：臣有骏马，欲卖之，比三旦立于市.人莫于言。愿子还而视之，去而顾之，臣请献一朝之贾。伯乐乃还而视之，去而顾之，一旦商马价十倍。"同样一匹马，在伯乐未看之前，在市场卖了三天都卖不出去。而伯乐"还而视之，去而顾之"之后，不仅卖了出去，而且价格上涨为十倍。由此可见，借助名人的声望做广告，古已有之。

《洛阳伽蓝记》卷四记载了一则酒商刘白堕巧做广告的故事。时有酿酒大师河东人刘白堕，其酒"饮之香美，醉而经月不醒"。洛阳城内的朝臣贵人不但自己饮用，而且必购置若干，远相饷馈，以致传誉千里之外。他为自己酿造的名酒起名"鹤觞酒"，也叫"骑驴酒"。一次南青州刺史毛鸿宾外出遇劫，强盗饮了他携带的鹤觞酒，竟醉倒路旁，束手就擒。而鹤觞酒业因此扬名，被人们称为"擒奸酒"。刘白堕也利用鹤觞酒的故事，大做口头广告宣传，使其畅销中原。

三、三国、两晋、南北朝时期的广告

三国时期，魏、蜀、吴三足鼎立，但是三国之间的商业贸易依然存在。各地经济发展不平衡，商业经济的发展环境也有较大差异。吴、蜀的经济贸易比较繁荣。

两晋、南北朝时期，商业经济的发展总体随着政权的更迭而有衰荣。北方城市的商业因战乱而呈颓势，南方城市则呈兴盛景象，广告的发展好于北方。北方繁荣的都城如洛阳，南方繁荣的都城如建康、番禺（今广州）、泉州等。这一时期的各种广告形式，如口头叫卖、击鼓开闭市场、悬物、当垆、悬帜仍比较活跃。

东晋的大书法家王羲之曾为一卖扇子的老妇人做过广告。《晋书》卷八十·列传第五十《王羲之》中记载“又尝在蕺山见一老姥，持六角竹扇买卖。羲之书其扇，各为五字，姥初有愠色。因谓姥曰：‘但言是王右军书，以求百钱邪。’姥如其言，人竞买之。”

四、隋、唐时期的广告

581年，隋朝建立。589年，重新统一中国，杨坚定都长安，史称隋文帝。隋朝的一个重要举措，就是开通大运河，促进南北交通的发展和各地经济文化的交流，工商业也逐渐兴盛起来。隋朝统一中国后，与边境各少数民族的贸易也逐渐发展起来，周边地区的商人纷纷到长安进行交易。为展示中都的繁华富裕，隋炀帝在丰都市专门进行商品陈列和展示。史书记载隋炀帝时，“天下之舟船，集于通济桥东，常有万余艘，填满河路。商贾贸易车马，填塞于市。诸蕃酋长入朝者，常请于东市交易，炀帝许之，先命整顿市肆。檐宇如一，咸设帷帐，珍货充集，人物华盛。卖菜者，借以龙须席。胡客或过酒食店，悉令邀延就座，醉饱而散，不取其直。”由此可见，当时的商品交换集市，仅商船就达万余艘。东市是隋炀帝批准的对外开放城市，并要求在开放之前，整顿市肆，把珍贵的商品陈列好，卖菜的要将菜陈列在龙须席上，胡客用餐免收费用。隋炀帝的这一系列举措，主观目的是显示帝王权威，客观上有利于商品展览和广告传播。

618年，隋太原留守李渊父子乘农民起义之机起兵反隋，建立唐朝（618年—907年）。唐朝是中国封建社会发展的鼎盛时期。唐都城长安，是全国最大的城市。整个城市布局整齐，设有商业贸易中心、东市和西市。洛阳是唐代的重要城市，设有南市、西市和北市。扬州、苏州、杭州、广州、成都等是经济较发达的城市。

唐代交通便利，商品流通渠道畅通，各地商品贸易中心城市和港口城市大量出现，都为地区性乃至全国性的商品贸易提供了更为广阔的空间和更为优越的环境。商品贸易进一步打破了地区阻隔和行业限制，全国各地的市场逐渐连成一个松散的整体，商品广告生存的空间和传播的地区也更加广阔。

随着各地商品贸易的繁荣，唐代的市场管理进一步规范。秦汉以来在城市中把商业区域划定在一定范围并与居民点分开的市场模式在隋、唐时期得到延续，称为市坊分区制度。唐代的市场管理较之前代更为严格，主要集中表现在市官的设置、度量衡的管理、商品价格管理及市场交易的规定等。市设有“市令”，掌管市场交易之事。各行有“行头”，负责一个行业的事务，并为官府进行纳税。肆有“肆长”，负责一肆之事务。唐代夜市也在各地成为一种普遍现象。在农村，商品交换越来越频繁，出现了一种新的贸易形式——草市。草市多出现在离州、县较远但交通又比较便利的农村地区，大多在交通要道或水道两旁，是一种较为固定的商业贸易活动地点，多设固定店铺。唐代也有农村集市，是设在农村村落间定期交易的一种小市场。各地称呼不同，有墟、集、亥、庙会等。商品种类繁多，主要有纺织品、金属器皿、文化用品、漆器以及茶、糖、瓷器等新兴的商品。在集市上还有音乐舞蹈活动，吸引更多顾客。

与之相对应的就是隋唐时期丰富多彩的广告形式。较为流行的广告样态有：

(1) 声响广告

唐代的“市”门启闭各有定时，为提醒人们注意启、闭时间，分别以击鼓和击钲为号。这里的鼓，即为市鼓；钲为一种铜制乐器，形状如盘，敲打时发出清脆悠长的声音。

(2) 口头广告

唐代的口头广告日渐丰富，特别是唐末商品交易突破“市坊”制度限制以后，商品广告的口头叫卖形式得到进一步发展。

唐代还盛行佛教僧侣的口头广告宣传，大致可分为两类。一类是僧侣现场讲解佛经，往往采用有节奏的韵律进行说唱，并配以宗教故事或人物的图片画像进行解说，吸引围观者；二是寺庙僧侣将人们捐献的多余衣物等物品拿出来变卖，以获取一些钱财，他们在变卖衣物的过程中，往往采用唱经时的韵律进行叫卖，称之为“唱衣”，这也是一种较为典型的口头广告形式。

(3) 标记广告

唐代商品种类极为丰富，商品交换也往往超越地域范围而在全国流行，为保证产品质量并提高产品知名度，出现了大量标记广告。唐代进市交易的产品，有些必须刻上工匠的名字，以便甄别。唐代市场管理制度规定，百货中的弓、矢、长刀等类，不仅要按照官府规定的规格制造，而且要镌刻工匠的姓名，这种制度不仅保证了交易产品的质量，也为一些名牌产品的出现创造条件。

唐代一些流通领域较为宽广的产品，除打上生产者的标记之外，往往还有一些推销产品的词句，使标记广告的特征更为显著。如唐代长沙窑生产的青釉褐斑壶，曾分别发现壶口下刻有“卞家小口天下有名”和“郑家小口天下第一”字样的广告语，表明生产者已有较强的宣传意识。

(4) 旗帜广告

旗帜广告以酒旗使用最多，酒旗也称酒帘、青帘，是周围呈锯齿状的长条旗子。最初的酒旗用青白二色布制作，后来发展到用五彩酒旗绣上图案或店名。酒旗广告大小不一，可制成大帘垂于门前，也可制成一尺左右缀于竿头，悬于店门外。在唐诗中有大量反映，如杜牧的《江南春绝句》：“千里莺啼绿映红，水村山郭酒旗风。”张藉的《江南行》：“长干午日沽春酒，高高酒旗悬江口。”

第三节 宋元时期的广告

宋代是中国古代社会政治、经济、文化大变动时期，也是商业环境和广告环境发生较大变化的时期。一是“市坊”制度在宋代被打破，商业流通合法地扩散到民间，商品交换的范围和领域进一步扩大；二是早市、日市和夜市的出现，商品交易的时间延长；三是城市商业中心呈现出东进和南移的趋势，城市商业发展呈现出新格局。在此情景下，广告的环境更加宽松，广告与普通民众的联系更加紧密，广告的表现形态更加多样，彩楼、欢门等新型广告形式出现，招牌、幌子、楹联、诗歌等广告也更加成熟。元代是中国古代商业广告环境发生重大变化和转折时期，也是广告承前启后，继续发展时期。国家的统一和民族的融合，使这一时期商业广告传播区域重心北移，广告传播内容更具民族特色。这一时期的印刷广告、吟唱广告、声响广告相对成熟并呈现出浓郁的民俗文化风格。

一、宋代的广告

唐代之后，我国进入“五代十国”时期。960 年，赵匡胤发动陈桥兵变，建立宋朝，定都汴京(今开封)，逐渐结束分裂局面，稳定北宋政权。直到公元 1279 年，南宋灭亡，两宋共经历 18 朝，历时 320 年。

两宋时期，商品经济的巨大发展促进了城市市场和广告的空前繁荣，并形成了城市市场与广告之间的互动关系。城市商业呈现出东进和南移的趋势。汴京当时人口接近200万，是当时世界上人口超过百万的为数不多的大城市之一。人口众多，随之消费增长，上至达官贵人，下至平民百姓，日常消费量巨大。各地的商贾云集京城，进行大量商品交易，使得汴京城的商业贸易呈现空前繁荣的景象。孟元老在《东京梦华录·序》这样描述："八荒争凑，万国咸通，集四海之珍奇，皆归市易。"南宋迁都临安（今杭州），歌舞升平，也是一派繁华富裕的景象。临安因其地理位置优越，很快成为政治、经济、文化中心。当时临安府户籍册上的居民达到124万人。人口众多，皇室贵族享乐挥霍，消费量大，客观上促进了当时的商业贸易繁荣。这些都为广告发展奠定了良好的基础。

宋代商业形式的一大变化是废除了"市坊"分设制度，市场的空间得到延伸，交易时间得到延长，商人的活动区域扩大，市场买卖无时不有，商品交易无处不在，广告环境也相应地发生较大变化。965年，宋太祖诏令开封府三鼓以后夜市不禁，夜市成为汴京城居民消费和交易的重要活动场所。北宋汴京市场"夜市直至三更尽，才五更复开张"，[①]而南宋临安市场夜市则延至四更，"最是大街一两处面食点及市西坊西面食店，通宵买卖，交晓不绝"[②]。宋代的市场发育也呈现快速增长的态势。市坊制度的打破使得广告环境发生较大变化。春秋战国时代我国商业有了行商和坐贾的分化，但秦汉以来的市坊制度使得行商和坐贾的行业特征并不明显。宋代市坊制度取消，行商和坐贾随处可见，由他们创造的广告形式也更为生动。

宋代的商品流通领域出现了纸币的雏形——交子与会子，这是宋代商品经济发展的必然产物。交子用纸印刷，有一定的制式，钱数由发行商人临时填写，具有汇票的性质和纸币的流通功能。会子是宋代发行量最大的纸币，开始起源于民间，称作"便钱会子"。南宋高宗绍兴三十年(1160)改由政府官办，户部发行。

总之，宋代城市市场有三个明显特点：一是在商品市场中，非生产资料商品大于生产资料商品，即城市市场中消费性商品占比较大的比重，其中奢侈性消费品占有相当比例；二是在服务市场中，除一般传统服务行业如饮食业、旅店业、印染业、医药业、修理业等行业外，典当、质库等金融服务业进一步发展；三是兴起文化娱乐服务市场，表现为勾栏瓦舍的出现和刻印书业的

---

① 孟元老撰，邓之诚注《东京梦华录注》卷三《马行街铺席》，北京中华书局1982年版。

② 吴自牧：《梦粱录》卷十三《天晓诸人出市》，北京中华书局1982年版。

崛起。宋代城市广告大致可分为商品市场广告、服务业广告、文化娱乐业广告。①

商品市场广告主要是指专营各种物品的纯商业店铺广告、自产自销的作坊店铺广告和各种集市售卖商品广告。

宋代城市店铺经济发达，每条主要街道都有经营商业的店铺，数以千万计的商业店铺成为城市市场的主要构成。据《东京梦华录》卷二《东角楼街巷》记载，北宋汴京“自宣德东去东角楼，乃皇城东南角也。十字街南去姜行。高头街北去，从纱行至东华门街、晨晖门、宝箓宫，直至旧酸枣门，最是铺席要闹”。《梦粱录》卷十三《铺席》中记载，南宋临安“自大街及诸坊巷，大小铺席，连门俱是，即无虚空之屋”。其中有专营各种日常生活消费品的行铺，如食品类、服饰类、日用品类等；有专营高档奢侈品的行铺，金银珠宝铺、彩帛铺、香药铺等。高档奢侈品行铺相对较集中，营业额大。店铺经营的主要宣传形式是招牌广告。集市广告大多以叫卖广告为主，并在前代基础上发展出各具特色的音响广告。

服务业广告主要有饮食、旅店、医药、卜筮、洗染、修理等传统服务业广告和以交引铺、典当、质库为代表的金融服务业广告。

宋代城市市场饮食服务业最为发达，酒楼、食店、茶肆、旅店等数量、种类非常之多。《东京梦华录》卷二《酒楼》中记载，北宋汴京酒楼“在京正店七十二户，此外不能遍数”；《铁围山丛谈》卷四则曰“马行街，都城之夜市，酒楼极繁盛处也。”南宋杭城酒楼林立，《武林旧事》记有丰乐楼、和乐楼、熙春楼、花月楼等二十九座官私酒楼。宋代酒楼大致分五类：一是豪华气派的综合性官私大酒楼；二是营造自然之美的花园酒店；三是兼供食物的中型酒店；四是直卖店或散卖店；五是半妓院性的“庵酒店”。正是这些传统服务业的兴盛，彩楼欢门，锦旗招展，招牌幌子，吟歌叫卖，各具特色、不拘一格的广告营造着市场的兴盛繁荣，烘托出都市生活的富美奢华。酒楼、茶肆、食店、旅店等的广告形式多种多样，招牌、幌子、灯笼广告是最普遍和最常见的。欧阳修《归田录》载，京师食店，“皆大书牌榜于通衢”。

宋代城市商品经济的发达的另一表现是金融服务业的发展。交引铺、典当、质库是宋代经济力量雄厚的大行铺。《都城纪胜·铺席》记载，南宋都城“自五间楼北，至官巷南御街，两行多是上户金银钞引交易铺，仅百余家，门列金银及见钱，谓之看垛钱……间有府第富室质库十数处，皆不以贯

① 张金花：《宋代的广告与城市市场》，《中国社会经济史研究》2004年第1期，第28—34页。

万收质”。质库按宋人解释:“江北人谓以物质钱为解库,江南人谓为质库。”《清明上河图》中一面“解”字招牌,今人众说纷纭,应为解库、典当之意。交引铺则是以经营交引买卖为主要特征的店铺。

文化娱乐业广告主要指艺人表演固定场所的演出广告和文化用品、图书出版、书市、书籍广告等。文化娱乐市场的出现,文化娱乐市场广告,既是宋代广告家族的新成员,又昭示着新兴文化娱乐市场的发展趋向。《东京梦华录》记载、描写了北宋中后期的汴京演出各种民间伎艺的盛况,如讲史、小说、散乐、舞旋、相扑、杂剧、影戏、诸宫调、商谜、说浑话、说三分、叫果子、小唱、般杂剧、杖头傀儡、悬丝傀儡、药发傀儡、手技、球杖踢弄等“不可胜数”。北宋汴京的娱乐演出场所称为“瓦子”,有“桑家瓦子”、“朱家桥瓦子”、“中瓦”、“里瓦”等多家瓦子。各家瓦子由栏杆、幕幛等物分隔成若干勾栏。瓦子的规模不同,勾栏的数目不等。艺人们为了招揽观众,常在演出前张贴“招子”、“招牌”、“纸榜”、“纸额”等广告宣传品。《水浒传》等书中对宋代的娱乐场所广告有多处描绘。①

这一时期的广告宣传不仅推动、表现文化娱乐市场的兴盛,甚至还创造出新文化娱乐活动的新形式。如“叫声”,又称“吟叫”。高承《事物纪原》卷九记载,“京师每卖一物,必有声韵,其吟哦不同。故市人采其声调,间以词章,以为戏乐也。今盛行于世,又谓之‘吟叫’也”。由叫卖广告演化成娱乐形式、搬上舞台风行一时的吟叫艺术,由俗而雅,美化了商业宣传,丰富了文化娱乐。

这一时期广告的类型主要有:

(1) 陈列展示广告

宋代的展示陈列广告也有所发展,特别是南宋时期,展示、陈列广告更加讲究。吴自牧在《梦粱录》里也曾描述:杭城风俗,凡百货卖饮食之人,多是装饰车盖担儿,盘合器皿新洁精巧,以炫耀人耳目,盖效学汴京气象,及因高宗南渡后,常宣唤买市,所以不敢苟简,食味亦不敢草率也。且如士农工商诸行百户衣巾装着,皆有等差。香铺人顶帽披背子。质库掌事,裹巾著皂衫角带。街市买卖人,各有服色头巾,各可辨认是何名目人②。从以上内容看,宋代的陈列展示广告不仅限于商品本身,盛商品的器皿及卖货者的衣着

① 《水浒传》五十一回写雷横和李小二到勾栏看演出,“只见门首挂着许多金字账额……那白秀英早上戏台……便说道:‘今日秀英招牌上明写着,这场话本是一段风流蕴藉的格范,唤做《豫章城双渐赶苏卿》。’”

② 吴自牧:《梦粱录·民俗》卷十八。

等也在考虑范围之内。

(2) 招牌(幌)广告

宋代店铺打破了市坊制度的限制，店铺可随处开设，各具经营特色的店铺遍布大街小巷。《东京梦华录》和《梦粱录》中记载的有招牌名称商号就有百多家。店铺的布局和装饰也不再整齐划一，店铺的招牌逐渐凸现出独特的文化特点，店招的形式和内容都发生较大变化。表现之一是更注重宣传经营者的字号或名号，突出经营者的信誉或承诺。宋代画家张择端的长卷风俗画《清明上河图》是研究宋代封建社会经济和民俗的珍贵资料，它表现了宋代商业繁荣的景象，店铺林立，多以姓氏或经营的产品作为店招。有人统计，画面上仅汴州城东门外附近十字街口就有各家商店设置的招牌、横匾、竖标、广告牌等 30 多块。根据研究，《清明上河图》中，店铺都是按照宋代宣和年间汴京有名的实际商号绘制的，如“孙羊店”、“唐家酒店”、“杨家应征”、“刘家上色沉檀栋香”等店招，并伴有“脚店”、“神课”、“看命”之类的广告牌竖立期间。其中“赵太丞家”招牌醒目，宽阔的大店铺两旁还立着“治酒所份真方集香丸”、“太阳中医肠胃”等竖招牌，尽显商家气派。表现之二是行业的标志性更加明显。北宋时期的饭店分为“正店”和“脚店”，同样在《清明上河图》上可以清晰看到二者不同的招牌。

幌子是用布料等轻软材质制作成各种形状和造型，具有鲜艳的色彩和随风飘动的效果，悬挂在店铺门口，作为店铺营业的标志。幌子在宋代以酒幌最典型。宋代的酒店常常悬挂酒旗招徕顾客。如《水浒全传》中：“当日晌午时分，走得肚中饥渴，望见前面有一个酒店，挑着一面招旗在门前，上面写着五个字道：‘三碗不过岗’。”①有的酒旗已有装饰性手法，如宋代罗愿的词：“君不见菊潭之水饮可仙，酒旗五星空在天。”五星是酒旗上的图案。《容斋续笔》讲到，“今都城与郡县酒务，及凡鬻酒之肆，皆揭大帘于外，以青白布数幅为之。”《东京梦华录》记载的汴京更是“九桥门街市酒店，彩楼相对，绣旆相招，掩翳天日”。

在普通百姓中还有草标的形式。草标也称为草芥、草帚。就地取材，不需要什么成本，插在所售物品之上，具有标志意义。草标和陈列展示相结合，是普通民众现场进行交易的一种快捷方式，小到日常生活用品，大到贫困人家因饥寒售卖儿女。《水浒全传》里曾多次提到草标，如杨志卖刀：“杨志……当日将了宝刀，插上草标儿，上市去卖。”

(3) 店堂装饰

① 施耐庵：《水浒全传·景阳冈武松打虎》，上海人民出版社 1975 年版。

宋代店堂装饰广告首推彩楼和欢门。彩楼、欢门广告是宋代新出现的广告形式。彩楼主要是指店铺的门面装饰，欢门主要是指喜庆节日临时用彩色的纸帛或树枝鲜花扎成的栅栏或特殊造型，这都是店家为了吸引顾客而设计的广告形态。这种彩楼广告在当时成为一种时尚，并形成相当规模。一些酒肆茶楼争相设置彩楼、欢门，竞比豪华，汴京城出现了一些装饰华丽的大酒店。孟元老在《东京梦华录·酒楼》记载"凡京师酒店，门首皆缚彩楼欢门"；"大货行通牒纸店白矾楼，后改为丰乐楼，宣和间，更修三层相高。五楼相向，各有飞桥栏槛，明暗相通，珠帘绣额，灯烛晃耀"。随之各地的大型酒楼、饭店、茶肆、食店争相效仿，如《东京梦华录·食店》："瓠羹店，门前以坊木及花样沓结缚如山棚，上挂成边猪羊，相间三二十边。近里门面窗户，皆朱绿装饰。"有的店铺还将灯笼、招牌、旗幌悬挂其上。节日时的彩楼欢门更是别出心裁。《东京梦华录》载，汴京"中秋节前，诸店皆卖新酒，重新结络门面彩楼，花头画竿，醉仙锦旆"；重阳节时，"酒家皆以菊花缚成洞门"。

除此之外，店铺和酒肆、茶楼的装饰更加精巧细致，装饰的范围从门面、厅堂到庭院，处处精心修饰，装饰的类型则涉及到名人字画、四时鲜花及灯笼坊木、朱绿门窗，悬挂栀子灯。可见，店家装饰店面的方法多，装饰材料也丰富多样。

宋代酒肆茶楼多喜欢以"名人字画"或"四时之花"装饰门面，这里的"名人字画"实质上是一种店堂装饰，本身也是一种广告形态。宋代画家的绘画作品中已经出现了广告题材，如南宋画家李嵩所绘的《货郎图》就逼真地展示了货郎的广告手法和广告形态。画中，货郎将货郎担停在街上，担上及货郎身上都摆满或插满货物，货郎手持拨浪鼓在招徕顾客，一群儿童则在货郎担前嬉戏和购物，货郎手持拨浪鼓做广告宣传时的身形、神态栩栩如生，形象十分生动。

灯笼广告也是店堂装饰广告的一种。一般是夜间悬挂在店铺的门前，灯笼上用文字表明其商号或商业性质，如写上"酒楼"、"茶馆"、"客栈"等字样。南宋时吴自牧的《梦粱录》中记载："酒肆门前排设杈子及栀子灯，盖因五代敦高祖游幸汴京，茶楼酒肆，俱如此装饰，故至今店家仿效俗也。"

(4) 声响广告

宋代音响广告由口头吆喝和敲击器物发展而来，逐渐向着艺术性方向发展。口头叫卖广告通常利用音乐旋律敷演成歌调，唱以招徕顾客。

北宋时期的叫卖广告颇具特色。尤其是走街串巷的小商贩，叫卖之声成为汴京城内一景。《东京梦华录》记载了比较多的叫卖广告，如"从城外守门入城货卖，至天明不绝。更有御街州桥至南内前趁朝卖药及饮食者，吟叫百端”,“正月一日年节,开封府放关扑三日。士庶自早互相庆贺,坊巷以食物动使果实柴炭之类,歌叫关扑”,“是月季春,万花烂漫,牡丹芍药,棣棠木香,种种上市,卖花者以马头竹篮铺排,歌叫之声,清奇可听”。

音响广告还利用乐器演奏优美的音乐传播信息。《东京梦华录》卷二《酒楼》载,卖酒的吹玉笙、弹管弦:“喧哗古都市,沽酒吹玉笙”。再如“万户管弦春卖酒”。[1] 卖糖的则吹箫,宋祁《寒食诗》有“草色引开盘马路,箫声吹暖卖饧天”的诗句。梅尧臣诗云:“千门走马快开榜,广市吹箫尚卖饧。”

吟唱广告多出现在酒肆茶楼和大街小巷,是在原始口头吆喝、叫卖广告的基础上发展而来,是声响广告的一种表现形态。它是原始的口头广告与唐宋以来民间广为流传的说唱艺术结合的产物。吟唱广告往往旋律明快、有稳定的节奏和声调,还有比较丰富的吟唱的内容,以及比较鲜明的行业特征。两宋时期,民间吟唱艺术较为兴盛。民间艺人将各种吟唱形式编撰成书,称之为宫调。吟唱广告主要是结合行业特点采合宫调而成。如《水浒全传》七十四回描述燕青装扮货郎时这样写道:燕青“一手拈串鼓,一手打板,唱出货郎太平歌,与山东人不差分毫来去”。高承在《事物纪元·吟叫》卷九中提到:“京师凡卖一物,必有声韵,其吟哦俱不同。”

(5) 诗歌广告

诗歌广告在宋代有了进一步发展。唐代及唐代以前的诗歌广告,多为诗人在诗歌里涉及到广告形式或广告现象。宋代诗歌广告发展的一个重要表现是出现了诗人专为商品销售创作的广告诗,因数量较少,更显珍贵。不同时期的广告现象成为普通民众生活里不可分割的重要组成部分,广告现象频频出现在诗人的诗中,也是当时社会经济状况的真实反映。

宋代专门为商品销售所做的广告诗,首推苏东坡为一卖馓子老妇人所做的四句诗。据宋人庄绰《鸡肋篇》卷上记载,苏东坡于北宋绍圣四年(1097年)被贬海南儋洲时,邻居是一个卖馓子的老妇人,她做的馓子非常好吃,但因小店地处偏僻,生意清淡。老妇人仰慕苏东坡的大名,请他为小店题诗,以为生意扬名。苏东坡同情她的遭遇,挥笔写下一首诗相赠“纤手搓来玉色匀,碧油煎出嫩黄深。夜来春睡知轻重,压扁佳人缠臂金。”这首广告诗,把馓子的色、香、味、形及做工描述得非常精彩,从此小店生意红火起来。

宋代“苏门四学士”之一的张耒曾为邻居小儿在寒冬里每日须早起卖饼的命运所感叹,写诗以警示自己的两个儿子秬和秸。诗的题头:“北邻卖饼儿,每五鼓未旦即绕街呼卖,虽大寒烈风不废,而时略不少差也。因为做诗,

---

① 黄裳:《演山先生文集》卷八《长乐闲赋》。

且有所警示秬、秸。”诗人在诗中写道:“城头月落霜如雪,楼头五更声欲绝。捧盘出户歌一声,市楼东西人未行。北风吹衣射我饼,不忧衣单忧饼冷。业无高卑志当坚,男儿有求安得闲。”①一方面,诗人抒发了自己的情怀,另一方面,也真实地记录了邻居小儿绕街呼卖的广告形态。

(6) 标记广告

标记广告到宋代有了新的发展,出现了店铺标记和独立于产品和店铺之外的广告形式。宋代的产品标记多是民间手工作坊里小商贩的信誉符号,而老百姓也看中这种信誉。如宋代话本描述许仙巧遇白娘子途中,遇雨,在三桥街向开生药铺的李将仕借伞,店中仆人将伞借给许仙时再三叮嘱:小乙官,这伞是“清湖八字桥老实舒家”做的,八十四骨,紫竹柄的好伞,不曾有一些破,将去休坏了!仔细!仔细!②

(7) 印刷广告

印刷术起源于隋代,在唐代逐渐流行,到宋、元、明、清时得到发展。印刷广告伴随着印刷术的进步而逐渐成熟。宋代的印刷技术较之隋、唐又有了较大进步。宋仁宗庆历年间,毕昇发明了活字印刷。除了用木版印刷图书之外,也逐渐开始雕刻铜板,以便于大量印刷,雕刻铜板技术的成熟,也使这一时期出现了一种新型的广告形式——铜板印刷广告,济南刘家功夫针铺的铜板广告即是典型代表。

现收藏于中国历史博物馆的济南刘家功夫针铺的铜板广告,最上方横刻“济南刘家功夫针铺”八个字,雕版中间是玉兔抱杵捣药的商标图。两侧有“认门前白兔儿为记”的字样。下面有广告词:“收买上等钢条,造功夫细针,不误宅院使用。转卖兴贩,别有加饶。请记白。”该雕版印刷广告现存于中国历史博物馆,是现存最早的雕版印刷实物广告。这块雕版印刷广告是目前世界上最早的铜版印刷广告,也是目前世界上最早的印刷广告实物,它比西方公认的最早的印刷广告——1472 年英国的第一个出版商威廉·坎克斯顿为宣传宗教内容的书籍而印制的广告还早三四百年。

印刷广告出现,不仅丰富了宋代的广告表现形态,更重要的是,书籍是打破地域限制而在全国流通的,书籍作为广告的载体,成为广告信息传递的媒介,由此,在古代较为原始的广告表现形态中,出现了广告者、媒介和广告信息接收者三个要素。从信息传播的角度看,印刷广告能够在更广泛的范

---

① 张耒:《北邻卖饼儿》,载金性尧选注:《宋诗三百首》,上海古籍出版社 1992 年版。

② 《白娘子永镇雷峰塔》,载《警世通言》卷二十三。

围内传播，是一种更为成熟的广告形态。印刷广告在中国古代社会虽然不如招幌等广告形式那样普及，但对后世广告的影响很大，近代广告就肇始于印刷广告。

宋代以后，书籍的印刷和售卖成为一个行业，书籍广告也应运而生。因为行业竞争的需要，书坊会加强自身的宣传。刻书和印书者往往会利用书籍来为书坊做广告宣传，常用的做法是在书籍的封面、目录、序文等处以“刊语”或“牌记”的形式来宣传书坊。

宋代一家书坊的“刊语”在文献《抱朴子内篇》里得到叙述：“旧曰东京大相国寺东荣六郎家，见寄居临安府中瓦南街东开印输经史书籍铺。今将京师旧本抱朴子内篇校正刊行，的无一字差讹，请四方收书好事君子幸赐藻鉴。绍兴壬申岁六月旦曰。”这里提到书坊的字号和书坊的服务，显然是以广告宣传形式来强化人们对书坊的良好印象。

书坊广告做得最为有效和最为典型的，是南宋时期杭州沈工郎经坊在所刻经卷《妙法莲花经》卷首所做的刊语，其文如下：“本铺将古本《莲经》一一点句，请名师校正重刊。选拣道山场抄造细白上等纸札，志诚印造。见住杭州大街栅前南钞库相对沈二郎经坊新雕印行。望四远主顾，寻认本铺牌额，请赎。谨白。”[①]这则广告内容丰富，行文严谨，强调书坊的牌额和字号，是一种较为成熟的印刷广告形态。

牌记又称墨围，以其有墨栏围绕而得名；又称碑牌，因为有些牌记状如石碑；此外还有墨记、书牌子、木记、木牌等多种名称。牌记是刻书家的字号标志，反映刻书内容及有关情况，有方形、碑形、钟形、鼎形、亚字形、香炉形等式样。最初是为便于读者识别，争取商业信誉，后来逐渐发展成版权记录，类似现在的版权页。许多牌记具有明显的广告特点。

在我国雕版印刷术出现之前，书籍主要是靠人工抄写进行传播和保存。抄书者往往在抄完以后，在书末记下抄写时间、地点、抄写人和抄写情况。受此启发和影响，在雕版印刷术产生以后便出现了牌记。现存最早的一部雕版书、刻于唐代的《金刚经》，其卷末镌有：“咸通九年四月十五日王玠为二亲普造普施。”

到宋代，牌记的内容和形式更加完善。林申清先生在其所编著的《宋元书刻牌记图录》中，依文字内容，把它分为几种类型：记刻书时间；记刊刻者斋名堂号；兼记刊刻地点和刊刻者斋堂室名；兼记刻书时间和刊刻者；兼记刻书时间、地点及刊刻者；记版权；刻书咨文。无论哪一种，这些牌记实际上

---

① 清丁中：《武林藏书录》卷末。

具有版权页和刻书广告的作用。刊语文字依版面顺行格而刻,没有任何框栏。后来,也许是为了醒目,遂在这些刊语边上加围墨栏,许多刊语就成了名副其实的牌记。而这些牌记成为宋代书籍广告的主要载体。

据有关资料记载,我国最早的广告画至少在南宋时期就已出现,是一幅推销杂剧《眼药酸》的广告。北京故宫博物院现藏宋代杂剧《眼药酸》的广告画,画面由两个身穿戏装的演员组成,一人用手指着右眼扮演眼疾患者,另一扮演卖眼药的头戴高儒巾,身穿长袍,肋下挂一布囊,其巾上、袍上、囊上、身上都画满了大大的眼睛。形象夸张,主题突出。①

另一例为"万柳堂药铺"仿单印刷广告,画面也颇具特色。这幅仿单印刷广告分为文字和画面两大部分内容。画面的左下方刻有"咸淳壬申万柳堂主人识"字样,这说明这幅广告画存在的时间是公元1272年,也说明药铺的主人在这一年印刷了这幅仿单。画面居中正上方,又有"万柳堂药铺"五字,标出的是药铺的字号,画面的左端还刻有"广都□仁"字样,疑是书坊刻工的名字。画为正方形,约六七寸见方。四周绘有花边。画面靠右偏上位置刻有两图,内容不同。图上方的说明文字,已模糊不清,仅有一图之上,尚能见"气喘"与"愈功"等数字,刻有"气喘"文字之下一图,画有两个人,一个作气喘状,虽眉目不清但能见其痛苦之状,另一人手持一物,已看不清,下文线纹模糊,但能窥见其人精神健旺,眉宇轩朗,背景作室内中堂,尚有器物,这画幅可知是药店宣传他们药物功效的神速的广告画。② 在商家自觉用广告画为商品或服务做广告宣传的同时,新型的广告形式,产品包装纸广告也悄然出现。

宋代市场发育较为成熟,其广告表现有了新的发展。从整体上看,宋代广告的新发展主要表现在三个方面:

(1) 艺术性增强,形式更多样;广告信息量增加,内容更加丰富;

(2) 印刷广告的出现,不仅扩大了信息传播范围,而且丰富了广告信息传播通道,提高了广告传播效率;

(3) 综合性的广告活动的出现,拓展了广告的内涵。例如,宋代茶肆酒楼等商业服务场所通常也是文化娱乐活动场所,店铺广告往往就与娱乐广告融合在一起。南宋临安著名的大茶坊一般以说话表演、音乐欣赏、体育活动招揽顾客,如"黄尖嘴蹴球茶坊"、"一窟鬼茶坊"、"蒋检阅茶肆",皆"士大

---

① 宋代称读书人为酸。该杂剧反映了两个读书人买卖眼药的故事。见《武林旧事·卷十》。

② 参见王伯敏《中国版画史》,上海美术出版社1961年版,第51—52页。

夫期朋约友会聚之处”。这些茶坊为招徕顾客所做的广告宣传就具有复合性内容。

二、元代的广告

蒙古首领成吉思汗统一了蒙古各部，忽必烈灭亡南宋，结束了自唐末以来藩镇割据下多个政权并存的局面，重新统一全国。元王朝的建立，不仅奠定了元、明、清六百多年中国国家的长期统一，而且也为商业经济的发展提供了一个新的环境，元代的商业发展因而也呈现出新的特点。随着元代商业经济的恢复和发展，元代的城市商业也逐渐恢复并趋向兴盛，当时的大都、杭州、泉州、广州都是闻名于世的大都市，特别是大都已发展成为国际性大都市，商业贸易十分繁荣。元统一全国后，水陆交通畅通，沿江、沿河城市的商业经济得到进一步发展，进而为诸多广告形式的出现奠定了物质基础。元代农村市场也有所发展，这对元代广告形态的发育起到了一定的促进作用。

元代的商业广告主要延续了宋代的广告表现形态，但在新的商业环境中，也有所发展和创新。

(1) 招幌广告

元代的招幌广告继承了唐宋以来的传统，酒幌仍是其主要表现形态，其他类型的招幌广告也大量存在，如实物幌。熊梦祥在《析津志》中记载了实物幌。“又有稳婆收生之家，门首以大红纸糊篾筐大鞋一双为记，专治妇人胎前产后以应病症，并有通血之药。而生产之家，门悬草圈，上系以红帛，则诸人不相往来。”“医兽之家，门首地上以大木刻作壶瓶状，长可一丈，以代赭石红之。”“官大街上作朝南半披屋，或斜或正，于下卖四时生果。蔬菜、剃头、卜算、碓房磨，俱在此下。剃头者以彩色画牙齿为记。”①

元代，商家根据行业特点和经营特色，创造了诸多招幌形态，并和当时的民俗风情相吻合，木板刻成的小儿、大红纸糊篾筐大鞋，系以红帛的草圈，壶瓶形状的木刻，彩色的牙齿画及富有特色的高牌颜料广告等均是这一时期诸多招幌形态的代表。

(2) 声响和吟唱广告

元代杂剧盛行。元杂剧是在宋金杂剧及南宋时期在温州地区流行的“南戏”这两种戏剧形式基础上发展起来的一种较为成熟的艺术形式。元杂剧剔除了宋金杂剧中夹杂有杂技、幻术等非戏剧成分。元杂剧一般分为四

① 熊梦祥著，北京图书馆善本组辑：《析津志辑佚·风俗》，北京古籍出版社 1983 年版，第 206—207 页。

折，每折之内均有十个以上的成套小曲，一套小曲都属于同一宫调，押同一音韵，多由男女主角来演唱。由于元杂剧中继承了“南戏”的唱词风格，而“南戏”多采用具有故事情节的歌谣小曲进行表演，因此，一些在居民生活中常见的广告形式在元曲的唱词中也被记载下来，或以“鹘伶声嗽”（意为伶俐优美的曲调）的演唱风格加以淋漓尽致的表现。这种在戏曲中出现的吟唱广告在元曲中多有保留。

元代小商小贩走街串巷进行贸易已较为普遍，声响广告也多见诸于文字记载。“笊篱马杓，破缺也换那，我捏着这蛇皮鼓……笊篱马杓，破缺也换那……”[①]这是一个换旧货的货郎以声响和吟唱相结合的广告形式进行广告宣传的场景。

（3）印刷广告

元代印刷广告的出现与元代印刷技术的进步有直接关联。一是元代先后发明了锡活字和木活字印刷术，可用于排印蒙文和汉文，较之宋代是一种进步。二是铜板铸印技术也已出现，如公元1276年以后，元朝政府开始使用铜板铸印技术印制汉文或蒙文的印刷品，并用于印刷纸币，其中著名的有元代的“至元通行宝钞”。三是套色印刷术开始用于刻书。这些印刷术的进步，为书籍和印刷品的印刷提供了技术基础，客观上促进了印刷广告的发展。

元代的印刷广告分为几种类型，一是书坊广告，这在宋代已较为流行，元代更是普遍存在。二是书籍广告，在元代有所发展。在元代还出现了一种新的印刷广告形式，就是在图书中为图书征稿。图书征稿广告是元代新出现的广告形式，在公元1336年雕版印刷的《元诗》中，就刊载了一则征求诗稿的广告。该广告附在书后，广告全文如下：“本堂今求名公诗篇，随得随刊，难以人品齿爵为序。四方吟坛文友，幸勿责其错综之编。倘有佳章，毋惜附示，庶无沧海遗珠之叹云。李氏建安书堂谨咨。”[②]该广告分四行书写，层次清晰，文笔优美，诉求到位，言简意赅，并有引言、正文和随文，特别是“随得随刊”的承诺有特色，已有完整广告文案的端倪。

（4）商品装饰广告

随着经济的发展和交换领域的扩大，元代商家开始注意对流通商品的外观进行设计或装饰。于是，宋代就已出现的商品装饰广告在这一时期进

① 《百花亭》第一折，载《元曲选》，文学古籍刊行社1955年版，第142页。

② 元刻本《元诗》。转引自张秀民：《中国印刷史》，上海人民出版社1989年版，第325页。

一步流行。形式商品装饰广告最初并没有广告的性质，其雏形多是商家在易碎、贵重或宗教器物外面加上包装，以保护商品避免碰撞或磨损，多为纸质。为了便于流通，便在其包装纸上印上彩色图案或装饰，宋代这种技艺较为发达，出现专门生产包装纸的作坊，称之为“裹贴作”。现在发现了不少元代的包装纸实物，这些包装纸多印有文字，且具有广告宣传性质，可以视为一种新型的广告形式。

1985 年 8 月，湖南省沅陵县发掘的一座 1300 多年以前的元代墓葬中，出土了两张印有商品广告的产品包装纸。包装纸一尺余见方，完整无缺，系质地较好的黄毛边纸，正面和背面皆印有清晰的图案、花边和文字。文字内容是：“潭州升平坊内白塔街大尼寺相对住，危家自烧洗无比鲜红紫艳上等银朱、水花二朱。买者请认清门首红字高牌为记。”[①]广告中的“潭州”即今长沙。显而易见，这是 1300 多年以前长沙城一家油漆店印在产品包装纸的广告。这篇广告不到 80 个字，却说明了该店的详细地址、所售商品的种类、质量和特性。广告言简意赅，紧扣顾客心理。这张包装广告的出土，说明长沙地区元代初、中叶商业之兴旺、店铺之多、竞争之激烈的历史面貌；同时也说明印刷广告在元代已有相当的水平，为研究我国广告历史提供了极其宝贵的实物资料。

20 世纪初，德国皇家普鲁士吐鲁番考察队在吐鲁番的木头沟伯孜克里克佛窟中寻得一片包装纸片，残片上所印的五行文字却清晰可辨。该纸片长宽均为 9 厘米，文字之外由双线外框圈定，且为雕版印刷印制而成，这 5 行字的内容为：信实徐铺，打造南柜佛金诸般金箔，不误使用，住杭州官巷，在崔家巷口开铺。

20 世纪 80 年代初，吐鲁番文管所在同一佛窟里清理出两件木刻印版文字纸片。其中一件纸形较为完整，也是双线边框内有 5 行文字，内容为：“□□□家打造南无佛金诸般金箔，见住杭州泰和楼大街南，坐西面东开铺，□□辨认，不误主顾使用”。

这两片包装纸的出现，为人们研究元代新型的广告形式提供了实物证据，一些专家学者经过研究考证，认定该包装纸存在的年代大约是元代至元十五年以后，具有很高的研究价值，而这两片包装纸也成为迄今发现的最早

---

① 白光主编：《中外早期广告珍藏与评析》，中国广播电视出版社 2003 年 8 月版，第 2 页。

包装实物广告。[1]

元代是中国古代广告环境发生重大变化时期，也是广告承前启后，继续发展的转折时期。国家的统一和民族的融合，使这一时期的广告传播区域重心北移，广告传播内容更具民族特色，为明清时期以北京为中心的招牌、幌子、吟唱广告、声响广告的进一步兴盛奠定了基础。

第四节　明清时期的广告

明代随着社会分工的进一步扩大，商品生产不断细分；商人的地位提高，商业行会组织在区间贸易中发挥的作用越来越大；商品经济发展整体呈上升态势，其商业广告在新的广告环境中也得到进一步发展。明代既是中国传统广告的继续发展时期，也是不同类型广告在更宽泛领域中进一步传播的时期。清代城市商业发展进入繁荣时期。城市商业、集镇和集市商品交换的发展，使清朝前期商品的交换和流通以中心城市为轴心向农村地区辐射有了更为宽阔的平台。城市、集镇、集市商品交换是诸多广告表现形式产生的直接土壤。明清时期，尤其是清代的诸多广告形态均是依附于这些不同类型的商业活动、商业设施而出现或存在的，并伴随着这些类型的商业活动日益兴盛而日渐走向繁荣。

一、明代的广告

公元1368年8月，元末农民起义军领袖朱元璋在应天(今南京)称帝，建立明朝(公元1368年至公元1644年)。后明成祖朱棣迁都北京。明代是我国商品经济发展的重要转折时期，社会生产力水平提高，民族进一步融合，区域经济交往增加。尽管明代中叶以后，实行了闭关锁国的对外贸易政策，在一定程度上阻碍了国内经济与国外经济的交流与融合，但国内的区域经济不断发展，商品交流日益活跃，商品经济取得了长足进步。首先，社会分工进一步扩大，促使商品生产不断细分，进而出现具有全国规模商品生产的专门行业。这为全国性的商品生产和交换提供了更为宽阔的领域和更大的发展空间。其次，区域贸易更富特色。商人和商会在区域贸易中发挥越来越大的作用，商品贸易多集中在中心城市、沿海或港口城市及集镇之间。

明代政治、经济、文化中心主要有南京和北京两个城市。朱元璋统治之初，曾下令把全国约两万户富豪迁到南京定居，以增强都城的财力，促进城

---

① 陈国灿:《吐鲁番出土元代杭州“裹贴纸”浅析》，载《武汉大学学报》1995年5期。

市经济的发展。明初的南京，城市商业相当兴盛，十几个大集市遍布都城内外，每一集市基本上都是一个较为专业的市场，如江东门外市场，主要销售粮食和六畜，仪凤门外市场，主要经营竹木，清凉门外市场则主要经营布匹、绸缎、茶叶、盐和纸张等。城内市场也较为专业和集中，多经营城市居民日常生活用品，如内桥、北门桥、大中桥、三山街市场，多出售和经营禽类和时蔬、鲜果等。为了方便客商贸易，南京城内还专门建造了十余座酒楼供各地客商食宿，使南京城内呈现出一派繁华富裕景象。城市商业繁荣的另一个重要证据是当时南京城内官道甚宽，而从事商业的商户众多，店铺林立，以致出现店铺稍有侵占官道的现象。当时商业繁华兴盛状况由此可见一斑。

明成祖迁都北京后，为北京城市商业的发展创造了有利条件，使北京成为继南京之后又一全国政治、经济、文化中心。当时的北京，市场发展已相当繁荣，店铺遍布京城大街小巷，各种商品经营也多有专门市场。如米市、煤市、猪市、羊市、牛马市、梁木市、瓦缸市等。北京城的商业经营在明代呈多元化发展趋势，除沿街设立门面进行店铺经营外，城内还形成了多种集市，以灯市和城隍庙庙市最为繁华，成为北京城内两个影响最大的商业中心。北京城内商业繁荣，人口增长也很快，明孝宗时北京人口已达66万，至明万历年间，人口则逾百万，成为名副其实的大都市。

明代初期，史书记载的全国商业较为发达的城市有杭州、苏州、镇江、淮安、常州、扬州、嘉兴、临江、靖江、广州、开封、济南及沿运河的济宁、德州、临清等，其他一些城市如太原、平阳、蒲州、成都、重庆、桂林、泸州等商业贸易也较为发达。明代中叶以后，出现了许多县以下的新兴集镇。集镇分为三种类型，一种是以一两种手工业产品而闻名全国的集镇，一种是商业性集镇，还有一种是港口性集镇。其中较为有名的有河南开封的朱仙镇、湖广的汉口镇，江西的景德镇，广东的佛山镇。这几个集镇不仅是各种类型集镇的典型代表，也是在全国齐名的四大名镇，吸引了无数客商到这里进行商业贸易。集镇的发展，使区域贸易沿中心城市至周边地区纵深发展，商业贸易的影响也以市、集、墟、亥等形式向农村地区扩展。广告区域也逐渐从中心城市向农村地区扩散，这也是明代以来，广告环境随商业环境变化的一个新变化。

明代对商业采取的政策虽然总体上说还是抑制政策，商税的征求仍然很重，但相较而言，由于全国市场的扩大，商人地位的提高，明政府对商业的政策也相对宽松。明代江南地区商品经济较为发达，明代资本主义因素的萌芽首先在江南地区的手工业行业中逐渐显现。明初棉织业较为发达，在浙江钱塘的纺织业中，已出现规模较大的手工业工场的雏形，较为明显的特征是在这些初期类似手工业工场的行业中，已出现雇工的情况，明代中期以后，这种情形在纺织业中已较为普遍，其雇佣关系就是“机户出资，机工出力”的关系。

《明万历实录》载：“浮食奇民，朝不谋夕，得业则生，失业则死。臣所睹记：染坊罢而染工散者数千人，机房罢而织工散者又数千人，此皆自食其力之良民也。”这段文字以一个大臣的所见所闻，形象生动地揭示了明代纺织业中雇主和雇工的关系，以及具有资本主义萌芽性质的纺织业的规模及人员组成情况，这种情形在明代中叶以后已较为普遍，表明手工业生产逐渐突破家庭作坊式的小规模运作，而呈现出手工业工场的经营势态，在商品的生产和流通中发挥着更为巨大的作用。

明代商品经济发展整体上呈上升趋势，区域经济发展又更加活跃。伴随着这种变化，明代商业广告在新的广告环境中也得到进一步发展，其表现形态更加丰富多彩，其传播区域更加宽广。从总的情况看，明代既是中国传统广告的继续发展时期，也是不同类型广告在更宽泛领域进一步传播时期。明代的传统广告较之宋元时期更为成熟，其中叫卖广告和吟唱广告等声响广告除了更具宣传功效外，也更彰显民俗特色。

（1）声响广告

明代商品经济进一步发展，区域经济进一步繁荣，在这样的大环境下，明代的声响广告也更具有鲜明的行业特色，各行各业多有自己的声响广告宣传形式，对此，《祥符县志·市集》九卷做了较为详细的记载：“有摇小鼓，两旁自击，卖簪珥、女笄、胭脂、胡粉之属者；有鳞砌铁叶，进退有声，磨镜洗剪刀者；有摇郎当，卖彩线绣金者；有小旗招展，携巾箱卖零星绘帛者；有阁阁柝声，执杓卖油者；有拍小铜钹，卖豆沫者；有煮豆入酒肆，撒豆胡床，以求卖者；有挑卖团圆饼、薄夜、牢丸、毕罗、寒具、萧家馄饨、庾家粽子，如古人食品之妙者；有肩挑卖各种瓜果菜者；有入夜击小钲卖饧者……”这段文字记载并描述了各行各业的声响广告形式，具体而生动。《祥符县志》记载的多是明、清两个时期的声响广告形式，但如果说到清代这种声响广告较为成熟的话，在明代，这些声响广告至少已初显雏形，并成为促进区域经济发展的一种重要手段。

明代的叫卖广告已成为民俗文化的重要组成部分。在明清时期的文学作品和史书中，对这种普通民众在日常生活中司空见惯的广告形式多有描述：“茉莉花儿街上卖，红粉佳人叫过来，这样正好在奴头上戴，叫丫环，问他花儿怎么卖？卖花的闻声笑颜开，叫姑娘，挑着大朵只管戴，莫问价，我不图赚钱只图快。”[①]这段文字不仅描述了叫卖这种广告形式，而且较为生动地描述了广告叫卖氛围及卖花人笑脸迎客的高超推销技巧。

明代的吟唱广告继承了宋元时期的吟唱传统，但也有所发展，小商小贩的吟唱叫卖带有浓郁的民俗风情。

(2) 招牌(幌)广告

自宋代出现门面宽阔的大店铺之后，招牌广告便有了更为广阔的发展空间。宋代的招牌广告主要起到两种作用，其一是标志作用；其二是使用好词好句针对受众心理进行诉求，相较而言，前者所占比重较大。到了明代，由于商业中心城市增多，区域贸易发达，商家的竞争更加激烈，相较而言，商家更注重招牌广告内容的设计，即使是起到标志作用的招牌，也更富有文化内涵并彰显民俗风情的独特艺术魅力。

明代北京、南京的著名店铺多有自己的名号。如南京著名的绸布店就有“天福”、“庚大”、“协大祥”等；老药铺有“张泰和”、“王泰和”等，其余各行各业较为著名的店铺名号也都十分响亮。如酒业大王店“老万全”，老酱园店“椿和”，著名的南货店“萃奇”，茶叶店“徐源记”，鞋店“三聚”等都是当时店铺的著名品牌，在各行业中都有着自己的特殊地位。

值得关注的是，在明代北京和南京的一些著名店铺，反映行业特点、经营特色和商家经营思想、经营道德的招牌广告也以相对固定的位置出现，这些招牌多是悬挂在店铺或店堂正中相对于柜台的墙壁上，使顾客一踏进店铺大门便能明晓其经营风范。这种招牌的制作都相当考究，商家往往选用上好的材料制作，用上等黑漆上底，上面用颜料或墨泥书写金色的大字。字数多为四字，字意紧贴行业特色，用字讲究，寓意深刻。从其独特的表现形式看，这种广告形式可以视为企业经营理念的始端。明代店铺招牌广告中具有独特文化内涵的表现形式之一，史书称之为“青龙牌”。这些青龙牌所书写文字往往带有美好的祝愿，带有鲜明的行业特色和浓郁的民俗风情，至今仍为商家所借鉴。如绸布店多写“七襄曜彩”、“世掌丝纶”，酒楼茶肆则风格各异，多用“太白遗风”、“飞觞醉月”、“香溢壶觞”、“卢陆停车”、“玉树含英”等词句。各行各业的行业特征巧妙地被商家糅合在这些美好词句里，不仅通俗易懂，还极大地拉近了商家和顾客的距离。如：药店是“杏林春色”、“天地同春”、“寿域同登”，酱菜店是“调和鼎鼐”，杂货店是“山海珍奇”，鞋店是“圯桥进履”，帽子店是“冠冕堂皇”，钱庄、银号则用“钱谷流通”、“珠光宝

① 《明清民歌选甲集》1956年版，转引自徐百益：《中外广告史话漫谈》，连载《广告大观》1998年第2期第36页。

气”、“金碧辉煌”等词句。

明代的这些招牌广告的出现，也是中国传统商业精神和商业理念长期积累的结果，每一招牌背后，都有该行业商家的创业典故或发家史，不仅激励商家后代更好地从事商业经营，也更有效地传播着商业文化信息，从这个角度看，明代的招牌广告较之宋元时期，又有了新的发展。

明代的招幌广告种类也十分丰富，从明人画《南都繁会图卷》描绘的当时南京商业街市的繁华图景看，其中的幌子广告就令人目不暇接。后人统计，在《南都繁会图卷》中，出现的幌子和招牌多达 109 种，真实地反映了明代南京商业繁荣、广告宣传兴盛的情景。和前代相比，明代的幌子广告在商业中心城市和繁华的大都会商业区十分普遍。前文所提到的《南都繁会图卷》中所显现的南京城市商业图景也是招幌林立，一派富裕繁华的景象。幌子多为布质文字幌，上面的文字清晰可辨，有的是店铺的名号，如“京式靴鞋店”；有的则是所售货物的名称，如“极品宫带”、“川广杂货”等；还有些则连带宣传经商理念，如“万源号通商银钱出入公平”等，反映出明代商家的幌子制作水平至少在内容上有了进一步提高。

明代的城市商业十分繁荣，其形象幌和实物幌也是商家宣传商品的一种重要标志，《如梦录》中就曾详细记载明代汴京城内鞋铺以铁鞋作幌的情形。各行各业售卖什么，悬挂什么，仍然是商家宣传的重要手段，这一点和宋元时期还是十分相似。

(3) 诗歌和楹联广告

明代的诗歌广告主要是指诗歌中出现的广告形式，准确地说应该是诗歌中所提及的广告表现形态。诗歌中频繁出现广告形态，说明当时广告宣传较为普遍，广告作为民俗文化的一种也成为诗人关注的对象。高启的《卖花词》：“陌头担得春风行，美人出簾闻叫声。移去莫愁花不活，卖与还传种花诀。”

相传明太祖朱元璋是第一个撰写对联广告的人，他曾经为一不识字的阉猪人写下“双手劈开生死路，一刀割断是非根”的对联。这是一幅具有浓郁行业特点的广告对联。此后，常有文人为店家题联。如明代才子唐伯虎曾为一家新开张的商号挥笔写下“生意如春草，财源似水泉”的对联。明朝弘治年间，杭州西湖边上有一家父女开的酒馆，生意萧条。著名书法家祝枝山游西湖归来，进店饮酒后，写下一副对联：“东不管西不管，我管酒管；兴也罢衰也罢，请罢喝罢。”这酣满墨饱的两行大字，轰动了远近城乡，每日前来观赏者络绎不绝，酒店的生意也逐渐有了起色。

(4) 印刷广告

明代的印刷广告是伴随着雕版印刷业的发展而进一步发展的。明代的雕版印刷业已成为一种特殊的文化行业，行业经营者、士大夫、文人往往结合在一起共同经营这种特殊的文化行业。士大夫、文人往往帮助书坊选择好的文本，而书坊则负责书籍的印刷及出版，有些文人学识较高名气较大，也往往成为书坊宣传其出版图书质量的招牌。

书籍的印刷和出版在明代已渐成风气。作为文化行业，其竞争也较激烈。为了迎合读者的需要，同时也是为了竞争的需要，明代书坊多采用两种方式进行广告宣传。其一是在各类书籍中加以插图，插图内容多是书中精彩情节的视觉重现，本身就起到广告宣传的作用；其二是在书籍的首尾，甚至是封面刊登书籍广告，这既是对元代书籍广告的继承，也是发展，因为此时的广告不再仅仅是对书坊或书籍内容的介绍，而是结合读者的心理进行诉求，其广告效果更为明显。其典型的代表有两例：

一是弘治戊午年刊本《奇妙全相西厢记》的书尾广告，刊有金台岳家书铺的出版说明，这段出版说明起到广告宣传作用，该段文字如下："本坊谨依经书重写绘图，参订编次大字本，唱与图合，使寓于客邸行于舟中，闲游坐客，得此一览始终，歌唱了然，爽人心意。"①

其二是明代汲古阁刻陶南村《辍耕录》书首所刊出的一则出版说明，该段文字内容更加丰富，广告特色更加艺术化，其全文如下："元末陶南村诸书，向来脍炙人口，惜隐沦不传，海内博雅君子辄秘而密娱，不啻和璧隋珠矣！近有云间刻版，诠次颠倒，吴郡抄本，字虫鲁鱼，几失本来面目。不佞广搜博访，购得国初原刻，特恳汲古阁先生严加订正，以付剞劂，复九成之完璧，艺苑之胜事也。《说郛》、《会要》随有续刻。监官黄之义君宜甫谨识"。

前则广告以出书质量来衬托岳家书铺的经营特色，针对读者的阅读心理进行诉求，广告词较为活泼；后则广告则以监书官黄之义的名义对该类书刻的来龙去脉及该刊本的引人之处进行了较为缜密的阐述，广告词较为严谨，体现了精益求精的经营作风。前者刻在书尾，后者则刊登在书首，风格迥然不同，宣传效果却同样明显，也是明代书籍广告中的代表之作。

二、清代的广告

从清代 275 年(1636—1911)的历史发展进程看，大致可分为两个阶段。第一阶段是从顺治帝福临进驻北京到鸦片战争爆发时期，这一时期一般被认为是清朝统治前期，历经顺治、康熙、雍正、乾隆、嘉庆、道光，也是清王朝从建立走向鼎盛，又从鼎盛呈衰微趋势时期；第二阶段从 1840 年鸦片战争

① 王伯敏：《中国版画史》，上海人民美术出版社 1961 年版，第 21—72 页。

爆发到辛亥革命起义。这一时期，清王朝的统治处在内外交困时期，中国社会也沦为半殖民地半封建社会。本章主要讨论第一时期，第二时期晚清在第二章讨论。

清代前期，社会经济的发展和商品经济繁荣大致呈现出如下的趋势和特点。

其一，农业、手工业生产得到较快的恢复和发展。

其二，城市商业发展进入繁荣兴盛时期。清初，城市商业逐渐得到恢复和发展。从商业发展的总体格局来看，南方的城市商业超过北方，而南北各个城市商业因地域关系或产品关系呈现出不同的发展特点，总体水平较之明代均有较大幅度发展。

这一时期，北京仍是北方城市商业的发展中心，城内有诸多商业贸易中心，如大栅栏、西单、东市等。市场内，商品种类繁多，全国各地的商品云集京城，商业贸易异常活跃，使京城的广告表现有了充分发展的基础和空间。南方城市商业的发展较之北方速度更快，形成苏杭、沿长江流域、沿海地区几大商业贸易中心区域，区域贸易经济更加活跃。这一时期内地与边疆地区的贸易也开始畅通，这一方面得益于清王朝对全国的统一；另一方面也得益于清初社会经济的全面恢复和发展。除了规模较大的城市外，清代集镇商业的发展也进入一个新的时期。全国各地尤其是东南沿海地区的各个集镇也继续发展并逐渐呈现出繁荣昌盛的局面，如较为典型的苏州吴江县。处于城乡结合地区或农村地区的集市、庙市、墟市也相当活跃，可见当时农村商品经济的发展也已相当活跃。

城市商业和集镇、集市商品交换，也是诸多广告表现形式产生的直接土壤。明、清时期的诸多广告形态均是依附于这些不同类型的商业活动、商业设施而出现或存在的，并伴随着这些类型的商业活动日益兴盛而日渐走向繁荣。

其三，资本主义萌芽极其缓慢。明代江南地区曾出现过资本主义的萌芽，明末清初的战争使资本主义的萌芽受阻。随着清初农业、手工业生产的全面恢复和商品经济的不断发展，资本主义的萌芽又开始缓慢发展，其发展程度逐渐在清中叶以后超过明代，主要特征是在江南和广东沿海地区，具有资本主义性质的作坊和手工工场比明代显著增多，在一些手工业生产行业中包买商控制其生产的现象比过去更加普遍。商品流通的规模和形式也发生相应的变化，资金的流通和资本的运作也逐渐呈现出行业的特点，其标志是票号和钱庄的出现。票号和钱庄的大量出现，不仅使商业流通领域出现了新兴的行业，也使清代的广告表现增添了新的内容。

其四，商业组织和商业管理机构的进一步发展。随着商业资本的积累和商业活动规模的扩大，商人的社会地位和社会影响力也有所扩大。宋元时期所出现的商业行业组织具有两种功能，一是行业组织内的全体成员共同分摊政府的徭役税收，二是政府指定行业首领征收行业内的各种摊派。明清时期，商业行业组织继续保持了"行"的形式，除此之外，又出现了会馆和公所的形式，形成了地方性商业集团"行帮"。许多行帮投资的产业、庄园和钱庄、票号因名气较大，名声远播，因而具有品牌和广告传播效益。

清代中国广告表现艺术日臻成熟。

(1) 声响广告

清代的声响广告包括音响、吆喝和吟唱广告三种类型。主要指借助音响工具并伴以吆喝吟唱的广告形式。清代各行各业基本都有自己的音响广告，主要借助各种能发音响的器具，再伴以具有独特韵律的叫喊和吟唱增强广告效果。清代文献《韵鹤轩杂著》做了比较详细的记载：百工杂技，荷担上街。每持器作声，各为记号。修脚者所摇折叠凳，曰"对君坐"；剃头担所持响鼓，曰"唤头"；医家所摇铜铁圈，曰"虎撑"；星家所敲小铜锣，曰"报君知"；磨镜者所持铁片，曰"惊闺"；锡匠所持铁器，曰"闹街"；卖油者所鸣小锣，曰"厨房晓"；卖食者所敲小木梆，曰"击馋"；卖闺房杂货者所摇，曰"唤娇娘"；卖杂耍货者所持，曰"引孩儿"。

清代有专门记载声响广告的书《燕市货声》和《燕市负贩琐记》。书中记载，卖油炸小食品的吆喝："小炸食，我的高；一个大，买一包；哄孩子，他不闹，他不淘。"卖糖咂面的叫喊："顾念吃了我的糖咂面，又会扎花，又会纺线，小秃吃了我的糖咂面，明天长短发，后天梳小辫。"

张大都在《燕市负贩琐录》中收录的不同行业的小商小贩及手工艺人多达500种，其中叫卖之声也各不相同。清人佚名在《燕京杂记》中写道：京师荷担卖物者，每曼声婉转动人听闻，有发数十字儿不知其卖何物者。清人闲园鞠农在《一岁货声》中收录了京师地区的大量叫卖唱词，有不少是对商品的直接宣传："脆瓤儿的落花生啊，芝麻酱的一个味来……枣儿来，糖的溃哒喽，尝一个再买来。哎，一个光板喽。秋的来红海棠来，没有虫儿来；黑的来糖枣儿，没有核来。栗子味的白薯来，是栗子味的白薯来……"卖粥的唱词为："喝粥咧，喝粥咧，十里香喝热的咧。炸了一个焦咧，烹了一个脆咧。脆咧焦咧，像个小粮船的咧，好大的个儿咧。锅炒的果咧，油又香咧，面又白咧，扔在锅里飘起来哩，白又胖咧，胖又白咧，赛过烧鹅的咧，一个大的油炸的果咧。水饺咧，豆儿多咧，子田原汤儿绿豆的粥咧。"这些吟唱广告生动、直接，经营者边吟唱边经营，广告效果表现突出。

清代竹枝词中也有叫卖广告。《都门竹枝词》:"凉果炸糕聒耳朵,吊炉烧饼艾窝窝,叉子火烧刚买得,又听硬面叫饽饽。"《燕台口号一百首》:"堆盘栗子炒黄深,客到长淡素酒尝。寒火三更灯半边,门前高唤灌香糖。"《草戏一串》:"黄花鱼到要争先,多费无非早一天。正是榆钱才绿后,声声芍药卖街前。"

(2) 招牌(幌)广告

宋代宽阔门面的大店铺出现以后,就出现了和大店铺相对应的冲天招牌。冲天招牌一般竖立在店铺门前或店铺门面相对的街面中央,一般宽三尺,高不等。清朱彝尊在《日下旧闻》中也提到:"正阳门东西街招牌,有高三丈余者,泥金杀粉,或以斑竹镶之,又或镂刻金牛、白羊、黑驴诸形象,以为标志。"[①]冲天招牌根据宣传需要来撰写更详尽的广告词。清代比较典型的冲天招牌字数最多20余个,多是药店竖立在门前的冲天招牌,有的是宣传其经营特色,有的则是宣传其经营品种,为古籍所记载下来的冲天招牌广告词有如下:"德爱堂沈家,祖传七代小儿七珍丹,只此一家,并无二处"。与普通的招幌相比,冲天招牌更引人注目,在清代逐渐成为一种流行的广告形态。

在酒肆、茶楼、饭庄等出现招牌广告的新形式——水牌。水牌是商家在经营过程中根据经营特点而创作的一种可反复使用的招牌广告形式。由于酒肆、茶楼等经营场所每天都向顾客推荐或展示经营品种和价格,于是一种每日可用水擦洗的招牌流行开来。这种招牌多为木质,用白漆涂底,饰以朱栏,用黑色可擦洗材料撰写字词,其流行开来后,不仅适用于酒肆茶楼的食品、饮品名称、价格,而且延伸到戏院的节目预告及寺庙的记斋之用。清人李光庭在《乡言解颐·水牌》中记载:"水牌,便于浮记之物也,粉地朱丝,罩以油,便于涂洗。若京师酒肆、饭庄、戏庄,以载肴馔,以记日期,习以为常。"[②]

清代招牌从含义到制作都更加讲究。不再是以单调的姓氏为招牌的字号,而是有言简意赅的内容。有的招牌强调商业道德和信誉,有的招牌含义选用吉祥如意的主题,还有的招牌内容采用与商店商品有关的历史故事为题。

如北京同仁堂药店,"同仁堂"三个字背后,流传的是创始人乐尊育继承和发扬中华医药传统的故事。乐尊育早年是手摇串铃行医的郎中,看病过程中也售卖药材,后开设药店并为病人诊病。他严格按照古代医药方书中

---

① 朱彝尊:《日下旧闻》卷三十八。

② 李光庭:《乡言解颐·物部上·水牌》卷四,中华书局1982年版,第70页。

的药方调制成药，希望中国古代名医的优秀药方能够流传，取其名“同仁堂”本意也是如此。因为乐尊育行医多年，经验丰富，又按照古方精心研制中成药，因此名声在外。

全聚德烤鸭店创立于1844年，本是一家干鲜果店的招牌字号，叫“德聚全”，意思是“以德聚全，以德取财”。1862年接手的杨全仁老板把牌号倒过来为“全聚德”，和自己的名字中的“全”相合，取其“全仁聚德，财源茂盛”的意思。加之清代名士钱云谷为之题匾，使得这块金字招牌流传至今。

“内联升鞋店”，主要是因为此店专做宫廷生意，故用“内”，指的是“大内”即宫廷；“联升”是指“联升三级”，取其吉利，投宫廷官宦之所好，招徕顾客。

开设于同治年间的绸缎店“瑞蚨祥”的名字也有讲究。“瑞”取自瑞气，“蚨”意思是钱财，“祥”是吉祥，三字合意是“瑞气吉祥，财源茂盛”。

北京的“都一处烧麦馆”。据说“都一处”三个字是乾隆皇帝御笔亲书。乾隆十七年(1752)除夕之夜，有一主二仆来到一家酒店饮酒，客人得知酒店还没有字号，便起了“都一处”的名字。一个月后，十多个太监给酒店送来一块匾额，店家才知道除夕夜光顾的是乾隆皇帝。自此“都一处”闻名天下。

中国古代商人对招牌字号非常重视。招牌一旦树起来，它就成为商人物质财富和精神财富的象征，是传家之宝，他们会竭尽全力来保护和珍惜招牌的信誉，因此对招牌在形式与制作上也非常讲究。除了取名生动贴切外，还不惜重金聘请名家书写招牌广告。那些高超而精湛的书法艺术不仅是上乘的广告，而且也是书法艺术的珍品。招牌的制作装潢非常讲究，多采用柏木和传统的工艺休漆等上好材料，精心制作。装饰上一股以黑色底面，四周镶以花边纹饰，正中字体多配上耀眼的金字或朱红赤字，古朴、大方，体现出中华民族独特的广告艺术风格。新店开张挂招牌时也颇有讲究，时间不仅要选好良辰吉日，挂的位置还要不偏不倚，挂牌的人的选择也有讲究。这都体现经营者的重视，也是对自己诚实经营的勉励和对顾客信誉的保证。

招幌的类型在清代更加丰富多彩，并且开始把招牌和幌子分开叙述。清人徐珂在《清稗类钞》中写道：商店悬牌于门以为标识，广招徕者曰市招，俗呼招牌，大抵专用字，有参以满、回、藏文者，有用字兼绘形者，更有不用字、不绘形，直揭其物于门外，或以象形之物代之，以其人多不识字也，如卖酒者悬酒一壶，卖炭者悬炭一支，而面店则悬纸条，鱼店则悬水鱼，俗所谓幌子者是也。[①] 简单地说，招牌是“悬牌于门以为标识”，幌子是“直揭其物于

① 徐柯编：《清稗类钞·农商类》第五册，中华书局1984年版，第2283页。

门外”，招牌起到店标作用，幌子起到行标作用。

(3) 诗词和楹联广告

清代的诗词表现艺术日臻成熟。清代文人李静人为北京王麻子剪刀店撰写了一首诗：“刀店传名本姓王，两边更有‘万’同‘汪’，诸公拭目分明认，头上三横看莫慌。”这首广告诗为王麻子剪刀作了品牌形象宣传，而且告诉顾客要把两旁的“万”家和“汪”家相区别。清代诗人杨静亭为绍兴名吃水晶糕和北京汇丰斋金糕分别作广告诗：“绍兴品味制来高，江米桃仁软若膏。甘淡养脾疗胃弱，进场宜买水晶糕。”“南楂不与北楂同，妙制金糕数汇丰。色比胭脂甜若蜜，解醉清食有兼功。”

竹枝词原是流行于民间为普通劳动人民所传唱的一种民歌。明清时期，竹枝词多用来描述当时的风土人情和世事百态，与普通民众生活密切相关的各种广告形态，也在诗人们撰写的竹枝词里得到描述。竹枝词中有描述涉及声响、吟唱广告，酒旗、酒幌广告，招牌、招幌广告，如“幌子高低店铺挂，蒲色三两作招牌。更寻纸架当门立，小匾茅房挂大街”。①

楹联广告是具有中国民族特色的一种文字广告形式，在五代十国时期出现，在明代得到提倡，在清代流行，是楹联艺术与广告表现相结合的产物，在店铺、酒肆、茶楼中用得最多。如九江浔阳楼的“世间无此酒，天下有名楼”。“竹叶杯中，万里溪山闲送绿；杏花村里，一帘风月独飘香。”清朝有个秀才为一家理发店题联：“相逢尽是弹冠客，此去应无搔首人。”典故用得恰到好处，该店从此出名，生意兴隆。有的楹联广告突出行业特征，如颜料店的楹联广告：“青黄赤黑白，紫绿朱蓝橙”。酱菜店的广告：“金鼎酸咸皆宜口，玉缸滋味好充肠”。米店：“谷乃国之宝，民以食为天”。有的楹联广告能够体现商家的经营理念，如“童叟无欺，货真价实”，

(4) 店堂装饰广告

清代北京城内店面宽阔、实力雄厚的大店铺比比皆是，其店堂的装饰也较之前代更具艺术特色。清代文献《道光都门纪略》对清代京城店铺的店堂装饰也有具体描述：“铺户，装饰富甲天下，如大栅栏、珠宝市、西河沿、琉璃厂之银搂缎号，以及茶叶铺、靴铺，皆雕梁画栋，金碧辉煌，令人目迷五色。”店堂装饰广告在此时已成为店家显示财力和吸引顾客的一种常用手段。

(5) 木版年画

清代木版年画十分盛行，年画铺遍布全国各地，年画销售量日益上升，

---

① 《燕台口号一百首》嘉庆初年，1798年前后。参见：《清代北京竹枝词》，北京古籍出版社1982年版。

商人们开始利用广告年画这种形式为广告宣传服务。如苏州桃花坞出土的"四时名点"广告年画中，绘有《失街亭》的戏文和插图，这种年画充当"四时名点"的包装装潢，具有广告宣传的功效。

清代也出现广告打假。由于许多老字号历史悠久，靠商家几代人苦心经营，才树立起在顾客心目中的地位。一些人利用他人名牌，仿冒商品牟取暴利，损害了所仿制品牌的形象。为反击这种恶意行为，有的商家在其广告中加入了打假的内容。例如，自乾隆以来，天津天后宫庙市热闹非凡，庙内春永堂以其特效眼药和良好的信誉赢得了口碑，但是有假冒者利用永春堂的名号坑害病人。为此，永春堂在仿单上广而告之："本堂开设天津东门外天后宫后院大殿旁斗姥店内，赐顾诸君，请认明'乾隆金钱'商标为记。"①

清末的广告，除了对中国古代广告的继承和创新外，也随着商业经济的发展和科学技术的进步出现一些新型的广告形式，这些广告主要是借助新型媒体，如户外广告牌、报纸、书籍、报刊等进行广告宣传，但当这些广告形态逐渐增多时，清王朝也逐渐走向了衰亡。鸦片战争前后，这些广告形态开始萌芽，并逐渐和传统广告并存，成为一种新型的广告宣传力量，随着民族资本的增长，以及民族资本和外来资本的竞争加剧，中国广告生存的背景和环境均发生了相应变化，中国广告发展史也就逐渐进入了近代时期。

本章关键词

叫卖广告　实物陈列广告　悬物广告　招牌广告　招幌广告　妇女当垆　彩楼欢门　印刷广告　楹联广告

思考题

1. 为什么社会广告会在原始社会末期先于商品广告产生？
2. 宋元时期有何新的广告形式？
3. 明清时期的广告有何新特点？
4. 简述中国古代社会的商业广告的特点。

---

① 王柯：《从中国古代商业性质的实体广告看诚信的广告理念》，《皖西学院学报》2006年2月第22卷第1期。

第二章 中国近现代广告史

广告在我国的出现最早可以追溯到原始社会末期，但在鸦片战争之前，只有口头叫卖、实物陈列、招幌、招牌、店堂装饰等比较原始的广告形式，不具备完全意义上的近代广告的功能和作用，也未形成真正的广告行业。近代广告兴起于18、19世纪的西方资本主义社会形成时期，是资本主义商品生产发展和市场经济繁荣的结果。鸦片战争后，伴随西方资本主义的入侵和进出口贸易迅速发展，在上海等对外开放的通商口岸中产生了近代中国最早的资本主义性质的新式商业，同时出现了具有近代特征的报刊，为中国广告由传统向近代转型提供了时代背景和条件。因此，一般将把鸦片战争作为古代广告史和近代广告史的分界线。

第一节 晚清时期的广告

国内外的广告史学都将报刊广告的出现作为近代广告史的开端。一方面是因为近代广告的产生离不开报业的发展，另一方面则是因为面向大众的报刊是具有代表性的广告载体。中国近代中文报刊广告起源于19世纪的广州、香港、上海等沿海"开埠通商"地区，如：1833年在广州创刊的《东西洋考每月统纪传》、1853年在香港出版的《遐迩贯珍》、上海的1861年发行的《上海新报》、1868年的《万国公报》、1872年的《申报》及1893年的《新闻报》等，这些中国近代最早刊登商业信息广告的主流中文报刊，构成了中国近代中文报刊广告的源头。

一、外商办报时期的广告

19世纪上半叶，许多资本主义国家都先后完成了工业革命，生产力飞速发展。为了满足资本主义经济发展的需要，资本主义列强瞄准了中国市场。1840年爆发的鸦片战争就是源于资本主义列强对外扩张的需要。鸦片战争之后，中国沦为半殖民地半封建社会。外国商人来华办厂，利用广告手段大量倾销洋货，同时也带来了报纸、杂志、路牌、霓虹灯以及橱窗陈列等新的广告形式，近代广告业也逐渐发展起来。

鸦片战争前后，西方商品输入我国主要以香烟和药品为主，广告形式多采用路牌广告和招贴广告。路牌广告多画在墙上，以文字为主，形式十分简单。招贴广告一般在海外印刷，再运到中国张贴。这些广告形式逐渐由城市向农村扩展。在外国货源源不断地涌进我国市场的同时，海外商人深知报刊传递信息速度快，而且信息容量大，是做广告的理想媒介。于是，以报纸杂志为代表的近代广告媒体开始由外商和外国传教士引入中国。

报纸在我国的问世较早，而报纸广告的出现还是在近代。早在唐代初期，就产生了中国最早的报纸"邸报"。邸报是官方主办，主要内容是发布皇帝的诏书、命令，皇室的动态，以及封建王府官员的升迁罢黜、任免、赏罚等方面的信息。邸报到了宋代开始定期发行，明朝使用活字排版，清朝将《邸报》改为《京报》。这种报纸只在宫廷和官僚中流传，更加类似于政府公文，不准刊登广告。

1. 境外报刊广告——《察世俗每月统纪传》的文化广告

《察世俗每月统纪传》是最早的中文期刊，于 1815 年 8 月 5 日在马六甲创办，由米怜主编。为了方便在华侨中传教，米怜同时还办了一家免费供华人子弟读书的"义馆"。"义馆"开学与《察世俗每月统纪传》创刊"择吉"在同一天，故《察世俗每月统纪传》创刊号特载《立义馆告贴》：

> ……已细想过教子弟之好处与不教子弟之恶处，所以今定呷地(马六甲)而立一义馆，请中华广(东)、福(建)两大省各兄台中，所有无力从师之子弟，来入敝馆从师学道成人。其延先生教授一切之事，及所有束金、书、纸、笔、墨、算盘等项，皆在弟费用。兹择于七月一日，在敝处开馆。理合将愚意写明，申告各仁兄，任凭将无力从师之子弟，送来进学。虽然是尔各父母者之福，则愚亦得福焉。若肯不弃，而愿从者，清早带子弟先来面见叙谈，以便识认可也。谨白。
>
> 嘉庆二十年六月×日　愚弟米怜字具。

这是一则免费入学的招生广告，是最早的中文报刊上出现的最早的文化广告。

2. 广州报刊广告——《东西洋考每月统纪传》的商业广告

我国最早刊载商业广告的期刊是在中国境内出版的第一份中文杂志《东西洋考每月统纪传》。《东西洋考每月统纪传》于 1833 年 8 月 1 日(道光十三年七月)在广州创办，1838 年在新加坡停刊。该月刊宗旨是"为在广州和澳门的外国公众的权益进行辩护"，内容主要以介绍西方的科学文化知识和阐发基督教义为主，也是中文刊物最早登载"行情物价表"之类商情的刊物。特辟"市价篇"专栏，以表格的形式看在《省城洋商与各国远商相交买卖各货现时市价》，内分"入口的货"和"出口的货"两大类，共计 5 页(每期刊物约6张12页)。"市价篇"实际上是进出口货物物价行情表及对外贸易行情表,这也是我国境内中文期刊上最早刊登的带有商业贸易性质的商情广告。《东西洋考每月统记传》的"市价篇"对以后创刊的广州地区及华南一带的中文报刊影响是巨大的,有不少著名的刊物都刊登商业广告和物价行情之类的商业、贸易信息,有的刊物还出广告专版。

鸦片战争后,外国人在中国境内创办的中文报刊大量增加,仅1860年以前就多达32种。

3. 香港报刊广告——《遐迩贯珍》的广告专版

1853年9月1日,英国传教士在香港创办中文杂志《遐迩贯珍》月刊,该刊每月印刷3 000份,或卖或送,销行于香港、澳门及中国的五个通商口岸。该刊除了宣传西方科学文化知识和阐发基督教义之外,还经营广告业务,为中外商人沟通商情。如1854年11月13日刊登的一则招揽广告既有内容又有价格:"若行商租船者等得借此书以表白事款,较之温贴街衢,传闻更远,则获益至多。今于本月起,遐迩贯珍各号,将有数帙附之卷尾,以载报贴。"这里所说的"报贴"就是报刊广告,它劝诱船商在报刊上刊登广告,远比沿街张贴收效更大。该广告接着还标明价格:"五十字以下,取银一元。五十字以上,每字多取一先士。一次之后,若帖再出,则取如上数之半。至所取之银,非以求利,实为取每月遐迩贯珍三千本之费用而已。"到了1855年,《遐迩贯珍》还专门出版广告专版,名《布告篇》,每月出一期,随《遐迩贯珍》发行,每期4页,专载商情、船期、货价。这是我国最早的杂志广告附刊。

随后,帝国主义列强在香港、上海等地创办了一批以中国人为对象的中文日报。这些报纸一方面传递新闻信息,另一方面,也刊登大量广告,为帝国主义列强在中国开拓市场服务。

《香港船头货价纸》是中国境内最早的中文报纸,也是香港地区出版的第一张中文报纸。台湾学者卓南生认为它创刊于1857年。[①] 该报是中国最早的中文商业报纸及广告报。除了少量新闻,其余都是广告,包括船期广告、商品广告及鸦片行情等。1865年前后,《香港船头货价纸》改名为《香港中外新报》,依然附印"船头货价行情"(表)专版。1872年4月,香港创刊的《香港华字日报》和1874年2月4日创刊的《循环日报》都是每期头版整版为广告专版。[②]

① 卓南生:《中国近代报业发展史1815—1874》,台北正中书局,1998年4月初版。

② 刘家林:《中国近代早期报刊广告源流考》,《新闻大学》1999年夏,第57—59页。

4. 上海报刊广告

(1)《上海新报》 英商1861年创办了上海最早的中文报纸《上海新报》(1861—1872年),在创刊号上即发布启事:“开店铺者,每以货物不销,费用多金刷印招贴,一经风雨吹残,或被闲人扯坏,即属无用……似不如叙明大略,印入此报,所费固属无多,传阅更觉周密。”另还说明:“观此新报,即可知某行现有某货,定于某日出售,届期亲赴看货面议,可免经手辗转延宕,以及架买空盘之误。”①《上海新报》的四版中有三个版是船期、行期、广告等商业性信息。第一版在横排的报名下大量刊登“告白”、船期、货价等商业贸易信息,与港报类似。该报还将有些商品如风琴、铁柜等的广告“各绘一图,附以说明”。可见当时报纸上的广告不仅有文字说明,而且配有图画,使广告更加生动形象,吸引人的注意。

(2)《万国公报》 英美传教士在上海创办《万国公报》(1868—1907年,前身为《中国教会新报》),该报第二期就刊登了洋行的广告,如汇丰银行、华英大药房、大英火轮船公司等英商企业的通栏广告。

(3)《申报》 英国人美查于1872年创办了《申报》,1889年改为华洋合股,1909年由中国人席子佩收购,1912年又转售给史量才。1872年4月23日发行的创刊号共计8版,其中第6版的内容是转载《京报》的报道及广告,第7版全部刊登广告,第8版登载市场行情及船期,实际上也是广告。之后《申报》广告的比例一般都在一半以上。《申报》的广告经营颇有特色。

首先,广告费用低廉。当时在《申报》上登广告叫做“买告白”,广告费也比较低廉。广告刊例规定:“如有招贴告白、货物船只经纪行情等款,愿刊入本馆新报者,以五十字为式。买一天者取刊资二百五十文,倘字数多者,每加十字照加钱五十文;买二天者,取钱一百五十文,字数多者,每加十字照加钱三十文起算。如有愿买三四天者该价与第二天同。”

其次,广告自行制作。由各刊登广告的商号或个人自行拟稿递送《申报》发表,不作分类。同治癸酉年八月十九日《申报》告白云:“本馆承各宝庄号来等告白者,所送底稿务必誊写清楚,以免排错校错之失。倘原稿笔画模糊难以辨认,则刊成错误莫怪。”同年11月20日要求各登告白的商号务必于晚上七点钟以前将告白稿送交《申报》。各商号刊登告白时,一般有标题、内容和落款三部分。标题五花八门,内容只是介绍何地有何物,何时有何事,不作功能诉求或者情感诉求。落款是各商号或个人及刊登时间。这个时期的《申报》广告开始使用图片来进行形象诉求。第一张有图片的广告是

① 转引自方汉奇《中国近代报刊史》上册,第58页。

成衣机(缝纫机)广告,价格每台50元,刊登于同治壬申十一月十四日。这以后陆续刊登了十来种有图片的商品广告。

再次,广告内容多样。当时在《申报》上做广告的商品绝大部分是西洋商品,各大商号拍卖和出售的商品大多为洋货。同治时期《申报》上的军火广告不断,鸦片也公然拍卖。鸦片行情也在各大货行情中,每隔一段时间《申报》就将上海各商户所存洋货列出,烟土赫然其上。有鸦片广告,也就经常有各种戒烟药广告刊出,《申报》还为此大做禁烟文章,但烟土买卖依然如故,从未从各大货行情表中退出。由此也可以看出《申报》当时的性质,主要为外商的经济利益服务。中国士商也登告白,其内容则有扬名报恩、表扬德政、夜教英语、神课报、奇门遁甲、遗失、招租、房产争讼等,多是个人所登广告。各商号所刊告白,无非是南北干货、茶叶、丝织还有洋货等,极少有中国制造的工业品广告。此外,还有各类补药、妇科药品广告,运输、戏园等服务广告。

最后,广告政策灵活。由于《申报》发行量日益增加,《申报》的广告量日益增加。为了在有限的空间里刊登更多的广告,《申报》采取了多种灵活措施:一是压缩版面,为广告腾出地方。《申报》自癸酉年三月初以后,除了偶然情况,一般不再在报首刊登广告价格(偶然也有)。四月间就逐渐减少戏园广告,甚至于不再刊登。同年五月初不再在报首刊登告白(偶然也有)。二是缩小字体。先是在癸酉十一月底逐渐缩小广告版字体,甲戌三月底除船期、标题(甲戌三月二十二日将广告标题横排)字号不变,广告栏字体几乎全部缩小一号。三是放大板样。甲戌八月初一日《申报》将篇幅放大,且于每页中用乌丝界开横分,以便阅读。同年十月初一日《申报》云:"本馆新报现在博采广搜,实属美不胜录。故再将版样放大,计新增又得千余字矣。"实际上受益的是广告栏字数明显增多,可刊登的广告也就自然增多了。①

随着报刊广告的发展,广告主与广告经营者逐渐分离,促使广告代理商逐渐产生。广告代理商最早是以报馆广告代理人和版面买卖人的形式出现,后来逐渐演变为各种广告社、广告公司的形式。1872年《申报》在创刊号上声明:外地广告由卖报人代理,"苏杭等处有欲刊告白者,即向该卖报店司人说明……并须作速寄来该价,另加一半为卖报人饭资。"告白,即广告。卖报人,即广告代理人。饭资,即广告代理费。广告代理人开始只是跑跑腿,为报馆招揽业务,从中收取佣金。慢慢地,随着报馆广告业务的发展,报

① 汪广松:《同治末期的〈申报〉经营》,《浙江万里学院学报》2007年1月第20卷第1期,第56—59页。

馆设立了广告部，代理人逐渐转变为广告部的雇员，以后又出现专营广告制作业务的广告社和广告公司。

这一时期的广告整体来看有两个比较显著的特点，一是中国商人刊登广告少，而外商刊登广告比较踊跃。一方面与近代早期报纸不普及有关，另一方面和近代化铁路、航运交通以及电信不发达有关，中国商人对广告的认识与利用经历了一个发展变化的过程。二是由于沿海地区和内地的经济差距逐渐增大，广告发展的地区差异也逐渐显现。在报刊成为广告载体的同时，传统广告媒介仍在发挥作用。

二、国人办报时期的广告

1. 早期资产阶级改良派报刊的广告

19 世纪下半叶，一批具有爱国思想和民族意识的资产阶级知识分子提出改良的主张。他们把办报作为传播新思想的工具。从 1873 年至 1894 年这 20 年间，出现了一批由华人创办的报纸，如《昭文新报》(汉口)、《汇报》(上海)、《述报》(广州)、《循环日报》(香港)等。这些报纸刊登“航船日期”、“银行市面”、“各货行情”、“各行告白”等广告，但广告形式十分拘谨，方法幼稚，难于引起注意。1895 年至 1898 年的三四年间，全国创办了 32 种主要华人报纸。由于资本竞争加剧，报纸的刊数和广告版面迅速增加。华人办报与外商办报不同之处，在于多登国货广告，利用广告形式同帝国主义进行斗争。戊戌维新运动时期，资产阶级改良派创办的报刊《苏报》、《湘报》等，也刊登各类广告，但形式比较简单。

2. 清末官方报刊的广告

这一时期，清末的官方报刊也开始有限度地刊登一些广告。1907 年，清政府创办了《政治官报》，在章程中对刊登的广告规定:“如官办银行、钱局、工艺陈列各所，铁路矿物各公司及农工商部注册各实业，均准进馆代登广告，酌照东西各国官报广告办法办理。”到了 1911 年，《政治官报》改为《内阁官报》，制定了更为详细的刊登广告的章程和价格。

3. “广告”一词的使用

据考证，中国人自办的中文报刊上最先使用“广告”一词，是 1899 年梁启超在日本创办的《清议报》。1898 年 12 月 23 日，《清议报》在日本横滨创刊，由梁启超任主编，旬刊。1899 年 4 月 30 日出版的第 13 期，《清议报》刊出用日文写的赵兰广告的告白《记事扩张卜广告募集》，同时附载了《广告料》(即广告刊费)。这是国人办的中文刊物上最早出现的“广告”一词。

到 20 世纪初，“广告”一词由日本传入中国。1901 年 10 月 18 日，《申报》首次在国内报刊使用“广告”一词，正张第二版下(第四栏)刊出一份报纸的创刊广告——《商务日报馆广告》。商务印书馆于1902年1月4日创刊出了该馆最早的杂志——《外交报》,创刊号扉页即登“商务印书馆发行所新书广告”四条,“目录”页还刊登了《告白价目表》。这则广告在《申报》连载几天。可见,那个时候“广告”和“告白”兼用。直至1907年,“广告”在清廷创办的《政治官报章程》中最终得到认同。五四运动之后,“广告”一词才逐渐取代“告白”,流行开来。①

第二节　民国初期的广告

民国初年至20世纪30年代,广告业进入一个相对繁荣的发展阶段。一方面广告的作用逐渐被工商界人士重视,另一方面世界广告业的新技术和新材料逐渐传入中国,广告媒介日益发达,广告公司业务更加专业。在20世纪早期,报纸刊登的广告总体而言比较粗糙,但是到了30年代,广告水平有了较大的飞跃。

一、报刊的发展促进广告业的繁荣

辛亥革命前后,大量报刊创办。资产阶级革命派利用报刊宣传资产阶级革命思想,同时也刊登一些商业广告,促进民族工商业的发展。这些广告主要有两个特点:一是广告内容有所扩大,包括百货、电影、医药、银行、书籍以及个人广告;二是广告的编辑、排版质量有所提高,图文并茂。

1. 报刊发展迅速

民国初年,报业发展史上出现了报业发展的短暂春天,报刊发展到1 000多家。五四时期,报刊迅速发展,报纸成为一种最廉价、传播效果最好的广告媒介。《申报》在1920年发行量就超过3万份。上海另外一份有影响的《新闻报》到1923年创刊30周年时,即以“日销十五万份”为号召,招揽到众多的广告。据《新闻报》30周年纪念册载:“近来广告几占篇幅十之六七”,又说“广告费的收入,每年几及百万元”。杂志发行量也不低。邹韬奋主编的《生活周刊》在1923年每期发行15万份。其他的杂志如《东方杂志》、《妇女杂志》等都刊登大量广告。

2. 广告受到重视

到民国时期,广告的作用也越来越受到工商界人士的重视。有的明确指出:“欲吸收外埠主顾,则必以我之营业,广为布告,以昭示于人。凡我之商品如何,商标如何,价值如何,务使外埠顾客,深深印入脑际,使莅临各地

---

① 刘家林:《中国近代早期报刊广告源流考》,《新闻大学》1999年夏。

者，几有不购不快之感。此种方策，即所谓广告效力。”因此，“广告者，乃攻城掠地之工兵也……广告精良，犹战具之犀利也，执有利器，则战无不克”。于是广告在“商业上之价值，既重且巨”，而且“广告之方法，亦日新月异”。[①]人们尤其认识到，在发行量较大的报纸上登载广告，其作用与影响更为突出。“一纸风行，不胫而走。故报纸所到之区，即广告势力所及之地。且茶坊酒肆，每藉报纸为谈料。消息所播，谁不洞知。永印脑筋，未易磨灭。非若他项广告之流行不远，传单之随手散佚也。是故新闻愈发达，广告之作用亦愈宏。”[②]

3. 广告版面扩张

由于社会舆论的呼吁以及广告实际作用的显示，要求刊登广告的中国商人日益增加，各种报纸杂志登载广告的版面越来越多。“广告之地位，已较新闻之篇幅为多。”《申报》、《新闻报》开始大幅增加广告版面，并且讲究广告的形式和效果。戈公振先生在《中国报学史》中，曾对 1925 年 4 月 10 日以后 20 天左右的各地主要报纸进行抽样分析，看出当时的广告种类已经从商品广告扩展到社会、文化、交通等其他用途的广告，广告版面在报纸版面中的比重急剧上升，有的甚至占到一半以上。1925 年的《申报》全张面积为 5 850 英寸，广告的版面即占 2 498 英寸，新闻的版面仅为 1 825 英寸，广告占的比重达到 42.7%。同期的北京《晨报》全张面积为 2 880 英寸，广告版面多至 1258 英寸，新闻只占 949 英寸，广告占的比重达到 52.7%。天津《益世报》全张面积为 4 864 英寸，广告版面占 3 016 英寸，广告占的比重达到 62%。[③] 可见，当时各家有影响的报纸都由广告占据了大部分版面。

4. 广告成为重要收入来源

广告的剧增对报纸登载新闻的版面也形成了较大的冲击。“有时会把新闻地位挤成一小块，或者夹成一条小弄堂。而且花样翻新，广告千奇百怪。有的，在版面中央登一块广告，而四面都补上新闻。”[④]这是当时比较独特的“四面靠水”式的报纸广告，所需费用当然是最昂贵的。

随着广告的迅速发展，报社登载广告所收版面费不断提高。同治年间，报纸广告一般每字收钱五文，光绪年间改钱码为洋码，视论前、论后、长行、

① 徐启文:《商业广告之研究》,《商业月报》第 14 卷第 1 号,1934 年 1 月。

② 薛雨孙:《新闻纸与广告之关系》,见《最近之五十年——申报馆五十周年纪念》,上海书店 1987 年影印本。

③ 《中国报学史》,第 216 页。

④ 《报海旧闻》,第 231 页。

短行等不同广告分别收费，“论前取费倍于其他”。至民国初年，广告收费又增加了二成。20世纪20年代，上海报纸对广告的收费分类更细，一般划为以下若干等：

一等：登于新闻中，高3英寸强，每日每行4角5分；

二等：登于封面及专电或评前，高10英寸，每日每行1元4角；

三等：登于分类栏或文艺栏，以60字起计算，如超过此数，以15字递加，每日每字1分2厘；

四等：登于普通位置，高10英寸，每日每行8角，若为短行，每日每字1分；

例外：以方寸计算者，每方寸7角，但以普通位置为限。①

从总体趋势看，在广告日益兴盛之后，不论是外国人还是中国人创办的报刊，广告收入无疑都是报刊社最重要的收入来源。“广告费之消耗，以报纸为最巨；而报纸之支出，亦多仰给于广告。”②

5. 出现专业广告机构

随着广告收入成为出版机构的重要来源，各报刊和出版机构大都设立了广告部，想方设法招揽更多的广告。1912年著名报人史量才主掌《申报》，聘请了对广告颇有研究的张竹平为经理兼营业部主任。1914年，张竹平进《申报》不久，第一次世界大战爆发，帝国主义无暇东顾，中国民族工商业进入短暂的黄金时期，蓬勃兴起的民族工商业为《申报》提供了众多的潜在广告客户。张竹平敏锐地捕捉到这一点，决定主动出击，挖掘客户。张竹平致力于广告部门的改进，一改以前报馆坐等客户上门的习惯。设立了广告推广科，内设广告外勤组和广告设计组，前者负责招揽广告，后者负责按照广告分类、性质为刊户设计图案，撰写文案，征求刊户意见。专请能说会道的广告外勤人员主动到上海工商企业中宣传广告的作用，并介绍《申报》读者面广、发行量大，刊登广告具有特殊的效力。《申报》的广告业务迅速发展，许多商人乐意在《申报》登广告。到1915年4月，《申报》的广告版面已超过新闻版面，广告收入成为报纸经营的支柱。在发行上，申报创刊时每年只有600份，到1912年，已经发展到7 000份，到1920年已达到3万多份，是当时全国实力雄厚、发行量最大的报纸。

---

① 《中国报学史》，第213页。
② 《中国报学史》，第212页。

二、广告新媒体的问世

这一时期，除了报纸广告之外，其他几种近现代影响较大的广告形式也陆续诞生了。

1. 广播广告

无线电台的诞生使广告发展有了新的突破。1922年底，美商E. G. 奥斯邦利用旅日张姓华侨的资本在上海设立了中国境内第一家广播电台——奥斯邦电台。台址设在上海广东路的大来洋行屋顶。1923年1月23日开始播音，每晚播音1小时，节目包括新闻、音乐、演说及商业消息。当时，上海约有收音机500台。1924年5月15日，美商新孚洋行和开洛公司办的开洛电台开播，影响较大。新新公司创办了中国人自己设立的第一家民营电台，1927年3月18日正式开播，每天播音6个多小时。由于上海、南京、北京等大城市经济较为发达，这些中心城市的广播电台发展迅速。据统计，上世纪30年代中期，全国有电台不超过100座，上海就有四十余座。广告收入是维持私营电台运营的主要来源。广播电台为招徕广告，想尽办法创造自己的节目特色，以吸引更多听众。广告主也逐渐认识到广播在广告方面的影响力，对广播广告投放的力度日益加大。当时上海的一些较大规模的商店大都会自己指定一些戏曲曲目让电台播送，并在这些节目中插播广告。到1934年前后，南京出现了我国最早的专门承揽广播广告业务的专业广告机构"中国电声广告社"。① 该广告社在1934年9月12日的《申报》上为自己刊载了一则开业广告《中国电声广告社启事》："本社承办中央广播无线电台管理处各电台播音广告，效力宏大，取费低廉。作提倡国货之喉舌，现已筹备就绪，定于九月二十三日起开业，十月一日开始播放。如各种正当企业及出品，欲广告宣传者，凡蒙委托，无任欢迎。地址：南京中山东路三十三号。"无线广播电台的发展以及收音机的普及，为广告提供了新的传播载体。30年代以后，无线广播作为新型的广告媒体日益发展起来。

2. 路牌广告

早期的路牌广告主要是利用墙壁做广告，将广告信息用油漆刷在墙上；后来一些广告公司将彩色印制的招贴贴在墙面上，其后又改用木架支撑，铅皮作面，油漆作颜料，做成独立的广告牌，成为真正的路牌广告。当时的广告内容主要涉及香烟、药品和日用消费品，如煤油、蜡烛、牙粉等，路牌一般竖立在交通要道、屋顶、铁路沿线、车站和风景区等行人众多的地方。路牌广告在20世纪20年代十分盛行。上海作为最先发达起来的近代城市，巨

---

① 孙顺华：《中国广告史》，山东大学出版社2007年版，第48页。

大广告牌随处可见，繁华热闹的市区、交通要道口、铁路沿线、风景区都设有路牌广告。辛亥革命以前，铁路沿线车站周围就开始有路牌广告，推销诸如仁丹、大学眼药、美孚煤油、自礼氏洋烛之类的商品。英美烟草公司的烟草广告在上海及其他大城市的马路、街头十分多见。早期的路牌广告大都由外商广告公司安装。据平襟亚、陈子谦考证，中国人自己制作的路牌广告出现于1911年。[①] 此后，制作路牌广告逐渐成为广告公司的一项重要业务。1921年，上海“荣昌祥广告社”创办，专门为商家及别人的广告公司代漆路牌广告。该广告社生意兴隆，到20年代后期就几乎占据了上海市区以及沪宁、沪杭铁路沿线的所有路牌广告市场。30年代，荣昌祥广告社又先后兼并了上海几家著名的外商广告社，规模日益扩大；到1949年新中国成立时，荣昌祥成为上海最大的广告公司。

图2-1　为“冠生园”糖果、“三和”酱菜、“五洲固本皂”等做的路牌广告

3. 车船广告

伴随着近代城市交通运输工具的发展，有广告主在汽车、火车、轮船等交通工具上做广告，收到了很好的广告效果。在城市中，汽车车身很早就成为一种时尚的广告媒介。20世纪初，上海出现了有轨电车。由于市民担心电车的安全性，害怕坐电车触电，许多人不敢乘坐电车。为了吸引市民乘坐，当时的英商上海电车公司特别雇佣了一些无业者，每天发给蓝布短衫裤一套、饭资三角，让他们终日坐车招摇，并在车身上用斗大汉字写着“大众可

① 平襟亚、陈子谦：《上海广告史话》，《上海地方史资料》(三)，上海社科院出版社1984年版，第36页。

乘，稳而且快”的标语，为自身做广告。1914 年，上海出现无轨电车，电车车身和车顶都设置有广告。满载广告的公共汽车，开动起来，经过城市的繁华地段，所起的宣传效果不言而喻。图 2－2 是先施牙膏所做的车身广告。

图 2－2　先施牙膏的车身广告

先施牙膏的车身广告充分注意到车身广告是在移动中被注意的特点，其广告语“先施牙膏，千里香”的字体如斗大，充满了车体，形成了强烈的视觉冲击力。

4. 霓虹灯广告

霓虹灯管又叫“盖斯勒管”，由德国人盖斯勒 1887 年发明。世界上第一则霓虹灯广告 1910 年出现在法国巴黎。20 世纪 20 年代，霓虹灯广告传入中国。1926 年，一则“皇家牌打字机”英文霓虹灯吊灯广告出现在上海南京路上伊文思图书公司的橱窗内。其后，上海相继出现了霓虹灯招牌和露天霓虹灯广告。

1928 年，葡萄牙人开始在上海创办“丽耀霓虹灯厂”；华人创办的最早的霓虹灯厂是 1929 年中国人董景安创办的“远东霓虹灯厂”。

上海地区最早采用霓虹灯做广告的商品是红锡包牌香烟，收到了良好的宣传效果。广告上除了“红锡包”三个大字，还有一包香烟。霓虹灯的光效造出香烟从烟壳中一支一支跳出。最后一支燃点着的香烟，烟头上有青烟缭绕，生动逼真，引人注目。此后，有“天厨味精”的广告，矗立在国际饭店的顶层，是当时上海最高的霓虹灯广告。

霓虹灯最初出现时，灯光色彩单一，仅作市招、装潢等用，后来，随着技术的改进，“氖”、“氩”等气体的先后发现，使霓虹灯管能发出各种各样更加鲜亮的颜色，也使霓虹灯管成为广告灯具中最为重要的媒体形式。霓虹灯颜色丰富、图案多样，光线还能跳动变换，在城市的夜空中十分醒目，深受商家的欢迎。到20世纪30年代，上海南京路上许多商店都用上了霓虹灯，“先施”、“永安”、“新新”、“大新”等公司的霓虹灯都高耸云霄，鲜艳夺目。

5. 橱窗广告

大橱窗广告是随着大百货公司的诞生而出现的一种广告形式。我国最早运用现代大橱窗广告的是开设在上海南京路一带的四大百货公司，即先施公司(1917年10月20日开张)、永安公司(1918年9月5日开张)、新新公司(1926年1月23日开张营业)、大新公司(1936年1月20日正式开业)。这四大百货公司先后都在店面及门前设置大型橱窗广告。四家大百货公司经营手段灵活新颖，都不惜重金从港澳等地聘请专门人才来负责橱窗设计和商品陈列。同时，还把自己的一部分橱窗供厂商陈列商品，收取租金。20世纪30年代后，一些中、小商店也纷纷仿效，改装门面，扩大橱窗，使商品透过明净的大玻璃在明亮灯光的照射和反衬下得到最充分和完美的展示。

橱窗广告是企业宣传商品的一种直观有效的方式。琳琅满目的橱窗陈列可以使消费者对商品产生直观印象，刺激购买欲望。

6. 月份牌广告

月份牌广告是我国最早出现的商品海报，也是我国最早出现的为推销商品服务的商品艺术。

月份牌广告是一种结合画(多为美女)、广告与年历(即附有12个月节令的年历表)三位一体的商业文化产物。月份牌的一般形式是中间画画(多为美女)，画的两边有日历表，画的上方或下方印上商号、洋行的名称或商品(商品有时也画在画的两旁)。其上下边缘一般镶有铜边条，间或有仿照国画的装裱形式，上下各有一轴，方便悬挂之用。根据年画史专家考证，“月份牌”一词最早出现于清光绪二十二年(1896年)上海四马路鸿福来吕宋大票行随彩票附送的一种“沪景开彩图·中西月份牌”[①]。

20世纪二三十年代，“月份牌”十分流行。早在20世纪初，上海、广州、香港、重庆等地的洋行和商号，如烟草公司、火油行、银行、保险公司、酒家、药房、布匹店、化妆品店、五金商店等等，为了打开庞大的市场，推销产品，就利用国人喜爱的传统年画形式，附上商品广告。年历画用传统国画技法画成，再用彩色石印技术印制，就成了月份牌画。商家往往在年终岁尾的时候随商品赠送客户，这也是中国最早出现的商品海报。

---

① 王树村:《记沪景开采图·中西月份牌》,《美术研究》1959年第2期。

在技法上，郑曼陀的擦笔水彩画发明后，画家们逐渐放弃传统的方法，争相改用擦笔画法。这种擦笔画的特点是：先在美女的面部擦上一层炭精粉，轻轻揉擦阴影部位，使之稍具淡淡素描的轮廓、架子，然后再涂上水彩晕染。这样，模特的脸部既能显出立体感，又能保持传统工笔画仕女造型的韵味。

在题材选择方面，美女是月份牌永恒的主题。早期月份牌美女的形象深受传统仕女画创作的影响，后来，又在传统画的基础上融入了西洋画的特征，既古色古香，又有现代感。月份牌中的美女也分两种类型：一种是传统的古装美女，如中国古代的四大美人形象；一种是时装美女，往往选用当时的摩登美女，后来，一些著名的演艺人士也纷纷出现在月份牌中，体现了当时的社会审美取向。

月份牌广告具有实用性强、阅读率高、便于保存和重复阅读、时效性强等特点。在相当长的时间内，月份牌广告一直深受欢迎。

7. 电影广告

一般认为，1889 年爱迪生用伊斯曼软片拍摄影片并制成早期的活动电影放映机，标志着电影事业的开始。1894 年，第一架电影放映机在纽约表演，并开始向欧洲销售，而设置这种机器的电影院亦开始营业。1895 年 12 月 28 日，法国人鲁米埃兄弟在巴黎把影像放映到银幕上供较多的观众欣赏的实验获得成功。从此，商业电影开始产生。1897 年开始有故事片及新闻片放映。1899 年，我国开始出现电影，而首座电影院于 1907 年在上海建成。

上海电影院在默片电影时代，即开始放映为外商宣传商品的电影广告，一般由洋行直接与电影院接洽放映。1923 年前后，英美烟草公司曾在上海安南路特设一动画片绘制所，专为该公司制作动画片广告。1930 年，上海“华商广告公司”开始代理电影广告，即在电影放映前，放映一些广告，主要是幻灯片广告。

8. 飞行广告

据有关资料记载：上海曾经先后有两次“空中广告”的试办。一次是在 1935 年上海举办第六届全国运动会时，《新闻报》馆用大氢气球做广告，氢气球下悬挂长条布幅，上写“《新闻报》、《新闻夜报》销数最多”，“《新闻报》、《新闻夜报》效力最大”，“《新闻夜报》欢迎各位选手”等标语，飘扬在空中，十分引人注目。一次是在 1936 年，中国航空公司曾用飞机喷烟雾于空中，“写”的是“中国航空公司”几个英文字母。

三、广告策划活动的萌芽

中国近代机器丝绸业，始于1861年英商怡和洋行在上海苏州路创办的“上海纺丝局”，是我国第一家采用蒸汽为动力的机器缫丝厂。1878年，黄佐卿筹银十万两购买机器开办“公和永丝厂”，这是上海首家民族资本丝织厂。1920年，莫筋清创办“美亚丝绸厂”，这是我国最早的新型电机丝织厂。厂里有电动织机12台。1929年，上海丝织业参加杭州西湖博览会，在会上共展出53个品种，其中美亚厂的产品有25种，占近50%。会后，美亚厂将“美亚”二字注册为商标，使“美亚”品牌在消费者中的知名度不断提高。

美亚丝绸厂不满足于国内销售，还将产品远销到国外。总经理蔡声白亲自带队到泰国、马来西亚、印度尼西亚等东南亚国家进行考察和调查，所到之处无不大做广告、大造声势，还拍摄了展现美亚丝绸厂产品的影片《中华丝绸》，让东南亚消费者看到从育蚕、产茧、缕丝、织绸的全过程，这种一面普及科普知识、一面宣传产品的独特创意收到了很好的宣传效果。美亚丝绸厂在南洋销售的产品新颖美观、轻薄柔软，符合南洋气候条件。良好的产品加上到位的广告宣传，使美亚丝绸厂打开了南洋销路。

在国内，美亚丝绸厂突破老一套的广告形式，举行更具感染力的时装展览会，引导时尚，提升品牌，促进销售。美亚丝绸厂将五颜六色的绸缎精心设计成各式各样的时装，在永安公司底层中央大厅建舞台进行时装表演，直接打动了观众对“美亚”产品的追求，促进了产品销售。

美亚丝绸的平面广告是20世纪三四十年代本土广告的代表，图像为白描手绘的妇女正在欣赏、比对丝绸，突出了产品形象；文字排列整齐有序，中规中矩。不足之处是不重视版式构成，品牌的名称和标志也不够突出。由于产品形象展示是简单绘画，不够生动直观，难以直接激发消费者购买欲望。

第三节　抗日战争以后的旧中国广告

20世纪30年代是旧中国广告事业发展的鼎盛时期。社会工商企业普遍重视广告的作用。从抗日战争开始到中华人民共和国成立以前，是中国近现代广告发展的艰难时期。作为旧中国商业中心的上海更是广告业繁荣的缩影。抗日战争爆发以后，由于受到战争的冲击，百业凋敝，广告业受到严重打击。上海的广告公司相继歇业。抗战胜利后，广告公司和广告业务都得到一定恢复，但未获长足进步。内战开始以后，广告业再次陷入低谷。

一、抗战时期国统区的广告

抗战开始后，中国民众奋起抗日。很多烟商为迎合抗日形势需要，纷纷把宣传抗日爱国的内容制成香烟牌子。上海中国和兴烟公司把实地拍摄的“日寇侵略上海的罪行”照相制版，制成一套“淞沪战争”的香烟牌子。中国福新烟公司发行“东北义军抗日记”。福昌烟公司出品“纪念国难”和“忠勇卫国马将军”。中南烟公司发行“一二八战争”，还有在香烟牌子画面上直接印上宣传抗日口号的，民众烟公司的“民众抗日”每张画面上都配上一句抗日口号。

从“九一八”开始，抗日救亡就成为国统区报刊宣传的中心。民营商业报纸也与官方报纸一样站在宣传抗日的立场上，登载了大量以抗日为主题的民族企业广告，如“抵制日货”。1931 年 10 月 4 日，《申报》救灾头版一整版篇幅刊登补品大王“金耳”广告，广告中一位健壮男子跨步于地球之上，右下方大字“抵制日货之一道”十分醒目。第二版广告“冠生园在抗日运动中”，由民族企业第一次在报纸上提出“打到日本帝国主义”、“提倡国产、不尚空谈、要做实际工作”、“抵制日货、贵在力行，无贵乎有恒心”等抗日口号。广告结合时事，打动了无数消费者。

《立报》是企业家成舍我 1935 年 9 月 20 日在上海创办的小型报纸。成舍我对于报刊广告持有精辟见解：“报馆走向成功的三部曲：只有先以全力弄好版面，才可以争取读者，扩展发行；发行扩展，然后各种广告，自然不招而至。不幸多数的报馆创业者，总往往倒果为因，他们先运用各色各样的人事关系，去招揽广告，再运用种种不正当方法，贿赂报贩，减价倾销，而对一份报纸最基本的问题——言论、编辑、采访、排版，反粗制滥造，不肯注意，这种做法，结果必十九归于失败……所以我主张：不能日销 10 万份，不增加张数，也就不刊登广告。”在正确的营销策略及广告策略的指导下，创刊半年后的《立报》销售数额果然超过 10 万份，广告客户也源源而至。

抗战时期，国民政府内迁重庆。当时南京、上海、汉口和天津等地的多家报纸也相继内迁。1937 年，在重庆出版的除原有的《商务日报》等外，还有《新华日报》、《中央日报》、《扫荡报》、《大公报》、《新民报》等，都刊登各类广告，广告所占报纸版面的比例已接近或超过新闻的篇幅。值得一提的是《新华日报》。《新华日报》是抗日战争时期乃至解放战争初期，中国共产党在国民党统治区公开出版发行的唯一党报。在国统区，《新华日报》是宣传抗日、反对侵略的政治武器。《新华日报》为了筹集资金、传递信息，把报纸办得更好，也刊登一些经济广告和社会广告。1940 年 1 月，《新华日报》在报头下面刊登广告价目：“长行每行每日 3 元；短行每行每日 1.5 元；经济广告50字以内每日一元。"随着广告量的增长，经济类小广告价格后来又作了相应的调整。

抗战胜利后，原来一些停刊的报纸相继复刊，各种宣传媒介又活跃起来，商业广告逐渐恢复。上海、广州、天津、重庆等地，报纸广告费已成为报馆的主要经济收入。广告作品的制作更加讲究，彩色图画被引入广告作品，广告在报纸版面中所占的比重越来越大，有的几乎达到三分之二。

在广播方面，1928年成立的国民党"中央广播电台"于1933年开始播放广告。1934年8月，该台为了解决经费困难，筹设中国电声广告社承办该台的商业广告业务，并在娱乐节目中播出，规定广告分普通和特种两类，并推出时段价。广告须经审查，广告用语以国语为主，违禁品不能做广告。抗战胜利以后，国民党官办电台继续从事广告业务。

二、沦陷区广告

抗日战争爆发不久，中国从北向南国土逐渐沦陷。在沦陷区，侵略军以及日伪政权创办了大批报刊、通讯社和无线广播电台，用以控制沦陷区的新闻事业，鼓吹"东亚圣战"，"建立东亚新秩序"等舆论。这些报刊主要有北平的《新民报》、《新民周报》、《实报》、天津的《庸报》、《东亚晨报》、上海的《新申报》、《中华日报》、《三民周报》、南京的《总汇报》、《新南京报》等。这些报刊、电台不仅是日伪政治宣传的工具，还配合着经济的侵略意图大做日货广告。天津的《庸报》、北平的《新民报》等日伪报刊都刊登大量的日货广告，如"仁丹"、"花王香皂"、"大学眼药"、"味之素"、"狮子牙粉"、"丽德雪花膏"等日货都曾在这些报刊上连续登载广告。

日伪政权对月份牌广告相当重视，利用这种当时广受欢迎的美术形式做殖民宣传。为了取得月份牌市场的控制权，他们威逼利诱一些画家为其创作月份牌，或是假画商之名骗得一些有影响的月份牌画家的画稿，然后运往东北印刷。其中，有的用来推销日本商品，如以日本战旗为标志的"太阳牌"鞋，有的印上伪满洲国的年号再运回上海廉价出售。月份牌市场逐渐落入日伪政权之手。日伪政权还印制大量以封建迷信、色情享乐为题材的月份牌，以麻醉老百姓的神经，一时间迷信题材弥漫于木刻年画中。

沦陷区的广播也处于日本侵略者的严密控制，成为推行其"大东亚共荣圈"的重要喉舌。早在"九一八"事变前，日本就在大连建立了广播电台。"七七"事变后，又建立了一批日伪广播电台及专门机构，来控制广播宣传。广播电台主要有日本在大连建立的广播电台及伪"满洲电信电话株式会社"、上海的伪"上海无线电监督处"、南京的伪"中国广播事业建设协会"等。同时，民营广播电台也受到更加严密的控制，如：1936年11月，通县广播电台——伪“冀东防共自治政府无线广播电台”(简称冀东广播电台)建成并开始播音,其内容主要是实施亲日联满、反共卖国的奴化宣传。后来,该台将唐山第一家私营商业广播电台唐山坚声广播电台兼并,更名为“冀东防共自治政府唐山广播电台”,以壮大伪政权的舆论宣传实力。

三、抗日战争以后的解放区广告

中国共产党在建立初期就十分重视广告。党的机关报《向导》第4期上就刊登了广告,进入20世纪30至40年代更加注重报纸、广播等在舆论宣传方面的重要作用。

党的机关报《解放日报》、《人民日报》等都承揽广告业务,但开办广告业务的宗旨与资产阶级报刊不同。党的机关报主要以大力宣传马克思主义、扩大党的政治影响力、服务社会与人民为目的。

《解放日报》1941年5月16日在延安创刊,它是抗日战争和解放战争时期共产党在延安的机关报。解放日报办理广告的鲜明特点是为抗日战争和解放战争服务,为丰富人民精神生活和物质生活服务。因此,该报既刊登政治书籍广告,也刊登遗失启事;既刊登政治性公告,也刊登商品广告。1945年2月1日,《解放日报》刊登了该报启事:“登广告者请注意:以后一切要在本报刊登的广告,均请将原稿连同广告费,一并送交解放合作社,请勿寄交私人,以免遗失或耽误时间”。1945年8月17日,《解放日报》刊载了中华恒丰牙粉工业社启事:“本社为发展边区自给工业,特经政府注册,制出地球牌牙粉。已在边区广泛出售。现据各方反映,认为品质优良,气味清香凉爽,特别在保护牙齿健康上,有绝对保障,希各界注意购用。总批发处:延安大众合作社第三部;经销处:大众合作社各部门各分社。”

《人民日报》是1946年5月15日创刊的晋冀鲁豫中央局机关报。该报创刊时即刊登各类广告。一般头版广告位置在报头左、右侧。1949年迁入北京后,开始专设广告部。1949年3月25日的《人民日报》报头的左边刊登了三则关于华北大学、华北人民革命大学的招生启事和通告。1949年改为中共中央机关报后,广告业务始终不断。

中国人民的广播事业始建于抗日战争时期的陕甘宁边区。解放区的第一座广播电台是延安(陕北)新华广播电台。该台于1940年12月30日开始播音;1943年,因设备简陋、时有故障、条件艰苦、无线器材补给困难等原因一度停播;1945年8月恢复播音。在解放战争初期,1947年3月,该台自延安撤出以后到1949年3月迁至北平播音,其间曾4次转移台址,3次更改台名,1949年12月5日定名为中央人民广播电台。

解放区早期的广播电台很少有商业广告,只是偶尔播报一些边区的物价行情。电台的广告内容多为共产党政府与军队的布告、战绩战报、边区出版消息、戏剧、音乐等文化活动及个人启事等政治广告、军事广告以及书籍类广告。新华广播电台播报战绩战报是其一大特点。服务于宣传战是新华广播电台的另一特点。"对国民党广播"节目,就曾经起过重要的宣传作用。该节目主要向国民党军队宣传战争形势、讲解我军政策,给他们指明出路。该节目大部分时间是播送起义和放下武器的国民党军官名单,包括姓名、年龄、性别、籍贯、起义或放下武器的地点、家属通信地址等,还报道他们在解放区的生活情况,播报他们写给家属、亲友或同事的书信等。1941 年 12 月 3 日,该台日语广播开播。这也是中国对外广播的开端。其主要目的是宣传中共的政策和主张,揭露、瓦解敌人。节目内容包括抗日战报、对日政策、日本反战同盟活动等。该广播 1943 年 4 月 1 日停播。抗日战争胜利以后,解放区开办的广播电台开始播出商业广告。

到 1949 年 9 月,中国共产党领导建立的解放区广播电台大约有 40 座。抗战开始以后的十余年里,解放区的人民广播事业艰苦创业、艰难发展。在恶劣的环境中为新中国的人民广播事业奠定了坚实的基础。

第四节　近现代广告行业发展与管理

一、广告公司的出现与发展

我国广告专营行业,即广告社、广告公司在 20 世纪初开始出现。我国现代广告专营行业最早产生于现代工商业最为发达的上海。这些机构为客户提供专业的广告设计、制作、发布、代理等服务,收取佣金。

一些有实力的中外企业自办了广告部。如英美烟草公司是 20 世纪初由英美两国六大烟草公司合资组成的跨国烟草企业,1902 年进入中国市场,垄断了中国烟草市场近半个世纪。这除了企业的实力雄厚之外,也和它成功的本土化广告宣传有关。它设立了广告部和图画间,请了英美等国的画家,也招聘中国画家为他们做广告画。从城市到乡村,从沿海到边疆,英美烟草公司的广告宣传无孔不入。在广告方式上,在 20 世纪 20 年代中国近代电影刚刚兴起的时候,该公司就利用电影进行广告宣传,还有招贴广告,在马路街道、黄包车背张贴,雇人沿街赠送月份牌及图画、沿途派烟。甚至在一些主要大型娱乐场所,英美烟草公司根据每天平均入场人数与其签订广告和独家经销协议，取得广告独家经销权。[①] 可见，英美公司注意采用比较科学的方法来做广告。

民族工业也开始注意发展广告，在企业内部设立广告部，如五洲药厂、信谊药厂、三友实业社、南洋兄弟烟草公司等。我国历史较久的商务印书馆不仅印刷、出版书籍，还承担各种广告印件，如商标贴头、纱布牌子、广告传单、招贴等。馆内也设有图画部，通过招收美术设计的练习生，培养出一批后来知名的广告画家。

还有一些企业没有条件设立广告部，只好依靠广告代理商设计和制作广告，这促使了早期广告社和广告公司应运而生。20 世纪初，外商开始在上海创办广告公司，如克劳广告公司、麦克广告公司。几乎同时，中国人在上海创办的广告公司也开始出现，如创办于 1910 年前后的明泰广告社、又新广告社、创办于 1921 年的荣昌祥广告社、成立于 1926 年的华商广告公司和成立于 1930 年的联合广告公司。1934 年仅在上海就有广告社 30 余家。

20 世纪 30 年代被认为是旧上海广告业的全盛时期，广告公司的运作逐步走向专业化。当时上海 30 多家广告公司中，规模最大的有四家，是华商、联合、美商克劳和英商灵登。规模最大的是联合广告公司，在经营上非常重视画稿设计和文字撰写，聘请了十多位各有专长的画家，增强公司的竞争力。到解放初期，"荣昌祥"则成为上海广告业的龙头老大。各广告公司的业务以报纸广告为主，兼营路牌、橱窗、霓虹灯、电影幻灯等，也有专营绘画、油漆等单项的广告业务。

20 世纪 20 年代其他城市也陆续开办了广告社，如天津的北洋、大陆、新中国等广告社，北京的广告公司和广告社有 30 多家。

随着广告业的发展，形成了广告美术行业，出现了一批优秀的广告设计人才，如：擅长水粉画广告的胡伯翔，专攻图案广告画的张光宇，画白描人物广告画的丁悚等。

二、广告行业组织与广告自律的出现

20 世纪初，广告业发展初始时期，社会不良广告已经引起广告业界高度重视。一些广告业界自律行为和组织与广告行业发展几乎同步出现。

1919 年 4 月 15 日成立于上海的全国报界联合会 1920 年在广州召开第二次常会，会上通过了《劝告禁载有恶影响于社会之广告案》。内容如下：

> 广告固为报社营业收入之一种，然报纸之天职在改良社会，如

---

① 王强：《从英美烟公司看近代外国企业的本土化意识》，《史学月刊》2007 年第 5 期。

广告有恶影响于社会者，则与创办报社之本旨已背道而驰，如奖券为变相之彩票，究其弊可以凋敝民力而促其生计，且引起社会投机之危险思想。又如春药及诲淫之书，皆足以伤风败俗，惑乱青年。此种广告，皆与社会生极大之恶影响，而报纸登载，恬不为怪。虽日营业，毋乃玷污主持舆论之价值乎？且贪有限之广告，而种社会无量之毒，抑亦可以休矣。报界联合会为全国报界之中枢，有纠正改良之责，宜令在会各报一律禁载上述之广告。其类此者，亦宜付诸公决，禁止登载。牺牲广告费之事小，而影响于社会大也。①

当时到会的来自全国各地的报馆及通讯社共计120家，代表有196人。这是我国最早的广告自律文件。

1921年6月，天津县知事接事业厅通令，以商标为公司、工厂的特别标志，查禁假冒，有效维护了工商经营者的利益。1922年3月29日，《益世报》发出了以"禁止商标采用国旗"为题的通告。天津商会就商标仿冒、重复、抢注等现象多次特发商标注册公告，并重申商标法及实施细则，还受理了多起商标假冒和商标纠纷案。

我国广告业界最早的行业组织是1919年在上海成立的"中国广告公会"。该会由上海地区中外企、事业单位及机构人员组成，会员包括《申报》馆、商务印书馆、美孚洋行、南洋公学、英美烟草公司、密勒氏评论报、海宁洋行、慎昌洋行、万国函授学校，以及美国驻上海领事馆等中外企、事业单位及机构。首任会长是万国函授学校的海格。不久，由商务印书馆编辑部主任邝富灼担任会长。该会成立后，曾开展过一些活动，多次开会交流经验、探讨广告学术问题、商讨参与世界广告组织的事宜等。"中国广告公会"是我国广告史上最早与世界广协有联系的唯一全国性广告机构。

1927年，上海有6家广告社组织成立了"中华广告公会"，这是广告同业最早的组织。它的创办人是维罗广告社的王梓濂和耀南广告社的郑耀南。当时组织广告公会，主要是为解决同业之间的纠纷和争取共同利益。该社到1930年更名为"上海市广告业同业公会"。到解放后，又改名为"上海市广告商业同业公会"，成员增至91个，并主要分三大类：报纸类、路牌类和其他类。这是旧中国规模最大的广告行业组织。

三、广告行业管理开始出现

在广告管理上，中国过去的广告管理仅限于道德规范制约，但近代以来，清朝政府及北洋政府、国民政府则相继出台了一些初步的广告管理法

---

① 戈公振：《中国报学史》，中国新闻出版社1985年版，第181页。

规，开始对广告实施法律和制度性的管理。

1. 清政府的广告管理

近现代中国的广告管理，开始于1904年由清政府颁布的《商标注册试办章程》。这是我国最早的商标法。该章程共二十八条，其中规定：“无论华洋商欲召用商标者，须依此例注册。商标者，以特别显著之图形、文字、记号，或三者俱备，或制成一二，是为商标之要领。”清政府于商部设立注册局一所，专办注册事务，津、沪海关设商标挂号分局，以便挂号者就近呈请。该章程颁布后，实际上也仅是在津、沪两海关受理商标挂号，报商部备案。

2. 北洋政府的广告管理

1923年5月北洋政府颁布《商标法》(44条)，同时颁布《商标法施行细则》(37条)，并设商标局进行管理。当时，挂号商标有25 900件，几乎全部是外国商标。北洋政府虽然设立了商标局办理商标注册，但由于政局混乱，商标注册和管理工作并无明显起色。

3. 民国政府的广告管理

20世纪20年代的《民律法案》，曾对广告的解释、效力、撤销、悬赏等做了16条规定，这是我国最早的广告管理法规条款。

国民政府时期的民法、刑法、交通法、出版法中均有涉及广告的条款。国民政府时期，政府开始对广告征税。如1937年，政府修正公布的《出版法》规定，报刊等出版物之主管机关为社会局，刊登广告的内容要遵守该法第四章“出版品登载各项之限制”。

20世30年代，国民政府的社会部及各省、市的社会局都负有管理广告活动的权利和责任。1936年10月，国民政府社会部颁布了《修正取缔树立广告的办法》，对广告加强了监管。国民政府社会部还颁布了《户外广告张贴法》。

天津对户外广告的张贴早在20世纪20年代初就有严格的规定，如借用别人外墙需经主人允许，需到管界警署领取准许证，需到市巡务处投捐等。1922年3月，相关机构曾命令行商公司速将违规广告取消，并限10日内重新办理手续。

广州市的户外广告管理规则出台较早，据1923年的《广州市公共广告场所使用及广告所得捐征收细则》记载，当时广州市设置公共广告场所1 600处，专供张贴广告之用，此外其他地方不得任意张贴。其设置地点，先由广州市政府公安、教育两局会同选定，后改由公司、局会同公安、工务、教育三局选定。当时广州市划分为12个广告区，分为三等。凡在公共广告场张贴广告，均须先将广告样本申请公安局审核批准盖章，并按不同等级之广告区缴费，由管理机关代雇工人张贴。1931年，广州市的户外广告形式除张贴广告外，路牌广告、电光管广告、车船广告也得到了广泛采用。此外，还出现了手提肩荷者或化装者或携带乐器者的游行广告。除路牌广告需要经过市政府审查核准并领取许可证后方可发布，其他形式的户外广告只需经市财政局审查核准，领取许可证即可发布。公共广告场所设置地点则由广州市新生活运动促进会会同财政局、工务局及警察局选择指定后由财政局征商报设。

在国内各个城市中，杭州对户外广告的早期管理也较有特点。1923 年 2 月，杭州市征收广告捐，分普通、特别两种，其捐率为：普通广告(以张贴者为限)，面积在 1 市尺以内者每 100 张征银 5 角，1 市尺以外至 3 市尺以内者 1 元；特别广告，墙壁图画广告每平方尺月征银 3 分，悬挂或建筑广告 5 分，电灯或利用光学之广告 7 分。1924 年 7 月，市政府公布《修正杭州市广告管理规则》，将广告分为三类，即公布广告、特许广告、市招广告。除党政机关及公团之文告外，须将揭帖广告送市政府工务科审议盖戳后方得张贴，特许广告除报载广告由市政府社会科逐日审查外，均须申报市政府工务科核准后方得设置。

1929 年 9 月，杭州市政府公布《杭州市广告取缔规则》，其中规定：凡刊登于新闻纸之广告，由市公安局对新闻纸审查，其余各种广告除党部及政府之文告外，均须先将底样送市公安局核准盖戳方得揭布；张贴涂饰或建造广告之场地由市政府工务局指定之。对违反规定者，除触犯法律应依法究治外，由公安局处以 1 角以上 15 元以下之罚金。是年，市政府指定广告场所，计有新市场木架广告 10 处、墙壁广告 8 处、临时广告 100 余处。

四、广告研究与广告教育发端

1918 年成立的"北京大学新闻学研究会"是我国最早的广告研究团体，此后广告学的研究与教育逐渐发展起来。广告教育和广告研究的开展，对于提升广告行业的专业化、科学化水平具有重要意义。

1. 广告研究

早期的广告研究是应用新闻学的一部分。我国最早的广告研究机构是 1918 年成立的北京大学新闻学研究会，该会把广告作为新闻学研究中的一个组成部分。该会所聘导师之一徐宝璜不仅给会员讲授新闻学课程，还在 1919 年出版了我国第一部系统的新闻学著作《新闻学》。书中第十章《新闻纸之广告》中，对报纸的广告作了初步论述。徐宝璜认为"广告者，乃有力之商业媒介。新出物品之发卖，旧货之减价出售，某物之优点何在，均可由此而传达于全社会。""又，光广告者，人事之媒介也。例如当一公司欲请一经理而不能得其人、一人欲担任该经理而不能得其事之时，各登一广告，二者各如其愿矣。"在书中，作者还指出了新闻媒介对广告发布负有审查之责：

“新闻社(报馆)对于广告……当先审查其内容何如。若所说者为事实,而又无碍于风纪,则可登出之。若为卖春药、治梅毒、名妓到京或种种骗钱之广告,则虽人愿出重资求其一登,亦当拒而不纳。因登有碍风纪之广告,足长社会之恶风,殊失提倡道德之职务。而登载虚伪骗人之广告,又常使阅者因受骗而发生财产之损失,故一报常登不正当之广告,必致广告之信用扫地,因之其价值不堪阅矣。最后结果,必为广告减少”。

著名新闻学者、报史专家戈公振对我国早期广告学研究也作出过重要贡献。1927 年 11 月,商务印书馆出版了他的《中国报学史》,书中运用丰富的广告资料及统计数据,系统论述了我国报刊广告发展的历史,并详列五表,对当时中国的广告现状进行了深入剖析。其中,第一表为《广告之分类》,将广告分为商务广告、社会广告、文化广告、交通广告和杂项等五类;第二表、第三表为报纸《广告面积与全张及新闻面积之百分比》;第四表为《广告每门面积与广告全部面积之百分比》;第五表为《广告各门每次平均面积》。[①] 通过上述五表,戈公振对报纸广告的状况作了精确的量化分析,并对广告的社会文化价值作了深入的论述。

我国最早出版的广告学研究专著是甘永龙据美国 *How to Advertise* 一书编译的《广告须知》,该书由商务印书馆于 1918 年出版。1925 年,上海商务印书馆出版了日本学者井关十二郎著、唐开斌译的《广告心理学》。由国人撰写的第一本广告学专著当数 1926 年商务印书馆出版的蒋裕泉写的《实用广告学》。

2. 早期广告教育的开展

我国广告教育滥觞于 1918 年成立的“北京大学新闻研究会”。这是我国历史上第一个新闻学研究团体。它把广告学作为新闻学研究和教学中的一个重要组成部分。该研究会举办了两期研究班,培养会员百余人,为新闻界输送了不少优秀人才。

20 世纪 20 年代,是我国高等新闻教育奠基时期。1920 年,上海圣约翰大学报学系成立。这是我国大学中最早成立的新闻系。广告学作为“报学”的一部分是该系教学的主要内容之一。此后,许多大学也纷纷成立了自己的新闻系,广告教育也就相应地纳入了教学之中。

此后,职业新闻学校也纷纷成立。在职业新闻学校中,1928 年秋,谢英伯在广州创办的“中国新闻学院”是我国第一个新闻专科学校。1928 年 12 月,顾执中在上海创办“民治新闻学校”;1933 年,上海《申报》创办“新闻函

---

① 戈公振:《中国报学史》,中国新闻出版社 1985 年版。

授学校”。这些新闻专修学校都将广告学作为重要的课程，为广告人才的培养作出了重要贡献。但是，总体上，民国时期我国广告研究和广告教育都还隶属于新闻学，没有获得独立的学术地位。这也在一定程度上影响到中国广告业向更高的专业化水平迈进。

本章关键词

近代报刊广告　资产阶级改良派报刊　申报　广播广告　广告新媒体　国统区广告　沦陷区广告　解放区广告　中华广告公会　徐宝璜　北京大学新闻研究会

思考题

1. 简述我国近代报刊广告的兴起和发展过程。
2. 民国初期的报刊广告发展有哪些特点？
3. 民国时期有哪些新的广告媒体问世？各有什么特点？
4. 抗战时期国统区的广告有哪些特点？
5. 试析旧中国各种政治力量是如何利用广告媒体为各自利益服务的。
6. 简述我国现代广告业的兴起过程。
7. 近现代我国对广告的法制化管理是如何体现的？
8. 试述北京大学新闻研究会对我国广告研究和广告教育的贡献。

第三章

新中国广告事业

1949 年新中国成立以后，我国的广告事业经历了一个曲折的发展过程。从建国到“文革”结束以前的 30 年中，我国实行计划经济体制，市场不被重视，商品经济萎缩，因此也就没有广告发展的土壤。尤其在“文革”期间，媒体基本取消了商品广告，代之以彻头彻尾的政治宣传，商品广告没有了存在的载体，广告业几近消亡。直到 1978 年中共十一届三中全会召开，明确了以经济建设为中心、对外开放、对内搞活的重大方针，确定了发展社会主义商品经济的方向，我国广告业才逐渐得以恢复并走上快速发展之路。

第一节　1949—1976 年的中国内地广告

一、国民经济恢复时期（1949—1952）的广告业

1949 年 10 月中华人民共和国成立后，中国进入从新民主主义向社会主义转变的新时期。但新中国面临着极其严峻的政治经济形势。国际上，西方资本主义阵营对新生的中华人民共和国在政治上实行不承认政策，在经济上进行封锁禁运，在军事上实行包围。在国内，由于长期以来中国遭受着西方列强的残酷掠夺和国民党政府的腐败统治，国民经济濒于崩溃，通货膨胀严重，物资严重匮乏，工商业停滞，民不聊生，社会千疮百孔、满目疮痍。对此，中华人民共和国成立之初，中国共产党就确定了恢复和发展国民经济的大政方针：清除帝国主义在华经济势力，没收官僚资本，促使私人工商业向有利于国计民生的方向发展；统一财政，平抑物价，控制市场，安定人民生活和社会秩序；在农村完成土地改革，迅速恢复国民经济。经过三年努力，到 1952 年底，我国国民经济基本得到恢复。

在这种大背景下，建国初期的广告事业也逐渐得到恢复。全国解放前夕，我国的广告业和当时的经济形势一样艰难，广告行业处于奄奄一息的状态。建国初期，广告业主要处于重建阶段。

一些大城市如上海、天津、广州、武汉、重庆、西安等地的人民政府，对解放前遗留下来的广告业，采取了一系列整顿措施。这些措施主要包括：相继颁布了一些地方性的广告管理的办法和规定，并建立了相应的广告管理机构，加强对广告业的引导、整顿和管理；根据政府对私营工商业实行“利用、

限制和改造”的总方针，将解放前遗留下来的大量分散和私营广告社，合并成较具规模的广告企业。

在广告管理法规方面，1949 年 4 月，天津市人民政府公用局率先公布了《管理广告商规则》；1949 年 12 月，上海市人民政府公布了《广告管理规则》；1950 年，西安市人民政府公用局印发了《广告管理暂行办法》，1951 年，西安市工商局发布《关于印刷厂商管理暂行办法》，其中许多条款涉及广告；1951 年底，重庆市人民政府发布了《重庆市广告管理暂行办法》，并成立了广告管理所；1952 年 5 月，重庆市政府又公布了《广告业暂行管理条例》；1951 年 5 月，广州市人民政府也颁布了《广州市广告管理暂行办法》，等等。有的地方人民政府对那些影响国家经济发展和人民生活的重点商品的广告，又特别做了规定，如天津市人民政府颁布了《管理医药广告暂行办法》，深化了对广告业的管理。

国民经济恢复时期，一些地方性广告管理法规的主要特点是：

1. 界定了“广告”的定义及广告管理的范围

上海市 1949 年 12 月公布的《广告管理规则》规定：“凡在本市区，以含有招徕宣传性质之文字、图画等用各种方法揭布者，概以广告论。由公用局以本规则管理之”；广州市发布的《广州市广告管理暂行办法》规定：“本办法所称广告包括纸质广告、宣传品（包括文告、政治性标语、传单及其他宣传品）、张贴处、广告牌、招牌（包括木质、光管及其他物质制造的招牌），以及胶片、幻灯片、广播、幕布、模型广告等。”同时还规定：“凡公私广告及其设备，在未张贴、设置、放映、广播前，均须向人民政府建设局申请审查，经核准，交管理费加盖图记领证后，方可办理。”

2. 强调对广告内容的管理

这一时期各地发布的广告管理法规，对广告内容提出必须以“纯正为主”，“凡工厂、商店推销商品之广告宣传，必须以品质、效能、使用方法做纯正之介绍，不得虚伪夸大。”有下列情况之一者，不得发布：与政府政策法令有抵触者；滥用国徽、国旗、革命领袖肖像、革命名词等做商业性宣传者；有欺骗或妨害正当工商业之发展者；窃用他人商标版权者；事涉迷信，有伤风化或足以引起其他不良影响者；妨碍行政、交通、消防、市容者；使用他人肖像未经本人同意者。

从广告内容来看，建国初期，广播方面，以私营企业刊播的广告为主，其中销售商品的广告、药品广告、私人行医广告，以及社会广告（诸如招聘、求职、寻人、寻物、遗失广告等）、文化、文艺广告（诸如招生、电影、戏剧、书籍、刊物广告等）所占比重最大。

从广告形式来看，生产部门和商业批发商多采用印刷品广告。印刷品广告形式多样，但广告主大多在以大众读者为对象的报纸、杂志上刊登广告。零售商店多采用橱窗广告、商品目录、商品说明书、店头印刷广告等。此外，招贴广告中，以年画、门对、春牛图等传统方式制作的广告，在广大农村十分流行。当时流行的广告形式还有包装盒、包装袋、仿单(用小幅纸张，印上品名、效用、店名等内容，附入出售之物品内。这种仿单，药店最先采用，后来也用得最多)，以及书签、扇子、日历、月历等带实用性的广告宣传品。

3. 强调对广告经营机构的管理

天津市于1949年4月公布《管理广告商规则》，重庆市于1952年5月公布《广告业暂行管理条例》。其他城市的广告管理条例中，也陆续就广告规范作了相应规定。各地都要求私营广告商，对其承接的各项广告“须具忠实介绍、服务社会之精神”，并遵守当地广告管理法规。此外，天津、上海等地还实行了广告商“许可证”制。如天津《管理广告商规则》指出：“凡在本市营业之广告商，持营业执照填具申请表，包括资本、经营何项广告、副业、营业概况、经理人姓名等，呈请公用局登记审查合格发给登记证后，始得申请广告业务。”上海市规定：“凡在本市经营广告业务之广告商，应有固定场所及经营业务，并应向公用局请领许可证，凭此向工商局请领工商登记证，方得营业”。

4. 规范广告管理机构，规定其职能

建国初期，各地广告管理部门利用广告业界行业组织——“同业公会”，来加强行业管理。解放初期，重庆市即成立了“广告同行业公会”，有31家私营广告商参加。上海市于1950年成立“广告商同业公会”，拥有会员100家左右，分为三大类：路牌广告商、报纸广告商和其他类广告商。1951年，上海市工商局还规定，电台广播广告及报刊商业性广告内容，均应由电台、报刊负责人签名盖章，送经同业公会初审，汇送工商局审核许可后，方可发布。凡在报刊公布的商业广告传单，必须加印工商局登记号码，在寄发以前必须经由各该同业公会出具证明书。实际上是通过“同业公会”核实广告的真伪，要求“同业公会”作出担保。

各地发布的广告管理法规中，对广告客户刊播广告必须出具的证明有详细规定：私营企业刊播广告，必须出具同业公会的证明；国有企业的产品广告，须出具行政主管部门的证明；有关医药之广告，须经卫生局盖章或证明；凡由市教育局管理之学校及社会机关刊播招生广告须经教育局盖章证明；出版物之广告，须有主管机关发给之登记证；戏剧、电影之广告须出具文化局证明;有关车船之广告,须经公用局或港务局盖章证明。

解放初期,在接管了各地广播电台后,一些大城市的广播电台也开办了专门的商业广播电台,增设广告节目,一方面沟通了商品、商业信息,活跃了城乡物资交流;另一方面,也使电台获得了可观的经济效益,从而减少了国家事业费的开支。1951年天津台经费已能全部自给,北京台每月还可向国家上缴利润。但广播广告在发展过程中也出现了一些问题,如:个别电台从单纯盈利的观念出发,把整个广播时间卖出去.由广告商包揽做广告;有的电台用播放低级庸俗的节目来吸引听众,以此招徕广告;有的对广告内容不加审查,饥不择食;有的不问政治,不传播国家经济政策,不注意群众利益,以致给政府带来了负面政治影响,给人民群众造成了经济损失。有鉴于此,1952年,根据中央广播事业局的指示,华北五省二市人民广播电台所属的广告台,在天津市召开了一次经验交流会。会议对建国两年来的广播广告宣传工作作了总结,批判了单纯盈利思想。会议强调要贯彻正确的广告经营方针,把广播广告宣传和国家的经济政策、工商业发展情况和群众的需要结合起来;加强对广播广告内容的审查,建立严格的监督制度;保持节目的完整性,尽量不插播广告;进一步增加收入,减少国家事业费开支。这是建国以来召开的第一次广播广告会议。

与此同时,在各级人民政府的领导下,工商局、公用局、文化局等广告管理机构及职能单位相继建立,有的省、市还专门成立了“广告管理所”等类专门机构。

二、社会主义改造时期(1953—1956)的广告业

从1953年下半年起,我国开始对农业、手工业和资本主义工商业进行社会主义改造(即“三大改造”)。在对资本主义工商业的社会主义改造过程中,国家开始逐步把资本主义工商业不同程度地纳入国家计划经济的轨道。这对开展大规模的经济建设起了积极的作用,但由于国家对工商业实行加工订货、统购包销的经济政策,一般广告公司的业务量骤减。一些工商业发达的城市,为了配合社会主义改造运动,在工商管理部门的支持下,广告公司经历了大规模的改组。

1. 组建公私合营的广告公司

在公私合营的改造高潮中,广告行业也有了新的变化。全国各主要城市把分散的各自经营的私营广告行业,逐步改造成具有一定规模的公私合营广告公司。

上海市对原有旧广告社进行了调整合并,组成由上海市商业局领导的中国广告公司上海分公司(1959年改名为“上海市广告公司”),并把全市

100 家左右的广告商按经营范围改组、归并为五个公私合营的广告公司和一个广告美术社，还将一个霓虹灯厂划归中国广告公司上海分公司归口管理。与此同时，又成立了由上海市文化局领导的上海美术设计公司。

北京市组成由市文化局领导的北京市美术公司。1956 年，广州市 39 家广告公司进行社会主义改造，成立了第一家国营的广告企业——广州美术装饰公司，负责全市的广告业务。

这一时期的后半段，报纸广告版面减少，一些城市的商业电台被取消，广告日益萎缩。

2. 进一步加强对广告业的管理。

这一时期，为了进一步加强对广告业的管理，一些城市还对原有的广告管理法规作了补充和修订；有的城市又发布了新的广告管理法规。如 1954 年，武汉市人民政府公布了《武汉市广告管理暂行办法》，对广告管理的范围、广告发布的审批程序、广告收费标准等，作了具体规定。1954 年，广州市修订公布的《广告管理暂行办法》涉及范围更加广泛，内容更具体，如第一章"总则"中指出："凡在广州市内以文字、图画、电影、广播、模型等各种宣传方式，发布广告，概由工商行政管理局依本办法管理之"；第二章"特许广告"中规定，凡在"道旁、墙壁、屋顶、码头、车站、铁路两旁之路牌广告，戏院、游艺场、花园、公共场所等广告，为特许广告，应先申请工商局核准登记，照章交纳管理费，领证后方得装置。"此外，天津、上海等城市都相继实行了广告登记收费的管理办法和刊播广告的审批制度。

三、全面建设社会主义时期(1957—1965)的广告业

1956 年，我国完成了社会主义改造，开始转入全面建设社会主义的新阶段。这一时期的广告业的功能主要体现在服务于对外经济交往、服务于人民生活、服务于政治。广告业获得了一定的发展。

1. 广告服务于对外经济贸易活动

这一时期，我国对外贸易与建国初期相比有了一定拓展。1957 年，我国出口商品交易会首次在广州举办，从此，每年春秋两季的"广交会"就一直持续下来。对外贸易的发展，带动了出口商品的对外广告宣传活动。1957 年 12 月，有 13 个社会主义国家派代表参加在布拉格召开的社会主义阵营国家国际广告工作会议。我国由商业部派一代表，以观察员的身份出席会议。会议作了题为《从人民利益出发，发展社会主义商业广告》的决议，提出了社会主义商业广告的基本任务，指出社会主义的广告特征是："思想性、真实性和具体性。"

当时我国有 45 个城市对外开放，来华外商广告日益增多。针对承接来

华外商广告中存在的问题，1958年由外贸部、商业部、文化部、工商行政管理总局联合发出了《关于承办外商广告问题的联合通知》，确定“外商广告由上海市广告公司、天津市广告美术公司、广州市美术广告装饰公司承办。在地方，由商业局、工商行政管理局领导广告公司的业务活动。各报刊停止直接对外。”

2. 广告的积极作用被肯定

1959年5月，在建国十周年之际，商业部发出了加强广告宣传和商品陈列工作的通知，要求各地、特别是45个对外开放城市做好商业广告宣传工作。同年8月，商业部又在上海召开了21个对外开放城市的“商业广告会议”。这次会议在新中国广告史上具有重要意义。这次会议肯定了广告在社会主义经济中的积极作用，指出：在社会主义制度下，商业广告是经常向人民群众如实地介绍商品，是指导人民消费的基本方法之一，是社会主义文化领域中一种美术形式；运用广告扩大城乡、内外交流，对搞好商品生产和改善企业经营，组织人民经济、文化生活是有益的。会议认为商品广告应当具有社会主义的“思想性、政策性、真实性、艺术性和民族风格”。这一总结对后来人们对社会主义广告的认知产生了很大影响。

3. 广告服务于政治宣传

这一时期的广告的另一个特点是广告必须服务于政治宣传和时事宣传。1957年，商业部所发的通知中，规定了广告的任务之一是“配合国家政策、政治运动进行政治宣传，并通过广告的艺术形式来美化商品和市容，丰富人民的文化生活”。1959年商业部在题为《关于加强广告宣传和商品陈列工作的通知》中再次指出：“各种形式的商业广告都应该为政治、为生产、为消费者、为美化城市服务，以贯彻国家政策和真实、美观、经济、适用为原则，力求做到生动活泼、健康美观、鲜明乐观和通俗易懂。”由此可见，对广告的政治功能的强调在这一时期十分突出、

4. 广告形式多样化

这一时期的广告在形式上较前更加丰富，体现出广告业复苏、发展的良好势头。在各种广告形式中，橱窗广告表现尤为突出。这一阶段，大城市的百货商店争相利用橱窗陈列商品，以达到宣传商品、吸引顾客的作用。橱窗广告用最直观的方式宣传了商品，又美化了环境，深受人们的欢迎。

1959年至1961年三年自然灾害时期，我国国民经济严重困难。广告业急剧萎缩，个人消费品广告急剧减少，仅剩下生产资料广告及书刊、电影、展览会等文化类广告。一些城市的广告管理规定甚至一度废止。一直到1962年以后，国民经济才逐渐恢复和好转，市场转暖。到1965年以前，国

民经济的许多经济指标已恢复到历史最高水平。

四、"文化大革命"时期(1966—1976)的广告业

从1966年5月至1976年9月间的十年"文化大革命",国家的工作、社会正常秩序遭到极大破坏,我国的国民经济濒临崩溃。商品经济从根本上被否定,广告作为商品的宣传手段,也被彻底否定,一概被斥为"资本主义的产物"、"资本主义的生意经"。中国的广告事业和其他事业一样,遭受严重的摧残和打击。

1. 广告管理机构和广告公司率先受到冲击

许多城市的广告管理机关被撤销,广告公司解散,广告市场逐步萎缩、消失。上海市广告公司更名为"上海市美术公司",靠承接画稿设计、承办政治宣传施工等业务才得以生存下来。1970年,广州市广告管理所被撤销,广告行业趋于解体,原广州美术装饰公司更名为广州美术服务公司,与上海情况一样,以绘制政治宣传画为主要任务,其他美术广告社纷纷转行。

2. 广告媒体受到冲击

"文化大革命"中,报纸、杂志、图书等的出版数量急遽下降,广播广告被取消。报刊上保留的少量广告版面,往往用来刊登宣传政治书刊的"书刊广告"(如《红旗》杂志等出版广告)和样板戏演出之类的"文艺广告"。在整个"文革"时期,包括《解放军文艺》、《红旗》、《中国妇女》等杂志以及《毛泽东诗词手稿》等书籍广告定期地刊登在《人民日报》的第五版、第六版上。此外,报纸偶尔也刊登一点生产资料类产品的商业广告。以《人民日报》为例,在1966至1967年间,它的广告版面还偶尔刊登一点生产资料类的商业广告,其广告科依然对外承接广告业务。从1967年7月29日起,该报广告科的电话号码便从版面上消失了,但广告的刊登还是断断续续坚持到1970年初。1970年1月19日,《人民日报》还刊载了三则工业广告。这三则工业广告是:

(1) 天津市投影显示器厂"投影显示器"广告。该广告图文结合,主要介绍该投影显示仪用途和特点。

(2) 辽宁省铁岭光学仪器厂"公差带投影仪"广告。该广告特别强调此型号公差带投影仪的用途、性能、精度和效率。

(3) 沈阳市电热元件厂"管状、板状电热器产品介绍"广告。该广告用图表的形式介绍了产品的使用范围和技术规格等产品信息。

这些是"文革"时期最后的生产资料报纸广告。此后,生产资料类的商业广告从《人民日报》报纸版面上彻底消失。

许多广告方式绝迹,如霓虹灯广告。著名的上海霓虹电器厂除了改霓虹灯广告为政治标语类霓虹管外，主要生产变压器、晒图机等产品以维持生存。

3. 政治广告畸形发展

“文革”时期，由于社会生活被严重扭曲，政治宣传的渗透率极高，从而造成了这一时期政治广告的畸形发展。

在“文化大革命”期间，许多传统商店招牌、牌匾以及广告、霓虹灯等都被视为“四旧”而被砸烂，并被更名为各种具有政治含义的新招牌，如：上海市最大的百货商店永安公司被改成“永红”、“永斗”等名称。“文革”一开始，天津市最大的商场“劝业场”就换上了“人民广场”的新名称；具有45年历史的北洋纱厂改名为“四新纱厂”，而且还把原来的拳头产品“金三鼎”棉纱商标，改为“工农牌”商标。

各种户外广告，特别是路牌广告，被铺天盖地的政治宣传口号、形象所代替，变成了政治宣传牌和语录牌，形成了所谓“红海洋”的特殊景观。

整个“文化大革命”时期，我国的广告事业受到前所未有的破坏。社会的动乱以及计划经济体制的执行从根本上破坏了广告发展的土壤。这种情况一直延续到“文革”结束。

第二节　新时期我国广告业突飞猛进地大发展

1976年，“文革”结束。1978年12月，“中共十一届三中全会”召开，会议提出了把全国工作重点转移到经济工作和社会主义现代化建设上来的基本方针；提出了“以计划经济为主，市场调节为辅”、“对内搞活经济，对外开放”的口号。党的以经济建设为中心、坚持四项基本原则、实行改革开放，建设有中国特色的社会主义的基本路线初步形成。在这一宏观背景下，我国广告业在沉寂了10年以后开始复苏和发展。

一、为广告正名

1979年堪称中国当代广告元年。广告新纪元的出现是以广告重新走进大众视线和为广告正名为标志的。

1979年1月4日，《天津日报》在当天报纸的第三版最早刊登了天津牙膏厂五种牙膏产品的广告。这是新时期我国报纸最早刊登的商品广告。

1979年1月14日，上海《文汇报》在当天报纸的第二版右上角显著位置，发表了当时的上海包装广告进出口公司（其前身即上海广告公司）广告科长丁允朋题为《为广告正名》的文章。文章指出：“电视转播文艺演出或体育比赛时，往往有‘场内休息’，电视观众也不得不跟着休息。我想，这是对荧光屏幕的很大浪费。据我了解，在国外，晚上七至九时是电视收视率最高的'黄金时间'，在此间插播广告，效果大，价格高，一分钟播映费数万到数十万美元不等，真叫'寸金难买寸光阴'"；"提起广告，人们往往容易把它和'摆噱头'、'吹牛皮'联系在一起。林彪、'四人帮'一伙大搞假左真右，说什么：'广告是资本主义生意经，要它干什么？''橱窗里摆的都是吃、喝、穿，是在宣扬封、资、修'。在这种思潮的影响下，所有广告统统被砸烂，甚至商店橱窗也统统封闭起来，不见有商品陈列。"文章接着写道："现在，拨乱反正，为了使社会主义市场丰富多彩，对橱窗设计布置已经开始重视起来，但广告是不是都属于'摆噱头'、'吹牛皮'，似乎尚未澄清。"文章最后呼吁："我们的报纸、刊物、广播、电视等，都应该多为我们的新产品、新技术、新工艺、新的服务部门做好广告。我觉得，目前报纸上的电影、戏剧广告虽然有一点，但实在做得太简单了，为什么不能图文并茂呢？另外，为了发展对外贸易，在我们的报刊、广播、电视中有选择地刊登、放映外国广告，这也能扩大广大群众眼界，对增加外汇收入也是有好处的。"此文是最早为报纸、刊物、广播、电视刊播商业广告正名的文章，发表后，引起强烈反响。

半个月后，1979 年 1 月 28 日(农历己未年正月初一)，作为全国有很大影响的大报，上海《解放日报》率先刊登商业广告。当天的《解放日报》报头及报眼均套红印刷，并首次在二版下部及三版下部登载了两条通栏广告：一条是"上海工艺美术工业公司所属部分工厂产品介绍"，包括各种乐器、道具等产品；另一条是"上海市食品工业公司所属厂产品介绍"，包括饮料、啤酒、补酒、味精等产品。

同年 2 月 10 日，《文汇报》也在当天的第三版下面刊载一条通栏广告，内容是介绍上海市药材公司经销的杏仁止咳糖浆、止咳露、三七片、活血膏等中成药。以上广告都由上海市美术公司承办。尽管这些广告设计粗糙，缺少创意，但它却掀开了当代中国广告史的崭新一页。

1979 年 3 月 20 日，《工人日报》在全国大报中首开先河，整版刊登了日本东京芝浦电气株式会社的广告。这是"文革"后我国报纸刊登的第一则整版外商广告。

1979 年 3 月 23 日，日本两家大公司的广告分别刊登在上海两家大报上：精工牌石英电子手表广告刊登在当日《文汇报》第四版，美能达照相机广告登在《解放日报》上。两广告均系整版。此举引起了海内外广告业界的关注，认为："对页数有限的中国报纸而言，确是破天荒的大广告"。①

---

① 樊志育：《中外广告史》，台北三民书局 1989 年版，第 37 页。

1979 年 4 月 5 日，我国发行量最大的省委机关报、广州的《南方日报》开始刊登第一条外商广告——瑞士雷达表广告。

1979 年 4 月 17 日，《人民日报》也开始刊登商品广告，内容是 1979 年春季广州“中国出口商品交易会开幕”及商品广告和重庆市地质仪器厂仪器广告。

同年 11 月 23 日，日本三菱汽车公司率先在《人民日报》刊登广告。这是中国改革开放以来最早的汽车广告。1981 年 1 月 8 日，《市场报》在显著位置刊登全国第一例“征婚广告”，广告刊出后，引起强烈反响。

也是在 1979 年，电视、广播也开始播放广告。1979 年 1 月 28 日（农历大年初一），上海电视台播出了中国有史以来第一条电视商业广告——“参桂补酒”广告。该广告是在上海市美术公司的倡议、协助下，由上海电视台新闻部用 16 毫米电影摄影机摄制的。片长历时达 1 分 35 秒。这是我国自 1958 年开始播出电视 20 年后播出的第一则商业广告。从此，开始了中国电视广告迅猛发展的历史。同年 3 月 15 日，上海电视台又在上海地区率先播出第一条外商电视广告——瑞士雷达表广告。1979 年 3 月 5 日，上海人民广播电台率先恢复广播广告业务。1979 年，中央电视台成立广告科。同年 12 月，中央电视台开始开办“广告节目”专栏。1981 年 12 月，中央电视台开始播出外商广告——美国西屋电器公司的广告。

由于报纸、电视、广播广告的逐渐增多，1979 年 11 月 8 日，中共中央宣传部发出《关于报刊、广播、电视台刊登和播放外国商品广告的通知》。其中明确提出要鼓励媒体开展国内外广告业务；同时，也指出广告内容要“防止吹嘘，杜绝反动、黄色、丑恶的宣传”，“广告宣传要着重介绍四化建设中可借鉴参考的生产资料。消费品除烟酒外，也可以刊登”；在广告经营方面，通知提出“广告外汇收入两年内暂不上交，以进口纸张和改善技术设备”。这是中国共产党自建党以来第一个直接指导广告事业的党的文件，极大地推动了我国广告业务的全面复苏，对我国新时期广告事业的发展有着划时代的意义。

二、广告高速增长期（80 年代—90 年代中期）

自 20 世纪 80 年代起，我国广告事业迅猛发展。1979 年以前，全国经营广告的公司不过 10 家，报刊、广播电台、电视台基本上不经营商业广告业务。到 1981 年底，全国经营广告业务的公司已有 60 多家，报纸杂志 1 000 多家，广播电台、电视台 100 多家，总计达 1 160 多家，共有广告从业人员 16 000余人。其后，广告经营机构和广告从业人员快速增长。1983 年，全国有广告经营机构 2 340 家，到 1994 年，全国已有广告经营机构 43 046 家，10

年间增长了近20倍。1994年，全国广告从业人员达到了410 094人。在广告经营额方面，20世纪80年代，我国的广告业每年均以40%～50%的速度增长。1979年，我国的广告经营额仅有1 500万元，1992年达到了68亿元，1993年广告营业额首次超过100亿元，达到134亿元，是1992年的近两倍。到1996年，我国的广告营业额达到近367亿元，是1981年的310倍多；广告公司有52 871家，是1981年的45倍多。

由于我国区域间经济发展不平衡的影响，我国各地广告业的发展水平也是不平衡的。东南部沿海地区广告业遥遥领先，西部地区相对落后一些。1996年，北京、上海、广东、浙江、江苏等省、市的广告营业额占全国广告营业额的66.76%，其中，北京、上海、广东又占53.76%。这种不平衡的状况，在相当长的时期内存在着。

从广告投放效果来看，改革开放初期，由于商品短缺，人们对广告并不挑剔，媒体广告的质量和技巧都还处于较低水平。一些浮夸的广告词盛行，如"畅销国内外"、"誉满全球"、"驰名中外"等十分常见。在广告恢复发展初期，广告运动的策略倾向于简单化地追求"大媒体、大投入、大产出"，不过，在特定的历史阶段，这种简单化的广告策略仍然造就了一大批名牌企业，如娃哈哈、健力宝、恒源祥等。

在广告业高歌猛进的发展过程中，我国当代广告业无论是在广告媒体、广告内容和广告管理、广告教育和研究方面都获得了长足的发展，逐渐与当代国际广告前沿接轨。

1. 广告媒体的大发展

20世纪80年代以来，我国广告媒体取得巨大发展，逐渐形成了形式多样、种类繁多、互为补充、激烈竞争的广告媒体格局。这一时期，主要的广告媒体有以下几大类：

(1) 报纸广告

党的十一届三中全会以后，我国报纸广告进入一个新的历史时期。80年代起，我国的报纸广告迅猛发展。1985年，我国报纸广告营业额已占全国广告营业总额的36.3%，位居首位。

1987年1月1日，《广州日报》率先增张扩版，由原来每日出对开4版，改为对开8版。该报是广州地区乃至全国最早增张扩版的报纸。1987年7月19日，《天津日报》也将原对开4版，扩为对开8版。1988年1月1日，《解放日报》也改为日出两大张8版。这是上海地区最早增张扩版的大报。以后，全国各报掀起了一轮又一轮扩版增张的热潮，传统4个版的报纸不断为8版、12版，甚至16版、20版、24版、40版的报纸所代替。报纸的增张扩版，不仅增加了新闻的信息量，也大大增加了广告的容量，扩大了广告空间，使报纸的广告篇幅大增。

1993年1月25日（农历正月初三），上海《文汇报》在当天报纸的头版（当日报纸共出4版）刊登整版广告：版面正中是一台由杭州西泠电器集团生产的"西泠空调器"的主体画面，空调器上方是11个特大黑体字广告标题《今年夏天最冷的热门新闻》，空调器下方又有8个同样大的字"西泠冷气全面启动"，再以下是3小段朗朗上口的广告词。这条广告收费90万元。广告刊登以后，《文汇报》大楼内电话不断，读者询问："今天贵报怎么没有新闻？"据说，《文汇报》总编辑回答道："这不就是最大的新闻吗？"该广告在当时中国内地新闻界引起轰动，引发了人们对广告与媒体关系的新思考。广告刊登后，世界几大通讯社及报纸对此举都作了报道，有国外报纸甚至称其为"中国报纸广告一号"。此后，其他一些向来以严谨著称的大机关报也纷纷仿效《文汇报》的做法。报纸头版从此成为广告的"黄金宝地"，报纸头版广告费扶摇直上。"炒头版"现象在业界一时风行。

到1996年，全国报纸广告营业额达77.6891亿元人民币，约占全国广告营业总额的21%，在电视、报纸、广播、杂志四大媒体中排行第二。与1983年全国报纸广告营业额相比，几乎增加了110倍。

（2）杂志广告

在传统的大众媒体中，杂志广告所占的份额最少。但在新时期广告从恢复到快速发展时期，杂志广告受到较多的关注。杂志的种类日益增多，广告营业额逐年上升。以上海为例，1980年上海有杂志126种，1981年上升到266种。一些专业对口的杂志作为外贸广告的媒体受到重视。1981年8月8日，上海广告公司与《中国对外贸易杂志》签订了上海地区出口商品广告独家代理协议，代理上海各专业进出口公司的广告。这是广告业较早开拓专业杂志媒体的成功案例。1995年，上海出版各种期刊565种，年广告营业额达到3千余万元。到1996年，我国共有杂志3825家，全年杂志广告营业额为5.6亿元，占全国广告营业总额的1.3%左右。

（3）电视广告

我国电视事业真正开始发展是在20世纪80年代。1958年5月1日，"北京电视台"开播时，全国只有30多台苏制"红宝石"牌电视机。到1987年，中国年产电视机达2 000万台，社会拥有量达1亿台，电视观众突破6亿人。到1999年8月，我国已有3 000多家电视台，拥有3.17亿台电视机，近11亿电视观众，电视覆盖率已达90%以上。我国电视广告的出现比电视的出现晚了20年。1979年3月15日，中央电视台播出第一条外商广告："西铁城——星辰表誉满全球"。从此，全国各地的电视广告陆续登上电视荧屏。电视广告以强劲的势头快速发展，逐渐成为第一大广告媒体。1991年，我国电视广告额超过10亿元，占全国全年广告营业总额的28.5％，居四大传统媒体首位。到1996年，电视广告营业额尽管在全国的广告营业额总量中所占的份额较1991年有所降低，为24％，但仍位居四大传统媒体之首。财力雄厚的企业纷纷通过在电视中投放广告来扩大影响，树立品牌形象。1994年11月2日，中央电视台第一次举行黄金时段广告招标会，引来中国最有经济实力的企业和中国最具实力的广告公司群起争夺中央电视台的黄金广告时段开创了中国广告媒体购买的新形式。早期的电视广告，无论是形式，还是广告内容，都不免稚嫩，但这一阶段的电视广告在艺术表现上仍有了很大的提高。

首先，电视中开始大量出现情感氛围广告，而不再像以往那样简单地做功能诉求。情感氛围广告通过戏剧化的情节、浪漫的情调、优美的画面和音乐将产品推销给观众，观众容易被打动，在不知不觉中接受广告信息。这一时期，"威力洗衣机"、"南方黑芝麻糊"等优秀广告产生了较大社会影响。

其次，明星代言广告明显增多。名人效应在电视广告中被反复地运用，并屡试不爽。电影明星潘虹曾经免费为上海地产品牌霞飞化妆品代言广告。力士香皂则走国际路线，宣称"力士香皂，国际著名影星的香皂"，一直运用国际影星大做电视广告，出场人物的广告语都是"我只用力士香皂"。

第三，涌现出不少优秀的电视广告语。许多电视广告语成为流行语，如：

牙好，胃口就好，身体倍儿棒，吃嘛嘛香(蓝天"六必治"牙膏)
金利来，男人的世界(金利来领带、腰带)
孔府家酒，叫人想家(孔府家酒)
喝孔府宴酒，做天下文章(孔府宴酒)
飞利浦，让我们做得更好！
一呼天下应。(润迅通讯)
一切在于掌握(爱立信手机电话)
天上彩虹，人间长虹(长虹电视机)
新飞广告做得好，不如新飞冰箱好(新飞电冰箱)
维维豆奶，欢乐开怀(维维豆奶)
长城永不倒，国货当自强(奥妮皂角洗发液)
味道好极了(雀巢咖啡)
麦氏咖啡，情浓味更浓(麦斯威尔咖啡)

麦氏威尔咖啡，滴滴香浓，意犹未尽（麦斯威尔咖啡）

挡不住的感觉（可口可乐）

只溶在口，不溶在手（巧克力广告）

留住青春留住美（永芳珍珠膏化妆品系列）

当太阳升起的时候，我们的爱天长地久（太阳神口服液）

与此同时，电视广告中不健康的现象也日益突出。一些电视广告语言上滥用双关语，破坏了现代汉语的纯洁性。一些电视广告的情节或画面低俗，对儿童青少年产生误导，产生了恶劣的社会影响。

第四，鉴于电视广告发展的需求，这一时期国家对电视广告的管理日益加强。1988年1月20日，广播电影电视部、国家工商行政管理局联合发出《关于进一步加强电视广告宣传管理的通知》，规定："电视台不得中断节目播映广告，或在节目画面上叠加字幕广告"；"电视台不得以新闻报道形式刊播广告，收取费用；记者不得借采访名义招揽广告业务"；"地方电视台转播中央电视台和省级电视台的节目（包括广告）必须完整，不得在转播中间插播地方承揽的广告"。1997年3月初，广电部又发出了《进一步加强广播电视广告宣传管理的通知》，要求各级广播电视行政管理部门及广播电台、电视台严格遵守《中华人民共和国广告法》（1995年2月1日起施行）。

（4）广播广告

我国广播广告起步很早。20世纪20年代即开始无线广播的历史。30至40年代，我国广播广告获得很大发展，成为主流的广告媒体。新中国成立以后，广播广告走过了与其他主流媒体相似的历史轨迹。"文革"中，广播广告基本消失。直到1979年3月5日，上海人民广播电台恢复广告播出。该台在新时期播出了第一条商业广告——"春蕾药性发乳"广告。1979年12月，中央人民广播电台也开始播出商品广告。1980年1月，中央人民广播电台正式开办《广告节目》专栏。其后，地方电台也纷纷恢复广告播出。进入90年代，广播频率日益增多，节目更加丰富多彩，广播广告稳步发展。到1996年，我国有广播电台900家，收音机、收录机及入户的有线广播喇叭等收听设备的社会拥有量已达4亿台（只），广播广告营业额总计为8.7亿元。

广播广告媒体有诸多优势，如：覆盖面广，普及率高。无线电波传播不受地域影响，无远弗届，只要有收音机，就可随时收听到无线电广播。收音机体积小巧，随身携带方便，是一种可伴随性接触的媒体。广播广告以语言、音乐、声响为媒介，以"声"传情，具有较强的亲和力，容易被接受。广播广告还有制作简单、成本低廉的优点。在传统媒体中，广播广告的成本最为低廉，广告性价比高，因此，一直是深受欢迎的广告媒体。

(5) 户外广告

户外广告以路牌广告、霓虹灯广告，招牌广告、民墙屋顶类广告、立体广告、电子翻转牌广告等最为常见，还包括招贴、空中气球类广告、广告条幅及跨街布标广告，等等。90 年代以后，还出现了一些特殊形态的户外广告，如：1994 年 6 月，南京长江大桥上，中国扬子集团用 26 块巨大广告牌组成的 10 条广告，全部安装在北桥头堡上。1992 年 5 月 5 日，武汉龟山电视塔上出现"KENT"及"555"香烟广告，成为我国第一个在电视塔塔身所做的大型户外广告。广告面积达 1 800 多平方米。由于字体庞大，白底蓝字，分外醒目，反差效果极佳。户外广告牌一般设置在车流人流量较大的公共场所。

(6) 交通广告

交通类广告包括交通工具及交通设施两大类，主要包括各类车身(汽车、火车、地铁列车等)、船身广告，公交汽车站牌广告，汽车站、火车站、轮船码头及飞机场广告。在概念上与户外广告存在一定交叉。1992 年 10 月 10 日，公安部交通管理局、建设部城市建设司联合发文，对"中广协"广告公司委员会《关于要求批准开展车身广告的请示》作了答复："同意在公交车身上制作广告"，"但这种广告除必须符合广告管理、城市市容管理有关规定外，不能遮挡驾驶员视线、号牌、灯光及公交线路标志牌"。这是新时期广告管理部门对车身广告较早作出的管理规定。

(7) 包装类广告

包括各种软、硬包装，也包括各种新型材料包装形式和各种彩色印刷包装形式，还包括各式彩印手袋、礼品盒等。

(8) 直邮广告

包括各种信函、明信片、个人名片、产品及商品说明书、企业介绍传单、商品目录、产品试用样品等等。

(9) 店铺广告

包括店铺开业广告、百货公司、超市橱窗广告、商品陈列广告、店堂、铺面装饰广告，旗帜、标语、新式招牌等广告，以及模特广告(包括人体模型和模特表演)等。

除以上广告形式以外，宣传单、票据、证书等广告媒体在新时期都找到了新的市场空间，如：各种日历、挂历、电话号码簿、年鉴、工商名册、纪念册；列车时刻表、城市旅游地图、各种车船票、飞机登机牌、各种门票(如公园及娱乐场所门票、旅游景点门票)等都成了有价值的广告媒体。

2. 广告内容的拓展——公益广告的兴起

公益广告又叫“公共广告”，是由政府部门及社会公共机构、企业、大众传播媒介等单位、团体或组织发布的，不以营利为目的、谋求社会公共利益的广告活动。公益广告的特征主要表现在非营利性、严肃性、对公共利益的诉求等。公益广告不以营利为目的，广告主题严肃，具有现实针对性，重在倡导良好的社会风气或先进的价值观念、抨击社会不良风气或意识，追求社会效益。

改革开放以后，我国最早的公益广告出现在电视媒体上。1978 年，我国公益广告就曾以文字或画面的形式出现在电视屏幕上。当时的中央电视台就曾播出过类似今天公益广告的节目。80 年代初，广东电视台曾以《立此存照》为题，播出过公益广告。

1987 年 10 月 26 日，中央电视台广告部开播《广而告之》公益广告专栏，揭开了我国广告传播史上新的一页。《广而告之》以“提醒、规劝、批评”为宗旨，采用人们喜闻乐见的形式，在第一套节目的黄金时间定期播出公益广告，让观众在娱乐中得到启迪、受到潜移默化的教育。据统计，从 1987 年到 1996 年的 9 年间，《广而告之》栏目共播出电视公益广告 844 则，产生了巨大的社会影响。

1992 年，公益广告被纳入“全国广告作品展览评比”范围，但只设荣誉奖。1996 年 9 月，国家工商行政管理局号召在全国范围内开展以“中华好风尚”为主题的“公益广告月”活动，再次将公益广告的制作和宣传推向高潮。

3. 广告策划活动的发展

20 世纪 80 年代初期，西方现代广告观念在中国的介绍再次开始。到 80 年代中期，一些具有远见的业内人士已经注意到对西方现代广告理念和作业方式的借鉴，符合现代广告规范的广告策划活动渐次展开。越来越多的广告创作者开始从研究消费者的心理出发，针对不同消费者制定广告传播策略，不再单纯注重广告的形式表现，开始建立广告运动的战略，着眼于品牌的树立。

1986 年 10 月，中国广告联合总会在成都召开会议，会上提出“以策化为主导，以创意为中心，为客户提供全面服务”口号，为推进我国广告活动的科学化指明了方向。80 年代中期以后，一批知名品牌相继问世。

1984 年，“健力宝”问世。健力宝针对激烈竞争的市场形势，将广告与其他市场营销形式有机结合，很快崛起，一跃成为中国饮料市场的知名品牌。健力宝先是通过体育赞助方式，成功地将广告打入市场。1984 年，健力宝入选第23届奥运会中国体育代表团指定饮料。1987年，购得第六届全运会饮料专用权；1992年，获得第十一届亚运会运动饮料专用权和火炬传递专利权。凭借体育之名，健力宝获得惊人成功。1986年销售额为5 000万元，到1991年，销售额攀升至6.3亿元。健力宝还运用公共关系为品牌树立作贡献。1992年，美国总统竞选期间，健力宝获得为克林顿在纽约助选大会提供饮料的资格。当晚，在助选大会上，摄影师拍摄了克林顿夫人希拉里饮用健力宝饮料的照片。这张照片很快出现在《纽约商报》上，并被纽约各大媒体报道。健力宝的知名度大增。

80年代，世界著名日化品企业"宝洁"公司进入中国市场。"宝洁"的广告理念给中国企业和中国广告带来了巨大冲击。"宝洁"公司作为历史悠久的跨国企业，有成功的营销经验和广告传统。1934年，该公司就在美国成立了消费者研究机构，率先用科学方法了解消费者需求。1985年，宝洁公司就委托市场调查公司，在中国做了三年地毯式的市场调查，了解中国消费者的生活习惯、消费习惯和消费心理等，从而对中国消费者建立了清晰、客观的概念。宝洁公司在中国继续推行其独特的多品牌营销策略，在中国市场轰炸式的投放令国内企业大开眼界，开创了中国家化用品的广告模式。

在广告创意方面，早期现代广告只讲究简单的告白，形式老套，缺少创意意识。80年代中后期，随着市场的变化以及业界对广告的认识日渐深入，广告创意开始出现新的气象。广告创意元素逐渐成为广告运作的基本元素。

80年代，广东受到港澳台的影响，在广告创意方面注重生活化和人情味儿，并逐渐形成一股流行内地的创意潮流。情感诉求成为80年代中期广告的创意特点，并出现了以"南方黑芝麻糊"、"威力洗衣机"等为代表的优秀广告。在80年代的广告创意手法中，名人广告策略在广告中逐渐增多。新时期广告中，最早为广告代言的名人是电影明星潘虹。1988年，潘虹义务为上海日化厂的"霞飞"产品拍摄了一条广告，产生很大的社会反响。1990年，话剧表演艺术家李默然为深圳南方制药厂"三九胃泰"代言，也引起社会的激烈争论。李默然最后将广告所得捐给第二届中国戏剧节。名人广告对我国社会的传统观念产生极大的冲击，很多消费者认为受人爱戴的明星为了金钱拍广告是不可理解的。但随着时间的推移，名人代言广告终究成为广告界长盛不衰的风景。

4. 广告公司和广告代理制的发展

1979年以前，全国经营广告业务的专业广告公司总共只有十来家，广告从业人员约1 300人。1979年后，随着我国商品经济的发展，广告公司大量涌现。新时期初期的广告公司大多是作为外贸行业的“附庸”出现的。广告公司都隶属于各省、市外贸局，或挂靠在外贸单位的名下。如 1979 年上半年，上海市外贸局率先成立了广告公司。接着，北京市、天津市外贸局也成立了广告公司。1979 年 10 月 22 日，广东省外贸局也成立了广东省广告公司。

从 1979 年到 1981 年，在不到两年的时间里，我国主要口岸城市均成立了专营进出口广告业务的广告公司。1981 年，中国第一个全国性的广告行业组织——中国对外贸易广告协会宣告成立。

随着广告业的迅速恢复和发展，广告代理制也逐渐获得较快的发展。这主要表现在两个方面：

首先是广告专业公司在广告业中的地位愈益重要。到 1983 年，全国有 181 家专业广告公司，年营业额 4 870.8 万元，占当年全国广告营业额的 20.8%，媒介广告经营单位的广告营业额占到 50.5%。1995 年以后，媒介广告营业额呈下降趋势，而广告专业公司所占份额则逐年增加。此涨彼消反应了广告市场逐渐向广告专业公司倾斜的趋势。实际上，进入 90 年代以后，全国范围内就出现了兴办广告公司热。1991 年底全国共有专业广告公司 1 156 家，到 1994 年底跃升到 18 375 家，4 年之间上升了近 16 倍。到 1996 年，全国专业广告公司增加到 25 726 家，拥有专业人员 28.867 5 万人，占当年全国广告从业人员总数的 56%；全国专业广告公司全年营业额达 156.785 8 亿元，约占全国全年广告营业额的 43%。从广告的区域发展来看，北京、上海、广州发展成为三大广告经营中心。

其次，广告公司业务范围不断拓展，专业服务能力逐渐提高。进入 90 年代以来，在激烈竞争中出现了一批有实力的广告公司，如上海广告公司、中国广告联合总公司(简称“中广联”)、广东省广告公司等。

上海广告公司成立于 1962 年，曾独家受理全国八大口岸所有的进出口广告业务。改革开放后，这种独家经营的垄断局面被打破，该公司加入市场竞争的行列，并同美国著名广告公司奥美集团合资成立了上海奥美广告有限公司和上海非凡广告设计有限公司。1993 年、1994 年，该公司连续两年在全国广告公司营业额排行榜中名列第一，在 1995 年全国广告公司综合实力排序中，仍排名第一。

中国广告联合总公司 1981 年 2 月 25 日在北京成立。该公司是新华社直属的中国第一家广告经营单位联合体，当时由 25 家广告公司组成。经过十多年的发展，中广联发展到 78 家成员公司、7 家合营公司、分公司及子公司，分布在全国六十多个大中城市。

广东省广告公司成立于1979年，起初是广东省外经贸委下属的一家综合性专业广告公司。该公司以经济发达的广东地区为依托，全面经营进出口广告业务及国内广告业务，以规模大、人才多、资金雄厚，称雄广东广告业界。

随着改革开放的深入，外国广告公司也进入中国。1987年4月8日，由日本电通与扬·罗比凯合资组建的"电扬"第256个办事处在上海成立，成为中国第一家外企广告公司。外资及外国广告公司的进入更加剧了中国广告市场的竞争。

但是，八九十年代我国广告公司的发展也存在诸多问题。与发达国家相比，我国广告公司数量虽多，但素质较低，真正具备全面代理能力并具有一定实力的广告公司在全国不过上百家。广告公司的规模普遍偏小，到90年代中期，平均每家广告公司规模不超过10人。

我国试行现代广告代理制起步较晚，于20世纪90年代初开始试行。1990年5月10日，国家工商行政管理局、对外经济贸易部联合发出《关于对台湾企业和个人在大陆申请发商广告进行管理的通知》。《通知》指出："经研究，决定允许台湾企业和台湾同胞在大陆发布商品广告和寻亲广告。"《通知》还指定了代理台湾企业商品广告业务的广告公司名单。1990年5月30日，国家工商行政管理局发出《关于在温州市试行广告代理制的通知》。其第一条规定："凡温州市企事业单位、私营企业、个体工商业户在国内通过报纸、杂志、广播、电视、路牌等媒介发布广告，必须委托经温州市工商行政管理局核准的有'承揽'或'代理'广告业务经营范围的广告经营单位发布或代理"；第三条是"广告代理单位的职责"，其内容包括对广告客户的资格及广告内容的合法性和真实性进行验证审查，对广告发布情况的监督，及时报告工商行政管理局查处违规违法广告。《通知》还规定："对不认真履行职责、造成严重虚假违法广告的广告代理单位，取消其广告代理权。"

我国真正开始全面试行广告代理制是在1993年下半年。1993年7月，国家工商行政管理局、国家计划委员会联合制定、下发了《关于加快广告业发展的规划纲要》。《纲要》提出："要借鉴国际惯例和通行做法，吸收发达国家先进经验，促进国内广告市场与国际广告市场连接"；要"优化行业结构，转换广告经营机制，采用适应现代商品经济发展的广告代理制，发挥广告公司的主干作用"；要"进行广告代理制试点，理顺广告公司与媒介的职能分工关系，广告的发布由各种广告媒介承担，广告的代理和设计制作由广告公司进行"。在全面实行广告代理制的具体步骤上，《纲要》提出分两步走："第一步，统一将代理权归于广告公司，将媒介发布广告、承揽广告、代理同类媒介广告改变为媒介承揽、发布广告，不再承担同类媒介代理业务；同时，将媒介直接承揽外商广告权归于具有经营外商广告资格的广告公司。第二步，实行承揽与发布分开，媒介专职发布广告，广告公司承担广告承揽和代理，从而在广告公司与媒介间形成功能分工合理、运行高效畅通的经营机制。为引导广告经营向全面代理方向转化，由有关部门调整广告代理费标准；允许实力强的媒介在承揽与发布分开的前提下成立广告公司；广告公司应实行自主经营，自负盈亏，依法纳税。”与此同时，为在我国顺利、全面推行广告代理制，国家工商行政管理局决定先在部分城市进行代理制试点。1993 年 7 月 15 日，国家工商行政管理局又下发了《关于在部分城市进行广告代理制和广告发布前审查试点工作的意见》，对推行代理制试点工作作了九条具体规定。

另一方面，此时的广东等一些沿海经济发达地区城市已率先试行广告代理制，到 1993 年 10 月初，全国有五十多个试点城市逐步推行广告代理制。从 1994 年起，广告代理制逐步在全国范围内推广，并逐渐规范化。从此，中国广告业开始向新的经营体制迈进。

5. 新时期广告管理

新时期中国的广告管理主要体现在法制管理、行业自律和社会监督等三方面的发展。

(1) 法制管理

1979 年 11 月，中共中央宣传部发出了《关于报社、广播电台、电视台刊登和播放外国商品广告的通知》，肯定了广告的积极作用，允许在我国刊登国外商业广告。这对恢复和发展报纸、杂志、广播和电视广告起到了重要作用。

1980 年，国务院授权国家工商行政管理局对广告业进行管理。国家工商行政管理局在筹建广告管理机构的同时，开始着手制定有关的广告管理法规。由国家经委和国家工商行政管理局共同起草的《广告管理暂行条例》经由国务院审批后，于 1982 年 2 月 6 日正式颁布。这是建国以来第一部全国性、综合性的广告管理法规，标志着我国的广告管理进入了新的阶段。1982 年 4 月份，国家工商行政管理局为了贯彻该条例，又制定了《广告管理暂行条例实施细则》，对《广告管理暂行条例》的内容进行了详细具体的规定。

1987 年 10 月 26 日，国务院又颁布了更为完整的广告法规——《广告管理条例》，同年 12 月 1 日起实施，同时废止了 1982 年颁布的《广告管理暂行条例》。《广告管理条例》共计 22 条，对广告管理的范围、广告内容、广告经营管理活动、广告管理的机关、经营广告业务的单位和工商个体户等，都做了规定。同时，还对广告收费标准、广告业务代理费标准，以及对违规广告客户或广告经营者的处罚等都作出了规定。为了进一步贯彻执行《广告管理条例》，国家工商行政管理局于 1988 年 1 月 9 日配套发布了《广告管理条例实施细则》，共计 32 条，使《广告管理条例》更具操作性。依据《广告管理条例实施细则》，可以对某些违反行业规范的行为实施必要的行政处罚，这一点对规范广告市场行为、制止不正当竞争有重要意义。

在学习和借鉴发达国家广告立法和监管经验的基础上，结合中国国情和广告业发展的实际情况，我国第一部《广告法》于 1994 年 10 月 27 日颁布，并于 1995 年 2 月 1 日起正式实施。《广告法》共计 6 章 49 条，对广告范围、广告准则、广告活动的监管、特殊商品的广告审查、法律责任等，都作出了详细的规定。《广告法》是建国以来我国制定的一部最系统、最完整和最具有法律效力的广告法律，在我国广告立法和管理的历史上具有里程碑的意义。

（2）行业自律

新时期，我国出现最早的广告行业组织是“中国对外经济贸易广告协会”。该协会经国务院、对外贸易部批准，于 1981 年 8 月 21 日在北京正式成立。它由全国对外经济贸易系统的专业广告公司和报刊、出版社等兼营广告的单位，以及专业进出口总公司、工贸进出口公司的广告宣传部门联合组成。中国对外经济贸易广告协会成立后，积极组织各种形式的广告学术研究活动，采用多种形式推动我国外经贸广告行业经营管理水平的提高。该会还创刊了自己的会刊《国际广告》，及时反映国内外广告业发展状况及其趋势。该会还积极组织会员单位参加国际广告会议，开展对外交流、交往活动。1987 年 6 月，协会与英国《南方》杂志共同在北京举办首届“第三世界广告大会”，在国内外产生了较大影响。

1983 年 12 月 27 日，中国规模和影响最大的广告行业组织——“中国广告协会”（简称“中广协”）宣告成立。“中广协”是具有法人资格的社会团体，它接受国家工商行政管理局的指导，是联系政府广告管理机关与广告主、广告经营者、广告发布者的桥梁和纽带。其主要职责是：宣传、贯彻国家有关广告管理的法律、法规，协助政府进行行业管理；反映广告主、广告经营者和广告发布者的要求与意见，代表和维护会员的正当权益；制订行业发展规划及对广告行业进行指导、协调、咨询和提供各种服务。此后，中国广告协会又先后成立了属下的电视委员会、广播委员会、广告公司委员会、报纸委员会、学术委员会和广告主委员会。这些分支委员会分别代表中国广告协会在本部门和本系统开展广告业务交流活动。1987年5月12日,“中广协”和中国对外经济贸易广告协会共同组成“国际广告协会中国分会”。33名中国广告界人士成为国际广告协会会员。中国广告协会于1990年制订了《广告行业自律规则》,对广告活动应当遵循的基本原则和广告主、广告公司、广告媒体所应体现的道德水准,作出相应规定。在此基础上,中国广告协会还制订了《广告行业岗位职务规范》,于1991年试行。《规范》规定了广告公司内部各岗位的职务规范,对中国广告行业逐步走向规范化产生了积极的引导和促进作用。

《中华人民共和国广告法》,自1995年2月1日施行以后,同年12月6日,中国广告协会在北京举行第四次会员代表大会。这次会议审议修改了《中国广告协会章程》,通过了《中国广告协会自律规则》。《规则》共计12条,要求会员树立良好的行业风气,维护正当竞争,抵制不正当竞争,建立良好的广告经营秩序,提高广告业道德水准和整体服务水平。

1997年,我国广告业管理机关进一步推行法制建设和行业规范化。12月16日,国家工商行政管理局发布《广告活动道德规范》,共计28条,为增强广告主、广告经营者、广告发布者及其他参与广告活动的单位和个人的社会公德意识和职业道德观念,制定了详细的规范条例。同年,中国广告协会还制定了《广告宣传精神文明自律规则》,共计15条,提出广告制作指导原则,对各种广告形式都提出具体要求。

(3) 社会监督

广告的社会监督,是指消费者和社会各界通过对广告活动的批评、建议、投诉等方式,实施对广告活动的监督管理。

消费者对广告的监督权是法律赋予的。《消费者权益保护法》、《广告法》、《广告管理条例》等都规定了消费者有权监督广告活动的进行。消费者对广告的监督和约束主要是通过广告管理机关、消费者协会和社会新闻媒介等机构,依法保护自身合法权益。

为维护消费者的正当利益,早在1983年就在北京成立了全国用户委员会。该委员会由轻工、机械、电子、纺织、交通、铁路、城建、商业、商检、标准计量、工商行政管理、全国总工会等有关部门负责人组成。其主要任务是:对企业的产品、服务质量,通过市场和用户的反映进行监督;督促企业执行国家标准,重视商标信誉,促进产品质量和服务水平的提高,维护消费者的利益,坚决杜绝虚假广告。

1984年12月26日,经国务院批准中国消费者协会成立。1987年,中国消费者协会被国际消费者联盟组织纳为正式会员。根据1994年1月1

日实施的《中华人民共和国消费者权益保护法》，消费者拥有安全权、知情权、公平交易权、选择权、获偿权、人格权、结社权、获知权、监督权等九项权利。消费者协会通过履行其职能，对消费者的法定权利进行保护。消费者协会在广告的社会监督方面的工作包括：受理、调查、调解消费者对虚假广告的投诉；支持消费者就违法广告寻求行政救济和司法救济；充分运用舆论监督力量，对损害消费者权益的违法广告进行曝光和批评；开展消费调查和消费教育，提高消费者对违法广告的辨别能力等。

6. 广告教育和广告研究的开展

新中国成立后到改革开放以前，我国的广告学研究及广告教育事业几乎是一片空白。从 80 年代起，我国大陆在广告业恢复后，广告学研究也渐次展开。广告学著作、刊物与广告的高等教育开始逐渐出现。

在理论著作方面，潘大均、张庶平合著的《广告知识与技巧》(内蒙古人民出版社，1981 年 6 月)和启忠朴、贸斌主编的《实用广告学》(工商出版社，1981 年 9 月)，是新时期以来较早出版的两部广告学专著。90 年代以后，广告学的研究更加繁荣，各种广告学著作蜂拥而出。据不完全统计，从 1981 年至 1996 年，我国出版了广告学著作近 300 种。

在专业杂志的发展方面，1981 年 4 月 15 日，《中国广告》杂志创刊，这是新时期我国第一本专门研究广告实务及广告学术的专业杂志。由“中国广告联合总公司”(简称“中广联”)委托上海市广告装潢公司筹办。1984 年 8 月，“中国对外经济贸易广告协会”(简称“外广协”，1981 年成立)会刊《国际广告》杂志在上海创刊。这是继《中国广告》之后的第二本大型广告杂志。1988 年，该杂志社迁至北京，刊期由季刊改为双月刊，后又发展为月刊。1994 年 4 月，中国广告协会会刊《现代广告》杂志创刊。该杂志由国家工商行政管理局主管，“中广协”主办，也是我国广告行业较有影响的专业期刊。除以上三大广告专业刊物外，各地也相继出版了一批广告专业刊物、广告专业报纸及有关专版、副刊。其他较有影响的广告类报刊还有：天津的《广告人》、南京的《广告大观》、深圳的《广告世界》、长沙的《广告导报》、成都的《时代广告报》、重庆的《广告报》以及中广协与新华社新闻发展公司、工人日报社联办的《中国广告报》等。

新时期广告教育肇始于 80 年代初期。1983 年 6 月，厦门大学新闻传播系创办了我国第一个广告学专业，开始了真正意义上的中国当代高等广告教育的历史。此后，北京广播学院(中国传媒大学前身)、深圳大学、暨南大学、吉林大学、武汉大学、复旦大学、中国人民大学等高校也相继创办了各自的广告学专业或广告学系。1993 年和 1995 年，北京广播学院和厦门大学分别开始招收广告学研究方向的研究生，标志着我国广告学高等教育已经发展到了更高的层次。进入90年代以后，随着中国改革开放步伐的加快，中国广告业进入了高速发展时期，广告营业额大幅度增长，广告公司数量迅速增加。一方面，现有广告公司由于规模扩大而急需扩充力量，另一方面，新成立的广告公司也纷纷招兵买马。社会对广告人才的需求迅速增加，直接刺激和推动了中国高校广告教育的发展。1993年广告公司数量是1992年的近3倍，而从调查结果来看，1993年和1994年正是中国高校广告专业第一次规模扩张的高潮。[①] 到1994年，全国已有80多所高校增设了广告学专业。

与此同时，非学历的职业培训也在实践的要求下蓬勃展开。早在1984年，中国广告协会就已经开始举办各类短期广告培训班，对在职广告人员进行培训。1986年，中广协又开办了中国广告函授学院，专门为各地培养各种广告专业人才。90年代后，广告职业培训得到进一步发展，许多相关机构都设立了广告职业培训班，以满足社会上对广告人才的需求。

广告学是一门多学科交叉的边缘性学科，涉及传播学、经济学、市场学、统计学、美学等诸多学科领域。由于我国过去没有专门的广告教育专业，国内兴办的广告学专业最初往往是从其他学科脱胎而来的。大体来看，我国广告学专业主要有三个来源：新闻传播类院系，美术设计类院系、商学院。由此，我国广告教育就形成了特有的新闻传播型、艺术设计型、营销型等三大广告教育模式。

三、广告平稳发展期(90年代中期至今)

90年代中期以后，我国经济继续在高位平稳发展。国内市场经济体制的确立、国际间经济全球化的进程，数字传播技术的发展，均直接影响到我国广告业的发展。

1. 数字化时代的广告媒体

90年代中期以后，我国媒体格局发生了巨大变化，作为标志就是数字媒体在媒体格局中开始产生日益重要的影响。传统媒体自身也获得了长足的发展。

90年代中期以后，国内报刊的广告收入平均增速高达30%以上。到2005年，我国平面媒体的广告额超过440亿元。电视方面，1998年，我国电视广告的营业额为136亿元，到2005年，电视广告收入达到292亿元。1998年，我国广播广告营业额为13亿元人民币，到2005年，我国广播广告

---

① 张树庭：《广告教育定位与品牌塑造》，中国传媒大学出版社2005年版，第4页。

营业额达到38亿元。

数字新媒体的兴起和各种广告新媒体的发展是90年代中期以后广告媒体领域最引人注目的特征。

网络媒体方面，网络广告发轫于1994年的美国。当年10月14日，美国著名的《连线》(Wired)杂志推出了AT&T等14个客户的广告。这是广告史上里程碑式的一个标志。中国的第一个商业性的网络广告出现在1997年3月，传播网站是Chinabyte，广告表现形式为468×60像素的动画旗帜广告。英特尔(Intel)和IBM是最早在国内网站上投放广告的广告主。我国网络广告一直到1998年初才稍有规模。

据CNNIC统计，1997年10月，我国上网计算机数29.9万台，其中，直接上网计算机4.9万台，拨号上网计算机25万台。我国上网用户数62万，其中，大部分用户是通过拨号上网。从用户希望在网上获得的信息来看：39.6%的用户希望在网上获得商业资讯，32.8%的用户希望在网上获得金融信息，80.4%的用户希望在网上获得科技信息，42%的用户希望在网上获得社会新闻，24.8%的用户希望在网上获得休闲信息。大部分上网用户都对科技信息比较感兴趣，这也与上网用户从事职业的比例有关系，从事科研、教育、计算机行业的用户及学生占54.7%，真正的消费型用户占的比例很小。因此，90年代，互联网还没有作为广告媒体存在。据统计，1998年中国网络广告收入为4 800万人民币。

截至2008年6月底，中国网民数量达到2.53亿，网民规模跃居世界第一位。中国网民中接入宽带比例为84.7%，宽带网民数已达到2.14亿人。截至2008年6月底，中国网民中的28.9%在过去半年曾经使用手机上过网，手机网民规模达到7 305万人。手机上网成为网络接入的一个重要发展方向。中国网站数量为191.9万个。其中“.cn”域名数量已位居全球首位，有137万个，占总网站数71.4%。家庭上网计算机数量为8 470万台。中国互联网协会的《2007中国互联网调查报告》显示，2006年我国网络广告(不含搜索引擎在内)收入达49.8亿元，比2005年增长了50.91%。2007年底，中国网络广告的收入达到106亿。[①] 传统广告主已逐渐突破了投放网络媒体的心理关口。

尽管大多数的企业仍然偏爱传统广告形式，对网络广告持一定程度的怀疑态度。但是，随着网络广告市场中的份额越来越大，特别是在快餐业、

---

① 阮京文：《中国网络广告发展趋势分析》，http://www.chinaz.com/News/IT/102T22c2008.html。

旅游业、软硬件产业、汽车产业中，网络广告比传统广告更为快捷、容量更大、交互性和参与性更强，游戏+动画把网友和广告真正联结起来，网友的感受由被动变主动。很多网站借助 Flash、ActiveX 制作出新鲜的形式，如：Yahoo 的用户可以看到很多小鸟飞过雅虎的主页，当它们着陆时用鼠标点击鸟身，用户的计算机扬声器里就会发出"喀嚓"声，同时 IE 页面也会突然抖动并弹出雅虎的广告清单。这种广告方式大大增强了网络广告的趣味性和刺激性。在网络环境中，广告的形式创新层出不穷。广告传播与消费者的互动性更强，广告传播的对象性更强，广告投放成本更低，广告效果更加便于测量。因此，有人预言未来许多行业的线下营销方式可能会消失。有研究认为，中国网络广告在 2000 年以后的几年中，复合增长率达到了 65%。从每个网民对网络的贡献值来看，目前中国的数字是 6.9 美元，全球的水平是 24.8 美元，这也反映出中国的网络广告经济潜力非常大。① 2008 年奥运会给中国的网络广告带来了新的概念。在 2008 年奥运会期间，从网络用户对广告的接受度来看，81.3%的用户会认为在此期间投放的网络广告主的品牌和产品，有助于提升网络品牌的接受度。

网络媒体的兴起，对其他广告媒体的生存产生了巨大的冲击，但到目前为止，中国主要的传统媒体如报纸、电视、广播等仍然保持着较好的发展态势。1998 年，我国报纸广告年收入为 104.4 亿元，全国广告营业额过亿的报社有 36 家；杂志广告营业额 7.13 亿元；广播广告营业额为 13.3 亿元；电视广告营业额为 135.6 亿元。到 2006 年，我国广告年经营额达到 1 573 亿元，同比增长 11.1%。电视台、报纸、广播、杂志四大传统媒体广告经营额 797.9 亿元，同比增长 18.2%。目前我国已成为继美国、日本、英国之后的第四大广告市场。广告额排名前五位的分别是房地产、药品、食品、化妆品和汽车行业。2006 年，我国广告从业人员 100 余万人，同比增长 10.6%。

除了传统媒体保持平稳发展，其他的广告新媒体也层出不穷，如楼宇电视、数字移动电视、公交车上的拉手、其他各种新型户外媒体、DM 广告等，都为广告媒体创新做了很好的注脚。

2. 全球化的广告视野和观念

20 世纪 90 年代以后，随着中国经济的全球化程度日益加深，国际交流更加频繁和便捷，许多国际流行的广告观念大量传入中国，并对中国广告实践产生深远影响，如：定位理论、"USP"（独特的销售主张）理论、"品牌形象

---

① 阮京文：《中国网络广告发展趋势分析》，http://www.chinaz.com/News/IT/102T22c2008.html。

论”等。

1969年两位美国人特劳特和里斯提出了定位理论。1969年艾·里斯和杰·特劳特在美国《产业行销杂志》写了一篇名为《定位是人们在今日模仿主义市场所玩的竞赛》使用了“定位”(Positioning)一词。1979年他们出版了专著《定位》，将定位的概念定义为“始于产品，可以是一件商品、一项服务、一家公司、一个机构甚至一个人，也许可能就是你自己，但定位不是你对产品做什么，是你对未来的潜在顾客的心智所下的功夫，也就是把产品定位在你未来顾客的心中。”“广告定位”的基本内涵是在对本产品以及竞争产品进行深入分析、对消费者的需求进行准确判断的基础上，确定产品与众不同的优势并将它传达给消费者以确定产品独特地位的动态过程。消费者一旦对品牌进行定位之后，就很难接受改变。“定位”时代的到来加速了中国广告界与世界市场的同步。在“定位”理论的指导下，中国成功地塑造了很多知名品牌，为中国企业参与到世界竞争增强了力量。

20世纪90年代末，整合营销传播(IMC)理论也对中国广告业产生了深远影响。美国广告公司协会(American Association of Advertising Agencies，简称4A)是这样给整合营销传播进行定义的：“整合营销传播是一个营销传播计划概念，要求充分认识用来制定综合计划时所使用的各种带来附加值的传播手段，如普通广告、直接反应广告、销售促进和公共关系，并将之结合，提供具有良好清晰度、连贯性的信息，使传播影响力最大化。”整合营销传播理论终结了传统营销模式，强调现代营销的新阶段是以消费者为中心的，强调的是以消费者的利益为中心，通过广告、公关、营销等多方位的整体组合向消费者传达统一、一致的声音，从而扩大传播的影响力。整合营销传播理论在中国得到业界的认同。该理论一度成为中国广告界、营销界谈论的热点。2004年4月，《公关第一，广告第二》中文版在中国面世，其理念在中国公关、广告业界引起强烈反响。该书点中了广告的最致命的弱点，即广告缺乏可信度：“广告只是那些急着想要扩大销路的厂商自我吹嘘的声音”。因此，该书认为，公共关系“正在取代广告称为主要的品牌塑造工具。”①

3. *广告公司的发展*

截至1998年，全国(未含台、港、澳地区)广告经营、兼营单位为61 000家，比1997年净增4 700余家；全国广告从业人员为57万人。全国专营广

① [美]阿尔·里斯、劳拉·里斯：《公关第一，广告第二》，上海人民出版社2004年版，第268页。

告公司经营额达 230.11 亿元，占全国广告经营总额（537.83 亿元）的 42.8%。90 年代末，市场竞争日益激烈，一批有实力的广告公司脱颖而出。中国加入 WTO 以后，外资广告公司更大规模地参与到中国广告市场的竞争中，在我国广告业界占据着举足轻重的作用。1998 年度，中国广告公司营业额排名前 5 名的公司均为外资广告公司及合资公司。本土广告公司面临极大的挑战。

在此过程中，中国的广告业经历了一个无序竞争的阶段，中国的广告代理制也走了一些弯路。对于广告代理费用，我国一直奉行国内广告业务是 10%，外商来华业务为 15%的惯例。但由于市场环境的挤压，15%的代理费制一直没有实行起来，许多广告公司只收取 2%至 8%的代理费，甚至出现了所谓的“零代理”。零代理的出现是广告业无序竞争的结果，给广告业的健康有序发展造成了极大的障碍，不仅造成的本土广告公司的资源内耗，而且，加大了本土广告公司与国际跨国广告公司之间的差距。

进入 21 世纪以后，广告公司为适应更加激烈的竞争环境，纷纷加强与其他领域的合作和整合，追求规模化经营，国际跨国广告集团也在全球范围内更大规模地兼并和收购本土广告公司。根据 WTO 相关协议，2005 年以后，中国即允许建立独资外企广告公司。到目前为止，全球前 10 名的广告公司都在中国设立了合资公司。登陆中国的大多数广告公司均以整合营销、传播服务见长，对本土广告公司提出了严峻的挑战。

4. 广告管理

90 年代末以来，中国广告业在发展过程中也出现了一些问题，如无序竞争、虚假广告泛滥等问题。国家食品药品监督管理局监测显示，2004 年前 9 个月药品电视广告违法率达 62%。在对全国 45 家频道、电视台播放的 3 万多次广告进行监测后发现，其中有 2 万多条存在问题。而在监测 2004 年 6 月至 8 月全国 98 份报纸刊登的 7 315 次药品广告后发现，其违法率竟高达 95%。由于虚假医药广告误导等方面的原因，我国每年大约有 250 万人吃错药。有人戏言，医药广告低俗率、虚假率、违法率之高，与它们常常标榜的有效率、治愈率、放心率不相上下。

实际上，2003 年以后，国家各级工商管理部门就加大了对违法广告的查处力度，特别是对违法食品医药广告实施严厉打击。2006 年 11 月，国家工商总局、卫生部联合宣布，新的《医疗广告管理办法》于 2007 年 1 月 1 日起实施，医疗广告仅限 8 方面内容，而治愈率等 8 项内容被明确列入禁止发布范围。

新的《医疗广告管理办法》主要进行了 3 方面修订，一是明确了医疗广告发布前的审查制度，二是首次对发布的广告内容做出了明确限定，三是加大了对违法医疗广告的处罚力度。新“办法”规定，医疗广告必须由省级卫生行政部门对广告内容进行成品审查，取得《医疗广告审查证明》后方可发布。《医疗广告审查证明》有效期为1年，到期后仍需继续发布医疗广告的，应重新提出审查申请。未取得审查证明发布广告的，按非法行医处罚。医疗机构篡改审查证明内容发布广告的，撤销审查证明，并在1年内不受理该医疗机构的广告审查申请。新“办法”还对医疗广告发布内容首次做出了明确限定。今后，医疗广告仅限于医疗机构第一名称、医疗机构地址、所有制形式、医疗机构类别、诊疗科目、床位数、接诊时间、联系电话等8项内容。同时，规定医疗广告不得出现涉及医疗技术、诊疗方法、保证治愈率或宣传治愈率，利用患者、医学机构、专家等名义和形象做证明，以及使用解放军和武警部队的名义等8项容易误导消费者的内容，同时，禁止利用新闻形式、医疗资讯服务类专题节目发布或变相发布医疗广告。新“办法”第三方面的修订，是加大了对违法医疗广告的处罚力度。对于发布严重违法广告的广告主和广告经营单位，工商行政管理机关对其实施经济处罚的同时，可以并处暂停发布医疗广告，直至取消广告经营单位医疗广告经营和发布资格的处罚，卫生行政部门和中医药管理部门可以责令医疗机构停业整顿、吊销有关诊疗科目，直至吊销《医疗机构执业许可证》。

2009年，《中华人民共和国食品安全法》颁布。该法第五十四条规定：“食品广告的内容应当真实合法，不得含有虚假、夸大的内容，不得涉及疾病预防、治疗功能。食品安全监督管理部门或者承担食品检验职责的机构、食品行业协会、消费者协会不得以广告或者其他形式向消费者推荐食品。”第五十五条规定：“社会团体或者其他组织、个人在虚假广告中向消费者推荐食品，使消费者的合法权益受到损害的，与食品生产经营者承担连带责任。”该法成为改革开放以后规范中国广告发展的又一部重要法律。

此前，国家工商行政管理总局、国家广播电视总局等国家职能部门以及各级行政管理机关也颁布了大量的行政管理法规，以规范广告业的行为。早在1997年，国家工商行政管理局发布《广告活动道德规范》，共计28条，为增强广告主、广告经营者、广告发布者及其他参与广告活动的单位和个人的社会公德意识和职业道德观念，制定了详细的规范条例。与此同时，中国广告协会也制定了《广告宣传精神文明自律规则》共计15条，提出广告制作指导原则，对各种广告形式都提出具体要求，并报经国家工商行政管理局批准下发实施。1997年3月初，针对电视广告中出现的混乱局面，广电部发出了《进一步加强广播电视广告宣传管理的通知》，要求各级广播电视行政管理部门及广播电台、电视台严格遵守《中华人民共和国广告法》(1995年2月1日起施行),重视广播电视广告宣传管理工作,坚持广播电视广告正确的舆论导向,加强领导,严格把关。该《通知》主要内容有:

(1) 严格按照国家有关规定控制酒类广告的播出:电视,每套节目每日发布的酒类广告,在特殊时段(19:00至21:00)不超过两条,普通时段每日不超过十条;广播,每套节目每小时发布的酒类广告,不得超过两条。

(2) 广播电视广告宣传应健康文明,禁止播出有色情或性暗示等内容的广告,禁止播出治疗性病的广告。

(3) 广播电视广告宣传应尊重妇女,不得歧视、使用不健康、不正常妇女形象。

(4) 广播电视广告宣传应使用规范的语言文字,不得故意使用错别字或用谐音乱改成语;除注册商标及企业名称外,不得使用繁体字。

(5) 广播电台、电视台每套节目播放广播电视广告的比例,不得超过该套节目每天播出总量的15%,18:00至22:00之间不得超过该段时间段节目总量的12%;不得以故意引起听众和观众误解的形式播放广播电视广告;广播电视广告宣传应尊重大众生活习惯,不得在6:30至7:00、11:30至12:30以及18:30至20:00之间播放治疗痔疮、脚气等不适宜的广告(因这三段时间是人们的进食时间)。

针对网络广告的发展,国家相关职能部门也开始探索对网络广告进行规制的方式。2000年,国家工商行政管理总局制定了《关于开展网络广告经营登记试点的通知》,一些地方也出台了相关的地方法规,如北京2001年5月1日起开始施行《北京市网络广告管理暂行办法》。该法第二条规定:"本办法所称网络广告,是指互联网信息服务提供者通过互联网在网站或网页上以旗帜、按钮、文字链接、电子邮件等形式发布的广告。互联网信息服务提供者包括经营性和非经营性互联网信息服务提供者。"第三条规定:"互联网信息服务提供者发布网络广告,应当遵守《广告法》、《条例》和其他有关法律、法规、规章以及本办法的规定。"第四条则规定了网络广告的管理部门:"北京市工商行政管理局负责本市网络广告监督管理,并在HD315网站建立'网络广告管理中心'。区、县分局(含直属分局)负责对辖区内互联网信息服务提供者发布的网络进行监督管理。"

由于法律法规的逐步健全,我国的广告管理正逐步走上法制化轨道。

本章关键词

国民经济恢复时期　社会主义改造时期　新时期　公私合营广告公司　公益广告　广告策划　广告代理制　广告法

思考题

1. 国民经济恢复时期,我国政府为重建广告业采取了哪些措施?
2. 简述"文革"以前新中国广告事业的发展。
3. 新时期我国广告是如何得以"正名"的?
4. 20 世纪 80 年代以来,我国的广告媒体主要有哪些发展?
5. 20 世纪 80 年代以来,我国电视广告的发展有哪些特点?
6. 简述新时期我国广告代理制的发展进程。
7. 新时期我国广告管理有哪些特点?
8. 简述新时期我国广告教育的发展。

第四章
台港澳地区的广告发展史

由于历史的原因，我国台港澳地区广告的发展轨迹明显地区别于大陆地区。台港澳地区的广告发展轨迹表现出诸多与当地复杂的历史进程、特殊的政治、经济状况相适应的特点。

第一节　台湾地区的广告

台湾是我国第一大岛屿，面积3.6万平方公里，到2008年，台湾人口接近2 300万。台湾在其曲折的历史过程中形成了特有的文化风貌。自20世纪50年代以来，台湾的经济以惊人的速度发展。与此相适应的是，台湾现代广告事业也在20世纪获得了长足的发展，并且，由于台湾与大陆文化上的同根同源，台湾广告事业的诸多经验对大陆地区有重要的借鉴价值。

台湾是我国现代广告业较发达的地区。从1960年起，台湾地区就开始了最早的广告总额统计。当年全台广告总量为1.65亿元新台币，折合美金413万元。1970年，总广告额为14.48亿元新台币，约合3 622万美元。进入80年代后，广告营业总额进一步上升。1980年，总广告额为103.067亿元新台币(约合2.867亿美元)。90年代以后，广告总额又有飞速增长。1991年，总广告额为546.95亿元新台币。截至1999年底，台湾地区广告量总计达1 163.7亿元新台币。其中，四大媒体(电视、报纸、杂志、广播)广告量为837.4亿元新台币，占广告总额的71.96%；其他媒体广告量为326.3亿元新台币，占广告总额的28.04%。

一、台湾的历史与经济

台湾有文字记载的历史可以追溯到公元230年。12世纪中叶，宋朝将澎湖划归福建泉州晋江县管辖，并派兵戍守。宋代以后，大陆移民始大量从厦门移往台湾。元、明两朝政府在澎湖设巡检司，负责巡逻、查缉罪犯，并兼办盐课。明朝后期开拓的规模越来越大。

16世纪，西班牙、荷兰等西方殖民势力迅速发展，开始把触角伸向东方。1642年，台湾沦为荷兰的殖民地。荷兰殖民者实行强制统治，把土地据为已有，强迫人民缴纳各种租税，掠夺台湾的米、糖，把其收购到的中国生丝、糖和瓷器经台湾转口运往各国，牟取高额利润。清朝政府于1662年2

月派遣郑成功攻占台湾。郑成功从荷兰殖民者手中收复了中国领土台湾。

1684年,清政府设置分巡台厦兵备道及台湾府,隶属于福建省。至1811年,台湾人口已达190万,其中多数是来自福建、广东的移民。移民大量开垦荒地,使台湾成为一个新兴的农业区域,并向大陆提供大量稻米和蔗糖,由内地输入的日用消费品和建筑材料等,使台湾的经济得到相当程度的发展。这个时期,台湾与福建、广东的来往十分密切,中华文化更加全面地传入台湾。

1884年至1885年的中法战争以后,清政府为了加强海防,于1885年将台湾划为单一行省,台湾成为中国第20个行省。首任台湾省巡抚刘铭传积极推行自强新政,清理田赋,增加财政收入,购买轮船,架设电线,设立邮电总局,建造铁路;购买军舰,增设炮台,设立机器局自造武器;成立煤务局,安装新式采煤机器;设立兴市公司,建街造路;创立西学堂、电报学堂,培养建设人才。刘铭传把众多新式事业集中于一省,使台湾成为当时中国的先进省份之一。

1894年日本发动甲午战争,翌年清政府战败,于4月17日被迫签订丧权辱国的《马关条约》,把台湾割让给日本。从此,台湾沦为日本的殖民地达50年之久。1945年8月,日本在第二次世界大战中战败,中国终于收复了台湾。

1949年10月1日,新中国宣告诞生。在祖国大陆解放的前夕,蒋介石以及国民党的部分军政人员退居台湾,依靠美国的庇护与支持,使台湾与祖国大陆再度处于分裂状态之中。

1949年以来,台湾经济发展大致经历了四个时期:

1. 经济恢复时期(1949—1952)

当时台湾人口剧增,物价飞涨,工农业生产几乎停顿,而军事性开支却占财政支出的一半以上,民众生活困难,经济濒临崩溃。为此,台湾当局采取了一系列旨在稳定社会和恢复经济的政策与措施,土地改革、改革币制、外汇贸易管制,优先发展电力、肥料及纺织工业等。此外,从1950年下半年起,美国开始对台湾实行经济援助,注入大量资金帮助台湾恢复经济。到1952年,台湾经济基本恢复到二战前的最高水平。

2. 以农养工发展时期(1952—1960)

当时台湾经济基本上以农业为主,劳动力过剩,对外贸易和国际收支均逆差严重,外汇极度短缺,民众因收入低而无力消费进口工业品。台湾当局以稳定中求发展为指导思想,确定了以农业培养工业,以工业发展农业的方针。在工业方面,重心放在资金需求量不大、技术要求不高、建厂周期短的民生工业上，以岛内生产替代进口，以适应岛内的消费水准，并节省外汇开支，创造更多的就业机会，减轻就业压力。逐渐形成了糖、茶、菠萝及香茅油等农副产品加工业，以及水泥、玻璃、木制品、造纸、化肥、纺织、食油、面粉、塑胶原料及制品、人造纤维、自行车、缝纫机和家用电器等进口替代工业。

3. 出口导向经济发展时期(1960—1986)

这个时期外资对台湾工业化和出口扩张起了重要作用，民间企业从进口替代转向出口产业，成为经济成长的主力。台湾企业从日本进口生产资料，向美国出口工业品，形成了生产上依赖日本、市场上依赖美国的三角贸易关系。台湾工业得到了高速发展。台湾工业在这一时期建立起了以出口加工区为依托，以轻纺、家电等加工工业为核心的产业支柱，由此带动了经济的发展。

4. 经济转型时期(1986 年至今)

自 80 年代以来，由于台湾内外经济环境的变化，台湾当局于 1986 年提出了实行自由化、国际化、制度化的经济转型，进一步健全和完善市场经济机制，并以产业升级和拓展美国以外的外贸市场作为重大调整内容，确定以通讯、信息、消费电子、半导体、精密器械与自动化、航天、高级材料、特用化学及制药、医疗保健及污染防治等十大新兴产业为支柱产业。经过近 10 年的经济转型，台湾经济在自由化、国际化方面取得一定进展，产业升级也初现成效，资本和技术密集型工业占制造业的比重目前已达 61.5%，其中信息产业发展尤为突出，其产值已名列世界前茅。台湾对外出口市场的重心也逐渐从欧美转向亚洲，出口产品结构也发生了很大变化，电子、信息、机械、电机和运输工具产品已占总出口的 50%以上。这一时期，台湾与祖国内地及香港的经济联系也日趋密切。

二、台湾地区广告媒体的发展

在台湾地区的广告媒体中，四大广告媒体广告营业额占广告费总额的 80%左右。1995 年以前，台湾四大媒体广告营业额的排序为：报纸、电视、杂志、广播。90 年代中期以来，四大广告媒体的广告额排序发生了很大变化，电视取代报纸成为台湾四大广告媒体中广告经营额居第一位的广告媒体。台湾地区四大广告媒体的排序为：电视、报纸、杂志、广播。台湾综合广告代理商使用最多、最普通的广告媒体就是上述四种大众媒体。四大媒体的广告总量 1998 年达到 736 亿元；1999 年，更是达到 837.4 亿元。与 1978 年相比，电视广告额增加幅度最大；杂志则是广告额增长率最高的媒体。

1. 报纸广告

台湾报业是在 1945 年光复以后才真正开始发展起来的。在日本人统治的50年中，很长一段时间内，全台湾只容许几家日本人办的报纸分别在台北、台中、台南三地发行，充当统治者的传声筒。

《台湾民报》是由台湾同胞创办的第一份中文报纸，于1923年4月15日在日本东京创刊。最初为半月刊。1927年7月16日，日本当局准许该报在台湾销售。1927年8月该报迁回台湾本岛发行。至此，在日本人统治33年之后，台湾地区才出现第一张由台湾同胞自己创办的报纸，仍为周刊。该报宗旨是提倡中文，推广祖国文化。1932年4月15日，终获日本政府允准，改名为《台湾新民报》发行，并由周刊改为日刊。1944年，在日本统治当局强迫下，被迫与其他5家报纸合并为《台湾新报》出版。到抗战胜利前夕，全台湾只剩下一张8开小报《台湾新报》。日本占领时期，台湾报刊所用文字中日文占全部篇幅的3/4以上，甚至于全部为日文。

1945年台湾光复后，台湾地区报纸蓬勃兴起。从1945年10月至1946年12月，仅一年多时间，台湾就创刊了近20家报纸。到1947年，台湾报纸总计有28家。其中，《台湾新生报》是台湾光复后创刊的第一家日报，也是现存台报中发行时间较早、历史最久的报纸。该报于1945年10月25日创刊于台北，是接收日据时期由日本驻台“总督府”控制的《台湾新报》设备而创办的。一直到50年代，《台湾新生报》都是当时台湾报界的执牛耳者。

1945年3月12日，国民党的《中央日报》迁台出版，使台湾报业出现新的激烈竞争。为控制新闻界，国民党到台湾不久便开始实行“报禁”。所谓“报禁”，其内容包括“三限”，即：限制报纸登记（“限证”）、限制报纸出版张数（“限张”）、限制报纸印刷及出版地点（“限印”）。

1987年7月15日，台湾当局宣布解除戒严，结束了近40年的非常时期状态。1988年元旦，台湾国民党正式宣布解除持续了近40年的“报禁”。“解除报禁”主要包括两方面的内容：一是开放报纸登记，准许自由办报；二是解除报纸限张发行，报纸可以自由增张扩版。报禁解除以后，不少新的报纸获准登记出版，台湾报业蓬勃发展，竞争更为激烈。到1988年底，台湾报纸已接近80家。到1993年底，办理登记的报纸有221家，实际发行的有139家。

台湾报业中，规模较大、影响较大的报纸，基本上由《中央日报》、《联合报》、《中国时报》三大报系或报业集团所拥有。《中央日报》系统的报纸都是国民党系统党、政、军部门的机关报。《中央日报》是国民党系报纸的龙头老大，于1928年2月1日由国民党中央创办于上海，一年后迁到南京。

除《中央日报》报系外，台湾另外两大报业集团是由王惕吾经营的《联合报》集团（又称“联经集团”）和由余纪忠经营的《中国时报》集团。在全台

300多家报纸中,以联合报系和中国时报系规模最大,也最具影响力。《联合报》系和《中国时报》系两大报团间的竞争一直十分激烈。在台湾地区每年的报业广告总额中,《联合报》系和《中国时报》系两大报业集团广告量约占全台报业广告市场份额的80%,截至1998年底,台湾报纸广告收入总计为264.24亿元新台币。名列前三名的报纸为《中国时报》、《联合报》和《自由时报》。

2. 杂志广告

台湾地区的杂志品种繁多,发展较快。1957年为157家,至1981年为2 244家。截至1998年,台湾杂志总数已达5 888家。这些杂志中,大部分在台北出版,约占总数的70%。

从发行上看,台湾杂志发行量普遍较低。期刊发行量超过10万份或在10万份上下的杂志仅有三五家,超过5万份的约10家,一两万份或接近万份的则有50多家。从外形上看,有的是16开书册式的,有的呈报纸形。

从广告收入看,近年来,杂志的广告收入增长率是四大传媒中增长幅度最大的媒体。1978年的杂志广告额才4亿元新台币,到1995年达到50.01亿元新台币,其中,广告收入超过1亿元新台币的杂志有《时报周刊》、《天下》、《财讯》三家。1998年杂志广告收入约达90亿元新台币,较1978年的4亿元,增长了22.5倍。杂志是近年来台湾广告媒体中增长最快的媒体,其广告量远远超过了广播业,成为继电视、报纸之后的第三大广告媒体。

3. 广播广告

台湾地区的广播事业,在1945年前的日据时期是日本殖民者的宣传工具。光复前,台湾地区的广播事业由"台湾放送协会"统一管辖。日据时期的收音机由"台湾放送协会"实行统一登记、收费。截至1945年7月,全台收音机达97 541台。1945年台湾光复后,国民党中央派人接收前"台湾放送协会",于1945年10月25日将其改组,成立"台湾广播电台",隶属于国民党"中央广播事业管理处"。截至1998年,全台广播电台家数已达90家。"中国广播公司"是台湾地区最大的广播机构,隶属于国民党中央委员会。其前身是"中央广播电台",于1928年8月1日在南京开播。1949年11月16日正式在台湾改组为"中国广播公司"。台湾最大的民营广播公司是"正声广播公司",1950年4月1日开播,当时称"正声"和"正义之声"两部分,1955年改为现名,在全省设有9个分台。1968年以后,台湾广播事业进入"调频"时代,中广公司的台北区调频电台正式播音,节目以新闻及音乐为主,不播送广告。

早期公营电台的经费均由"政府"资助,不接纳广告。但"中广公司"从

1962年起，开始在每天的对本省广播节目时间里插播广告，后发展成为广播业界广告大户。台湾广播业在20世纪50年代和60年代初，曾是仅次于报纸的第二大广告媒体。此后，由于电视的冲击，广播广告在广告总量中的比重逐年减小，在四大广告媒体中的处于第四位。

4. 电视广告

台湾地区的电视事业是从20世纪60年代起步的。1960年，台北"中国广播公司"开始进行电视转播，这标志着台湾地区电视事业的起步。

"台湾电视公司"(TTV)是台湾创办最早的电视公司，由台湾"省政府"与金融机构及台湾水泥公司等民营企业，以及日本的四家大电气公司("富士"、"东芝"、"日立"、"日本电气")合作投资建立，也是台湾创办最早的官、民合营及中外合资的商业电视台。该台于1961年在台北开始筹建，1962年4月28日正式成立，10月10日("双十节")正式开播，为黑白电视。

"中国电视公司"(CTV)由"中国广播公司"与民营广播公司及有关文化机构合资创办，于1967年在台北开始筹建，1968年9月3日正式成立，10月31日开播。

"中华电视公司"(CTS)由台湾"教育部"和"国防部"合资兴办，于1971年10月31日正式开播，成为台湾地区第三家商业电视台。

台湾地区最早在1969年出现彩色电视。1969年10月31日，"中国电视公司"在台湾地区播出彩色画面。与此同时，"台视"也改为彩色播映。到1975年，台湾地区基本上完成了覆盖全省的电视网络，画面也由黑白色发展为全部彩色。

台湾地区电视媒体问世后，迅速成为最重要的广告媒体之一。1962年，电视广告量在台湾广告总量中只占0.5%；电视问世后的第6年(1967年)，电视广告量即超过广播，成为第二大广告媒体。到1972年，电视广告营业额已与报纸广告接近，两者在广告总量中均占30%以上。大众媒体进入电视时代以后，电视广告一直保持高速增长态势，逐渐成为广告量最大的大众媒体。1986年台湾地区电视广告额已达66.9亿元新台币，占总广告额的35.7%。截至1998年，台湾地区电视广告额已达324亿元新台币。近年来，台湾卫星及有线电视业发展迅速，据统计，由"新闻局"发出登记证的就有200家，也正在发展成为重要的广告媒体。

三、广告公司与广告代理业的发展

台湾地区现代广告事业是从1958年才真正开始的。1958年7月，台湾第一家综合广告代理店"东方广告社"正式成立。该广告社由毕业于日本神奈川大学商学系的温春雄创办。创办伊始，只有3名工作人员。到1960

年底，职员增至15名，业务蒸蒸日上，每月营业额约20万元。到1960年8月，东方广告社改组为东方股份有限公司。到80年代，东方广告公司的职员已有近百名。

1960年10月，由日本最大的广告公司电通社主办的第二届亚洲广告会议在日本东京召开。台湾地区许多重要媒体及工商界都首次派代表参与这次会议，使这次盛会成为台湾广告业迈向现代化经营的契机。会议期间，代表们深入考察了日本的广告业。通过考察，代表们看到了日本广告事业的高度发达及其对促进国家经济发展和繁荣所作出的重大贡献。

于是，1961年2月，黄远球、陈福旺、徐达光创办了"台湾广告公司"。这是台湾第一家综合广告代理公司。1961年5月2日，在日本电通社的技术支持下，由原"综合化学公司"总经理许炳棠邀同吕耀城、王超光等创办的"国华广告公司"正式成立。该公司与《联合报》、《中央日报》订立代理合同，这标志着台湾地区现代广告代理制度真正开始推行。许炳棠可说是"台湾地区广告代理业制度的首创推行者，也是开垦者"。据台北市广告商同业公会统计，到1966年底，台北市有广告公司157家，其他县市13家，全省合计170家。其中，有完整代理能力者有11家。

1966年11月，第五届亚洲广告会议在台北举行，由台湾当局主办，参加会议代表有280人。1967年，台湾地区广告业界正式加入国际广告协会。

60年代末到70年代，是台湾经济起飞时期，台湾地区广告业飞速发展，广告公司迅速增多，原有的广告公司也不断成长壮大。"联广广告公司"创办于1974年5月，由当时从美国留学归来的杨朝阳博士发起创办。该公司是在原"东海广告公司"的基础上改组而成。董事长由辜振甫担任，总经理由徐达光(原"东海广告公司"老板)担任，杨朝阳是技术策划上的总负责人。职工由原来的25人增加到86人。成立当年，营业额即达1亿元新台币，居当时全省广告界之首。到1996年，该公司广告营业额已突破28.32亿元新台币，是当年台湾广告公司中营业额最高的一家。该公司1997年的广告额为27亿元新台币，1998年为27.6亿元新台币。该公司也一直是台湾最大的本土广告公司。

80年代起，台湾地区经济的繁荣，吸引了世界各地厂商和产品涌入台湾市场。台湾地区经济与世界经济联系日益密切。一些国际性跨国广告公司也开始采取独资、"合资"，或"技术合作"的方式陆续进入台湾广告市场。国际性广告公司最早进入台湾是在1984年，但大量涌入则是在1986年以后。1984年底，美国著名的李奥贝纳广告公司(1935年8月5日创办)在台湾设立分公司，拥有40位广告专业人员。这是台湾地区第一家完全由外资创办的广告公司。1985年7月1日，国泰建业广告公司(1972年1月创办)与奥美广告公司合资组成台湾奥美广告公司，成为台湾第一家正式取得“经济部外资投资审查会”批准的国际广告代理商。

外资及国际广告公司打入台湾广告市场，即使台湾本土的广告业面临巨大的挑战和冲击，也为台湾广告业界导入了新的广告理念、新的广告经营管理方式，从而使台湾的广告业向“国际化”方向发展。到1995年底，台湾广告代理业营业总额中，美国资本的美系广告代理商占48%左右、日本资本的日系广告代理商占22%左右，台湾本地的广告代理商占30%。国际化冲击迫使台湾本地广告公司更加重视人才培养，更新广告观念、追求更加丰富多样的广告表现，同时，也造成台湾本地企业经营成本急遽上升，必须建立更加严谨的成本观念，节省开支；另一方面，国际化造成本土企业人员跳槽现象严重，广告人才的过于频繁的流动，不利于企业技术、经验的积累，从而影响到广告机构的服务质量。

与国际化趋势相互映衬的是台湾广告业的“本地化”特征显著。在广告业迈向国际化的同时，台湾的广告业在广告表现、广告风格等方面逐渐摸索出充分彰显“本地化”风格的经验，将国际经验与当地文化较好地结合。

近年来，台湾地区广告公司还呈现大型化、集团化发展态势，规模巨大的整合传播集团开始出现。许多国际化广告公司在自己公司的外围成立公关公司、促销活动公司和直效行销公司，形成了多角经营的广告集团，以整体力量来争取更多的大客户。1993年，台湾地区排名前10位的广告公司中有9家皆属于国际化的广告集团。

台湾广告业界最重要的行业组织是“综合广告业经营者联谊会(4A)”。该组织成立于1988年9月8日，最初名为“台北市代理商经营人联谊会(4A)”，由台湾广告业界资深广告人赖东明、施剑尘等人发起创办。1992年5月，“4A”取得法人资格。

此外，较有影响的行业组织还有“《动脑》广告人俱乐部”。该俱乐部原名为“《动脑》月刊社午餐会”，成立于1978年，起初只有25个会员，到1998年已发展至近100个会员。

“台北广告人公会”成立于1978年，该会是台湾地区创建的第一个广告学术性组织，由资深广告人、广告学者颜伯勤创建。

“台北市广告代理商同业公会”(简称TAAA)成立于1975年12月15日，其前身是“台北市广告商业同业公会”，是台湾地区广告业界规模最大的行业组织。

四、台湾广告管理

台湾地区没有全面性的、综合性的专门广告法，只有针对某一方面广告活动及某一种类广告媒体制订的单项管理法规。台湾地区涉及广告管理的法规，主要有《新闻事业广告规约》、《广播电视法施行细则》、《电视广告制作规范》、《广播电视节目供应事业管理规则》、《广告物管理办法》等等。另外，对广告的管理条例还散见于《公平交易法》、《食品卫生管理法》、《化妆品卫生管理条例》、《药物药商管理法》、《消费者保护法》等单项法规中。

《新闻事业广告规约》从1976年9月1日起施行。该规约共分《总则》、《分类》、《财则》三部分。其中，《分类》部分将广告分为"政治事务类"、"声明启事类"、"人事类"、"服务类"、"药品食品化妆品与医疗类"、"买卖类"、"宗教类"等七大类，并对每类广告都作了原则规定。

《广播电视法》于1976年元月8日公布实施，1982年又修正公布，共计6章45条。其中第四章"广告管理"专列广播电视广告管理条款，共计6条(第30条至35条)，规定："电台播送广告，不得超过播送总时间百分之十五"；"广告应于节目前后播出，不得于节目中间插播；但节目时间达半小时者，得插播一次或两次"。同时，该法还规定：广告"内容应依规定送请新闻局审查。经许可之广告内容与声音、画面，不得变更"。

《电视广告制作规范》于1985年4月21日颁行，其主要内容规定了广告的基本原则：

(1) 要求广告内容必须真实，画面优美，旁白高雅，音色柔美。

(2) 禁止用新闻报道形式播放广告。

(3) 有关商品特性、功能、数据及特殊成分方面的宣传，必须具有证明文件。

(4) 禁止广告出现违背公共安宁和社会道德的内容和现象。

(5) 不得播放贬低同类产品的广告。

(6) 比较广告必须明白指出比较商品之名称及品牌，并持有有关机关或团体的证明文件。

(7) 使用他人名义、形象、言论做广告，必须经被使用人许可并持有证明文件。

(8) 聘请外国人做本土商品广告，必须在广告中标明广告商品为本土产品。

(9) 广告的语言文字必须规范。

(10) 涉及儿童和少年的广告，不得有任何导致儿童、少年心理或道德观念受到损害，或有不良影响的内容或表现。

《广告物管理办法》则是为户外广告专门制订的管理规章，由“内政部”于1981年12月23日公布。1991年以来，台湾有关当局又新颁布或修订了一些与广告相关的法令，如：《公平交易法》、《著作权法》、《商标法》、《消费者保护法》等。

除行政管理部门制定的有关广告管理法规外，台湾地区广告业界行业组织也制订了一些行业自律规则，主要有由“综合广告业经营者联谊会”制订的《执业标准》、《综合广告业经营者自律纲要》、新闻业界制定的《新闻记者信条》、《报业道德规范》、《无线电广播道德规范》、《电视道德规范》、《净化电视广告规范手册》，等等。

五、台湾广告教育和广告研究的发展

台湾地区的广告教育衍生于新闻教育事业，到20世纪80年代中期大学出现了广告学系。1986年，台湾“中国文化大学”最早成立广告学系，并招收第一届学生。1987年8月，政治大学也设立了广告学系。这两所大学的广告学系，为台湾地区广告业界输送了大量优秀广告人才，使得广告业从业人员素质比过去有了很大提高。此后，多所大学相继开设广告学系。1997年，台湾政治大学设立了广告学研究所，招收硕士研究生，再次提升了广告教育的专业化水平。

在广告研究领域，台湾地区成就卓著。1958年3月，台湾省立法商学院企业管理学系首开“广告学”课程，由王德馨担任教授，次年10月，王氏出版了《广告学》。王德馨被称为“台湾一位最早的广告学术创导者”①。1982年，杨朝阳《广告的科学》出版。此书曾连续发行29版，是台湾广告从业人员及广告学专业学生必读的专业书籍。资深广告人、著名学者颜伯勤也著有多部广告学术专著，学术影响较大。

由台湾《中国时报》出资兴办的“时报广告金像奖”是台湾历史最久、最具权威的一项广告评选活动，自1978年创办以来，每年举行一次，从未间断。评奖项目有报纸、杂志及电视广告。评奖活动对激励台湾广告从业人员提高广告制作水准及综合素质、促进广告学术研究，起到了很大的作用。

台湾地区广告专业及学术研究刊物主要有《动脑》、《广告杂志》、《广告学研究》等等。《动脑》创刊于1977年7月1日，创办人为赖东明。1984年，台湾地区出现了第一本《广告年鉴》。1989年6月，由“台北市广告代理商同业公会”编纂的台湾地区第二本《广告年鉴》出版，内容包括台湾地区广告业40年大事记等。此后，每年出一册。

---

① 樊志育：《中外广告史》，中国友谊出版公司1998年版，第208页。

第二节　香港地区的广告

作为世界著名的自由港、中西文化交汇的国际化大都市，香港工商业繁荣，广告业发达。战后经济的复苏，亚洲整体经济的飞速发展，尤其中国内地近年经济崛起，每年平均两位数增长的奇迹，都为香港广告业的成长、成熟，提供了良好的发展契机。香港的地理优势似乎不用多言，处于珠江出口之东，西邻澳门，北接广东省深圳经济特区，背靠中国内地，面朝南海，为珠江内河与南海交通的咽喉，南中国的门户，是亚洲及世界的航道要冲。世界级的金融、商贸和信息中心，充裕的资金，发达的商业，多元化的文化，众多的媒体，都为香港广告业大展拳脚提供了便利。香港是一个东西文化交汇之地，既保留了中国文化的传统，又与西方文化进行了长期的融合，形成香港文化荟萃东西、国际化、多元化的重要特色。欧美先进的广告经验、创意手法、经营理念，在香港可以轻易地被灌输，被接受，被创新，不存在任何语言和文化上的障碍。同时，香港又保留了中国传统文化中的精髓，在适应内地市场时，又更有竞争力。同时自由的环境、宽松的文化氛围，更容易产生优秀的创意和相应的人才。

20 世纪 50 年代到 60 年代初期，香港地区经济处于准备阶段和起飞阶段，广告行业已相当蓬勃。60 年代后期到 70 年代香港地区经济的发展，更带动了香港地区广告业的繁荣。80 年代初期，许多国际广告公司先后在香港设立办事处，以此拓展它们在亚太地区的业务。上世纪 90 年代中期，香港的广告公司已达到上千家，广告公司分工很细，专业化程度大大提高，能为企业提供全面代理服务的大型广告公司有 30 家左右，而其营业额占总量的大约 3/4。1997 年香港回归后，香港广告公司面向广阔的大陆市场，对内地企业的服务更方便、更深入，进一步促进了香港广告业的发展。据尼尔森统计，2002 年，香港的广告营业额已达 360 亿港元，人均广告支出居世界前列。

1998 年，亚洲金融危机以后，香港的经济衰退也波及到广告业，企业广告投入减少，部分广告公司倒闭。2000 年以后，香港广告市场开始逐渐恢复，广告收入重新开始增加。2000 年末，香港的广告支出获得两位数的增幅。但随着 SARS 的冲击，香港广告业再次受到重创。SARS 以后，香港企业在电视、报纸、杂志、广播、电影院的广告总支出下降了 10%，截至 2003 年底，香港广告总支出下降了 25%。到 2004 年，随着《内地与香港关于建立更紧密经贸关系安排》协议的签署，香港经济再次回升，当地的广告市场也开始蓬勃发展，广告支出达到410亿港元，比2003年同比增长15%左右。2006年，香港的广告支出达到490亿港元，比2003年上升42%。在香港，广告投放前五位的行业分别是：银行及投资服务、房地产业、日用品、旅游、化妆及护肤品。

1997年到2006年10年间，香港的广告总支出增长了三倍。

香港是一个东西方文化交汇融合的国际化大都市，广告业也兼有东西方的特点。香港的广告公司和广告人既具备国际化的视野，也能够为本土和国际的客户提供优质服务，这是香港广告业的最大优势所在。此外，广告制作技术较先进，广告人思维灵活，创意水平较高，也是香港广告业得以快速发展的重要因素。面对全球一体化的经济发展，香港的广告人在品牌管理、创意设计、市场营运及推广方面的专才已经积累丰富的国际市场经验，国际化程度与内地广告人相比，他们更显成熟；与刚刚进军内地市场的国外广告人相比，他们更熟悉中国国情，更能掌握内地客户的需求和目标。面对巨大的内地市场，香港广告人的竞争力是显而易见的。

一、香港的广告媒体

香港广告媒体十分丰富，除了电视、报纸、杂志、广播等大众媒体外，户外广告、网络广告、DM广告、霓虹灯广告及车身广告等也被普遍采用。在众多的广告媒体中，广播、电视、报纸、杂志等四大媒体是收入最多的广告媒体，其中，电视广告所占市场份额最高，报纸广告紧随其后。1994年，四大媒体广告收入占香港地区广告总额的96.6%，其中电视占44.1%、报纸占35.2%、杂志占11.6%、广播占5.7%。据统计，1997年到2006年10年间，电视是香港广告市场最重要的广告媒体，付费电视的普及率从17%增长到46%。平面媒体中，报纸读者总量则呈下降趋势，10年间，报纸读者总量已经从82%下降到75%，杂志的读者则从1997年的14%上升至2006年的18%。①

1. 电视

电视是香港地区最大的广告媒体，目前主要有三大商业电视台。

亚洲电视是香港两大无线电视台之一，成立于1957年5月29日，不仅是香港第一家电视台，而且更为全球第一家中文电视台。原名为“丽的映声”，1981年11月改称“丽的电视”。1983年改为“亚洲电视有限公司”，简称ATV。在香港，亚洲电视分别在两个频道播放，广东语频道为“本港台”，每周广播时间约为155小时；英语频道为“国际台”，每周广播时间约为140

① 李赖俊卿：《香港广告随经济沉浮十年》，《现代广告》2007年第10期。

小时。另外。亚洲电视还有 8 个数码频道。该台收益主要靠广告费。亚洲电视台由于经营问题,多次易主。

亚洲电视自制的节目包括剧集、信息综艺节目、新闻时事报道及妇女儿童节目等,每年超过 3 000 小时,发行到欧亚美澳四大洲超过 30 多个国家和地区。为方便各地观众收看,亚视向世界各地发行的节目配有当地适用的语言,包括普通话、越南话、泰语、柬埔寨语、英语、日语及韩语。亚洲电视已于珠三角地区合法落地,以本港台及国际台为广东省观众提供大量资讯。

电视广播有限公司(香港),简称"无线电视台"或"无线电视"(TVB)。1967 年 11 月 19 日开始播出黑白电视,1971 年开播彩色电视,是香港最早成立的彩色无线电视台。播出的节目有新闻、体育、娱乐、电视剧、外国影片,以及教育节目等等。收益主要靠广告费。该台最大股东为郭鹤年和邵逸夫,董事局主席是邵逸夫。该台从创办伊始就播出两套节目,定名为"翡翠台"(中文台,每天广播 21 小时 45 分)和"明珠台"(英文台 PEARL,每天广播 18 小时)。该台成立初期只有员工约百名,经过多年发展已经拥有 4 500名全职员工,其中包括签约艺人和海外附属公司的员工。无线电视的主要业务包括电视广播、节目制作以及其他有关广播的活动,如卫星广播等。无线电视的两个频道翡翠台和明珠台,每年播放超过 17 000 小时的节目,为香港 227 万家庭免费提供电视娱乐节目。

卫星电视广播有限公司,简称"卫视",由香港和记黄埔集团出资创办,于 1991 年 10 月正式开播。它以香港为中心点,通过亚洲卫星一号向亚洲地区免费传送 24 小时不间断的电视节目,覆盖 38 个国家和地区,总人口达 27 亿。"卫视"设有音乐台、体育台、新闻台和合家欢台五个频道节目。除中文台用普通话播出外,其余频道均用英语播出。亚洲各地电视台向卫星电视公司提供电视节目。近几年来,"卫视"中文台"凤凰卫视"由于大胆启用新人,从内地及台湾引进著名节目主持人,使其电视节目的新闻、综艺、专题等栏目质量大大提高,在香港、台湾及大陆都有很大影响和很高的收视率。

2. 报纸、杂志

报纸是香港地区的第二大广告媒体。据 1988 年香港年报统计,在香港注册出版的报纸共 68 家,其中每日出版的中文报纸 44 家、英文报纸 5 家。中、英文报纸日发行量达 200 万份。据统计,截至 2007 年,香港有 49 份日报、多份电子报章和 722 份期刊。其中报业部分,计有 23 份中文日报、13 份英文日报、8 份中英文双语日报和 5 份日语报章。中文报章中,有 17 份以报道香港和世界新闻为主,4 份集中报道财经新闻,其余是专门报道赛马消息的马经报纸。目前在香港除了两家英文报纸《South China Morning Post》(南华早报)和《Hong Kong iMail》之外，主要的中文报纸包括《东方日报》、《苹果日报》、《明报》、《信报》、《香港经济日报》、《大公报》、《文汇报》、《天天日报》、《星岛日报》及《香港商报》等。其中《东方日报》与《苹果日报》，在报业竞争中成为主要的竞争对手。自上世纪70年代以来，中文报纸数量持续下降，数十种报纸停刊，不少日报、晚报为了生存改为"马经"报纸。由于人们生活习惯的改变，香港的晚报从1997年起消亡。报业的收购、转手频仍。日发行量已达200多万份的香港报业市场现已呈饱和状态，很难再找到市场空隙，入市成本越来越高。在免费报纸和收费报纸争夺市场的情况下，实力不济的报纸只能降低广告价格以求生存，造成广告收益回报随着下跌。

2008年，在全球纸质媒体广告全面下滑、报社裁员、报业将会消亡的呼声日渐高涨的大环境下，香港免费报纸却有了惊人的发展。如今，香港有5份免费报纸：3份中文日报(即《头条日报》、《都市日报》、《am730》)，1份英文日报(即《The Standard》)，1份周末报(即《周末快线》)。香港免费报纸的兴盛与传统报纸的萎靡形成鲜明反差。这些报纸的广告在版面总数中所占的比例均超过70%，头条日报甚至接近四分之三。据主办am730的中原集团主席施永青透露，香港免费报纸广告价格每版为3—5万元。三家免费报纸按此广告收费标准计算，每家报纸每天广告收入在105—235万元之间，年广告收入在3.78—8.46亿元之间，利润则在2—6.7亿元之间。① 目前，香港免费日报的市场占有率约在4%左右。免费报纸具有极强的新闻性，将广告与新闻穿插编排，以新闻引领广告。

香港期刊品种并不多，市场细分程度不够。从期刊类别上看，主要以娱乐杂志、时政杂志、财经杂志、情色杂志、时尚杂志、卡通杂志为主。

娱乐周刊是期刊消费的主流。区域性消费类杂志发达，这一类别的杂志是与老百姓日常生活最为息息相关的。例如《买楼王》、《新婚通信》等，这些杂志基本上是由本港的广告和消费信息构成，每本都很厚，价格很便宜，发行量也较大。奢侈品杂志品种多。杂志的定价完全市场化。香港杂志定价的高低，取决于杂志的广告状况。广告状况好的杂志，即使全部彩印，厚达数百页，也可仅定价为几元，几十元。但是对于没有广告的杂志，即使只有数十页，也可定价高达百元。

---

① 《香港免费报纸成长分析及启示》，原载《新闻实践》，引自http://news.xinhuanet.com/newmedia/2008—10/31/content_10287437.htm。

香港的杂志虽然以周刊及月刊为主，但仍有不少杂志以双周刊发行，包括发行逾20年的《姊妹》、《武侠世界》等，最近加入双周行列的有《Fashion & Beauty》、《Amly》等，双周刊的优点是人手较周刊少，但广告收益却较月刊为高。其实香港仍还有不少杂志，以双月刊，甚至季刊发行，但都以专业类型为主，例如：《纺织及成衣》、《机械与金属》、《包装纵横》等，读者对象主要面向行业用户。香港的周刊竞争十分激烈，大致分成壹传媒、新系、南华传媒三大势力。三大势力近两年更展开了恶斗，首先是新系以一亿多港元收购了《东周刊》及《东方新地》展开序幕，最终迫使壹传媒以《忽然一周》及《饮食男女》合作迎战。香港杂志市场生态，在月刊类型上得到平衡。因为香港的月刊杂志，可说是百花齐放，任何小众内容都可以找到，更加是创业者的天堂。香港较大型的月刊集团有南华早报旗下的电视企业以及南华传媒。电视企业拥有《cosmopolitan》(大都会)及《大都会少女》中文版、《时尚芭莎》中文版，以上均为女性月刊杂志的佼佼者，再加上销量及广告均稳定的《车主杂志》及《变型虫》，实力不俗；但最近其旗下的《电脑家庭》停刊，似乎意味着月刊杂志经营愈趋困难。南华传媒方面，共有11本不同类型的月刊，女性杂志有《玛丽嘉儿》、《Jessica》、《B International》、《味道》；男性杂志有《君子》、《HIM》、《资本》、《车王》等。

4. 广播

在广播方面，香港主要有两家广播电台。两家广播电台分别是香港电台(RTHK)和香港商台(CR)。

香港电台，全称是“香港广播电视台”。它于1928年6月30日开播，是在原“香港广播会”(或称“香港无线电学会”)的基础上办起来的。1929年10月，港英当局正式宣布该台为政府电台，台号GOW。初创时每逢星期三、六播音一次，广播用英语，听众对象主要是白人及受过“欧化教育”的华人，广播内容则以转播英国BBC电台的海外节目为主，实际上起的是一个BBC电台转播台的作用。当时收听该台节目，每年须交纳收音机牌照费4元。从1938年起，该台增设中文(广东话)节目，并正式成立香港第一个中文广播电台——ZEK中文台。这时，拥有收音机牌照的听户也由1928年的124个，增加到1938年的8 000个。与此同时，为了弥补开支，收音机牌照费也由每台每年4元增加到12元。收音机牌照费直至1965年才取消。1941年12月至1945年8月，日本占领期间中断广播。1948年8月，正式定名为“香港电台”(RADIO HONG KONG)，用中、英文广播。1970年开始设电视部，制作公共事务和教育节目，供商业电视台播出。1976年4月，该台英文名称改为RADIO TELEVION HONG KONG。现办有5台(5

套)节目:第一、二台为中文台,三台为英语台,四、五台分别用中、英语广播,并转播英国广播公司(BBC)的节目。该台一直不播广告,全部经费由港英当局拨款。1989 年 4 月设立董事局,逐渐由政府主办向公共广播机构过渡。

香港商业电台,由香港商业广播有限公司主办,于 1959 年 8 月 26 日开播,简称"香港商台"(CR)。现设有中文节目两套,称商业一台、商业二台;英文节目一套,称英文商业台,主要播出娱乐节目和广告节目,商营电台的经济来源主要靠广告收入。

5. 户外媒体

户外广告(包括招牌、广告牌、幕墙及大型电脑喷绘广告、霓虹灯广告等)是香港广告业的另一重要领域。户外广告媒体是传统四大媒体之外最重要的辅助媒介。香港的户外广告可以说是铺天盖地、见缝插针。香港的户外媒体不仅数量多,而且形式多样,不断创新。户外广告租用期一般分为"临时"和"长期"两种。前者租期一般介乎一个星期至一个月之间,客户主要是唱片公司及电影公司;后者租期介乎 1 到 2 年。香港最高租金的户外广告是位于维多利亚港湾附近大厦的天台广告。

香港的户外广告虽然琳琅满目、标新立异,但却安全有序。设置广告牌,或在建筑物上加建广告项目,都必须经政府多个部门审批,只有完全符合工程安全和市容要求的户外广告才允许兴建。

二、香港的广告公司

香港的广告公司数量巨大,各种规模的广告公司并存于市场中。据统计,截至 1995 年底,香港广告公司及有关广告业务服务的公司共 3 606 家,从业人员共计 17 186 人。其中,广告制作及代理公司 787 家,从业人员 6 744 人;公共关系服务公司 168 家,从业人员 8 273 人。

大致来看,香港广告公司主要有四种类型:

第一类是跨国广告公司在香港设立的分公司或联营公司,一般为香港广告商会会员,即行内所称的"4A"公司,能为客户提供全面服务。香港"4A"公司每年营业额占香港广告公司每年总营业额的 60%以上,如智威汤逊、盛世、奥美、李奥贝纳、达彼思、麦肯、电扬、灵智,等等。这些广告公司拥有高素质的人力资源、雄厚的资金、优良的制作设备、较丰富的经验,其基本客户为香港大型工商企业及机构。以合约的形式,承包客户的各类广告。香港广告业界最重要的行业组织"香港广告商会"就是由这些广告公司组成的。该商会的成员数量虽少,但它却控制着香港广告代理业约 65%的市场份额。"香港广告商会"对其会员公司有严格的监控,以确保会员的服务素质及水准，并规定会员必须收取15%的佣金，防止会员间的恶性竞争。

第二类是香港本地华资经营的大中型广告公司。这类广告公司的营业、规模和技术手段居中等水平。主要客户为小型商业机构，以为广播、电视、报纸、杂志作代理服务为主，也能提供综合服务。

第三类为小型广告公司及专业广告公司。其业务是为客户制作、设计广告，为中小广告主服务。由于具有专业特色，且收费低廉，很受市场欢迎。

第四类是内地在香港开办的广告公司，它们主要为内地出口商品宣传服务，也兼营当地的一些广告业务。

香港是国际化大都市，其4A广告公司的经营模式和创作理念都非常"西化"。香港广告公司专业化程度较高，分工较细，创意和设计均有较高专业水平。香港较大规模的广告公司早在十多年前就已进入内地市场，但根据当时的规定，只能通过与内地企业合资或合作的途径进入。自2004年1月1日起，香港和澳门的服务提供者被允许在内地设立独资广告公司。这为香港广告企业进入内地提供了方便。从2005年12月10日起，内地允许设立外资独资广告子公司。这意味着，今后香港广告企业进入内地发展与其他外资企业处在了同一起跑线，市场竞争更为激烈。但在与外国广告巨头的角逐中，香港广告公司拓展内地市场仍具有相当的优势。香港经过多年发展，已培养出能提供高质、高效专业服务的广告人才，为国际广泛认可和接受；与欧美、亚洲等其他国家和地区的竞争对手相比，香港广告公司有着语言、文化和地域上的优势，拥有丰富经验和国际视野的香港广告公司可扮演亚太区统筹角色。

内地广告业发展虽然迅猛但时间尚短，还存在明显的不足，包括广告运作模式落伍、追求短期效益、广告从业人员整体素质有待提高和缺乏提供全面优质服务的能力等。香港向来被称为亚太地区的"广告之都"，它的经营手法、创意、制作可以媲美国际大公司，对仍处起步阶段的内地广告业来说是很好的借鉴。向内地拓展市场的香港广告公司的最大竞争对手是内地为数较多的台湾广告公司。由于语言、文化与内地更为接近，台湾公司在广告文案方面具有优势，而香港广告公司的优势则主要在于创意和与国际接轨。

三、香港的广告管理

香港是一个高度商业化的社会，强调对广告实施法制化的有序管理。香港广告管理主要是通过广告法规、广告行业自律以及消费者监督三种途径共同具体实施。

香港没有专门的广告法规，涉及广告管理的法规，散见于各专业法律条款中。同时，香港也没有一个法定机构负责审查和监管广告。广告管理基本上是依靠广告行业的自律，其机制是将所有对广告的审查和监管转化为对媒体的监管。

由于广播和电视的覆盖率广、影响大，香港政府为电视和电台广告制定了严格的广告标准，指定广播事务管理局、影视及娱乐事务管理处、广播事业检讨委员会、电视咨询委员会、电影检查委员会等机构负责监察和执行。除处理广播机构执照管理等事务外，广播事务管理局也负责处理与广播或者电视广告相关的投诉。影视及娱乐事务管理处（简称"电检处"）是最重要的广告管理机关。它负责颁布广告准则及条例，对影视广告等实行事前审查。各种专业的广告，还要送请其他相关部门审查，如有关医药的广告要送医务卫生处审查、有关教育的广告要送到教育处审查。

香港地区现行的广告准则及条例有《电视通用业务守则之广告标准》、《电台业务守则之广告标准》、《戏院广告标准》、《物业广告标推》、《广告与儿童标准》、《香烟及烟草广告标准》，等等。此外，在各专业、各行业的法律、法规中，都列有涉及广告管理方面的法规及条例，如《电视条例》、《商标条例》、《公众娱乐场所条例》、《药剂及毒药条例》、《商品说明条例》、《售卖货品条例》、《版权条例》、《赌博条例》，等等，其中都列有各行业相关广告活动的管理条例。以上这些带有法律性质的标准和条例，对广告活动及广告业都有很大的约束力。

广播事务管理局所颁布的《电视通用业务守则之广告标准》和《电台业务守则之广告标准》是电视和电台广告的规范，内容主要分三个方面：第一是针对广告的真实性问题的规定；第二是针对个别高风险及社会文化较敏感的产品类别的广告相关规定；第三是针对特定对象（如儿童）所作出的规定。该标准规定，电台及电视广告必须合法、健康、真实，并清楚地表明为广告。广告的表达方式要庄重、健康，不得贬低竞争对手。当使用"最快"、"更有效"、"最畅销"等绝对性或比较性声明时，必须提供相应的事实依据，或者呈交第三方人士的调查研究作为佐证，并标明资料来源及日期等。

除了依赖法制管理，香港广告通过行业组织自律管理也是其特色。香港广告行业组织中最具代表性的有香港广告商会、香港广告客户联会和香港华资广告商会等。它们是政府与广告经营单位联系的桥梁：一方面，政府利用这些广告组织贯彻广告管理法规，引导各会员公司遵守政府法律、法规；另一方面，这些广告组织又代表会员公司向政府有关职能部门反映广告业界的意见和要求，维护广告业界的利益，帮助公司搞好经营管理，加强各公司间的交流及协调，督促、加强各成员公司的自律。

香港广告商会，又叫"香港广告代理商协会"、"4A 广告协会"，简称"香港4A”。该协会是香港地区广告业界那些全面服务型的大广告公司成立的行业自律组织。它成立于1957年,现有会员26家,但营业额却占香港广告费总额的65%以上。该协会规定:凡加入该会的广告公司年营业额至少为5 000万港元;会员必须向客户收足15%的佣金或17.65%的服务费,以防止会员公司间的恶性竞争。香港广告商会规定:“会员必须同意遵守香港政府及4A所颁布有关一切广告内容及意旨之香港广告标准。”

香港广告客户联会,又叫“广告商会”或“2A”广告商会,是广告客户的组织。其会员是香港地区经常做广告的工商企业,以及被“2A”广告商会认可加入的广告公司(这些广告公司被称为“附属会员”)。

华资广告业商会,又名“CCAA广告协会”,由华资广告公司组成,其会员大部分是规模较小的广告代理公司及广告业者,不吸收在香港的跨国广告公司及一些由海外资本投资的广告公司为会员。

对广告公司实施消费者监督,也是香港地区广告管理的重要组成部分。香港地区于1974年成立了“消费者委员会”,下设7个部门。根据《消费者委员会条例》,消费者委员会的工作包括:收集、接收及传递有关商品、服务的资讯;接收及审查商品及服务的消费者投诉并向他们提供意见;采取相应行动,包括向政府或任何公职人员提供意见;鼓励商业及专业团体制订工作守则,规范属下会员的活动,等等。任何消费者均可通过打电话、写信,或亲自上门,向“消费者委员会”投诉、咨询有关商品及服务中的问题。该会还于1976年底出版了《选择》月刊,之后从不间断地出版了30多年。该刊拒登任何广告,以示客观和公正,主要刊载来函调查事实、某些商品的试验及各项数据,并对企业的不法行为及欺骗性广告宣传进行揭露、曝光,指导消费者如何选购商品。

第三节　澳门地区的广告

澳门开埠至今约450年。澳门总面积为21.5平方公里,人口42万,城市规模较小。土地面积狭小与市场环境的局限,使澳门的经济形态较为单一,一直以旅游博彩业为澳门最重要的收入来源,博彩专营税占澳门政府的总收入接近50%,因此有了“东方蒙地卡罗”的美誉。旅游博彩业与出口加工业、银行保险业与房地产建筑业共同构成澳门经济的四大支柱。

受澳门整体经济模式的局限,澳门广告业在市场规模、发展空间等方面都受到一定局限。

根据澳门广告学会在1997年初就澳门广告市场所做的调查(调查主要

分析各政府部门、专营事业每年的广告预算费用)，当年澳门的广告费在3亿澳门元左右。1997年澳门的广告费占GDP的比例约为0.5%，与香港、台湾仍存在一定差距。显然，澳门的广告市场规模较小，这从一个方面说明澳门的广告市场仍处于较低发展阶段。

从市场发展空间来看，人均广告费是分析市场发展空间的主要依据。1997年澳门人均广告费约为澳门币750元。澳门的人均广告费介于国内与香港、台湾之间，与后者的差距不算太大。这主要是澳门人口较少，基数较低导致的。从另一方面看，人均广告费较高，也反映出市场发展空间相对较小。

一、澳门广告业特点

由于澳门特定的市场环境与其他客观因素影响，澳门广告业逐渐形成了特定的发展形态，具体表现为下列三个方面：

1. 以服务业广告及公益广告为主流

由于澳门的商品市场规模较小，缺乏本土品牌，而进口商品由于市场狭小，广告投入不多，澳门的广告业大多以服务业广告和公益广告为主要业务。服务业广告以本土旅游娱乐业、酒店服务业、金融银行业为主，受众大多是游客；而政府为主体的公民意识推广及政令颁布也大多通过广告传播，如肃贪、环保、工业安全、公民责任等。

2. 广告媒体以印刷媒体和活动为主导

人口和地域的限制，使澳门大众传播媒介无法与港台相比，尤其是电子媒体只有一家电视台及一家电台，均分别设有中葡文频道。同时，由于电子媒体起步晚，专业化水平与邻埠香港相距甚远，加上澳门居民以收看香港电视节目为主，澳门的电子媒体发展更是受到局限，电子媒体广告，甚至电视广告也无法成为强势广告媒体，反而使印刷媒体以及举办活动成为主流的广告宣传方式。

目前澳门大众媒介广告，以报纸广告发布为主。澳门现有8家中文日报、4家葡文日报，它们的广告量占澳门媒介广告总量的大部分，其中以《澳门日报》广告量最多。平面媒体其他形式如书籍、海报、传单等的印刷也是广告业务主要方向。平面设计是澳门广告工作的重要一环。澳门从事平面设计的公司大约有50家。按其设计师的人数可分为三级，五名以上的属较大规模，数量较少；三至五名的，估计有十数家；一至两名的却占大多数，估计达到三十家以上。这些设计公司按其规模分别向市场的大、中、小客户提供服务。

此外，举办活动也是澳门广告推广的主要形式之一，尤其是政府部门是举办活动的重要主体。据估计，每年澳门政府及民间团体举办的大小活动，例如晚会、晚宴、文娱康乐活动等，就达到500个活动日，因此，公关策划及广告制作均在澳门广告业中扮演着重要角色。澳门从事公关策划的公司大约有十家，其主要业务包括市场推广、活动策划两方面。由于澳门缺乏本地品牌，因此在市场推广方面，房地产公司与进口品牌的代理商是这一类公关公司主要客户。活动策划方面的业务主要包括三方面内容：首先是政府部门对公民意识的推广，如：肃贪倡廉、城市清洁、警民合作、交通安全等。其次，文化交流和体育竞技的活动策划也是公关公司活动策划的主要内容之一，如：澳门国际音乐节、国际烟花汇演、各类研讨会及澳门格兰披士大赛车、世界女子排球大赛澳门站赛事等。第三，是企业和团体庆祝活动的筹办，例如开幕式，周年庆典及各类宴会等。

3. 广告机构以多元化经营为主

澳门以从事广告活动进行商业登记的机构超过120家，大部分机构的经营范围都较为宽泛。究其原因，主要是由于每单一机构的规模较小，分工不细，专业化程度较低，为增加生存机会而采取了多元经营的模式。据估计，在澳门15人以上规模的广告公司已经寥寥无几。

二、澳门广告管理

1845年，葡萄牙女王玛丽亚二世宣布澳门为自由港，并任命亚马留为澳门总督。澳督下设出版物检查委员会，这个出版物检查委员会于1937年1月2日成立，该委员会下设办公厅，负责检查报纸、杂志、书籍等一切出版物。澳门广告业也接收其检查指导，以防止和杜绝广告业的不良现象。澳门总督府设有登记局，它是澳门司法机关下属机构，主要负责登记、注册商标、公司的注册事宜。广告公司必须向登记局和有关部门申请登记、注册，并取得广告牌照。凡是没有在登记局登记注册的广告公司，单凭企业合同进行广告业务，法律上是不能生效的。澳门总督府设有经济局并附设有宣传处，负责政府的宣传教育工作，如发布新闻、出版书刊、发布广告等。

在对广告的实际管理中，澳门政府对于烟草广告的管理是极其严格。据1998年颁布的《吸烟的预防及限制制度》规定，澳门于1999年起全面禁止烟草广告，现有烟草广告由有关广告牌照持有人负责拆除。《吸烟的预防及限制制度》规定，烟草宣传分为"烟草广告"及"烟草商业资讯"两类。法律明确规定全面禁止烟草广告，但允许烟草商业资讯传播，此类信息只得在出售香烟的地点5米范围内做出，而其宣传面积长宽不得超过3米。

三、澳门广告教育

由于地域社会发展的特殊性，澳门的广告专门人才一直相当缺乏，这对澳门广告业的发展极为不利。随着澳门经济迅速发展，香港多家上市公司及跨国公司进军澳门，更突显人才问题的急迫性。澳门广告业中以文案、策划人及创意开发等人员最为缺乏。只有更多的广告专业人才的进入才能提升广告业专业化水平，澳门广告业才有机会更上一层楼，迈向国际化。

澳门广告人才的教育和培养可分为职前培训及在职培训两方面。职前培训主要指大专院校的系统培训，而在职培训则包括各类短期课程，研讨会、参观活动等。虽然到目前为止，澳门的大专院校教育还未开设广告专业的学士学位课程。但整体而言，大专院校对广告培训工作相当重视，澳门大学及澳门理工学院开设的多个学位课程，包括澳门大学中文及英文传意学系、工商管理学系；澳门理工学院的平面设计学系、公共关系学系等，都培养出不少在推广及广告工作领域的中流砥柱。由澳门管理专业协会及澳门生产力暨科技转移中心合办之广告高级专业文凭课程，自 1997 年开办以来，对澳门广告人才培训工作更是产生了积极的影响。

四、澳门广告业的发展机遇

1. 澳门广告业与内地合作日益增长

澳门旅游业近年蓬勃发展，并保持持续增长，来自大陆的自由行访客超过 900 万人次。在此形势之下，澳门政府与民间机构纷纷借着澳门历史城区进入世界文化遗产名录的契机，大力在中国内地进行宣传和推广，吸引更多内地游客来澳消费，由此，也在广告行业形成一种新的广告趋势。这种跨地域的推广服务的兴起，一方面开启了澳门广告业融入中国内地广告业体系的大门，另一方面也增加了澳门广告公司与内地广告同行的合作机会。

2. 标识与户外展示成为广告业新亮点

博彩旅游业近年持续向好，带动澳门各行各业都有较快发展，尤其在酒店项目方面，更有多家新酒店以及大型旅游娱乐设施相继投入运作。澳门旅游局数据显示，截至 2005 年底，全澳共有 76 家酒店及公寓共可提供 11 042个房间；而又据澳门土地公务运输局公布的建筑项目数据，2006 年第一季度，施工中和审批中的酒店项目就增加了 38 682 间客房。所有这些大型酒店及旅游娱乐场所都以大型标识、展示设备在户外大打宣传战。而大型 LED 显示屏、霓虹灯更成为其中的主流广告媒体。

3. 广告业呈多元发展态势

被称为“东方蒙地卡罗”的澳门博彩事业发展蓬勃。博彩业务的多元化与中西博彩文化糅合的结果，使澳门的博彩事业百花齐放。博彩行业的广告宣传都需要配合整合营销传播。从平面广告、户外广告、影视广告，到事件营销，广告传播的多元性特征突出。再加上博彩专营牌照由 3 个拆分成

6个，未来竞争将更为激烈，广告预算也势必大为提高，广告业可间接受惠。

近年澳门博彩业持续增长，刺激了本土广告业的发展，令媒体收入改善。目前，澳门媒体广告收入还达不到生产总值1%，与一般发达国家和地区的媒体广告基本占生产总值的2—2.3%的水平仍有距离。另一方面，这也意味着未来澳门广告业的发展尚有很大空间。

4. 会展业整装待发

发展成为国际会展中心是澳门未来的发展方向之一，也是促进澳门经济朝向多元化发展的具体措施。近年来，澳门举办了多场国际会议，例如“国际中医药学术会议”、“国际临床营养研讨会”、“太平洋亚洲旅游协会年会”、“国际青年商会亚洲太平洋区周年大会”和一年一度的“澳门国际贸易投资展览会MIF”等。这些大型国际会议无疑为澳门发展成为一个国际会展城市提供了一个良好的实践平台。会展业的兴盛无疑将会带旺公关策划以及标识制作业务，从而使其成为未来澳门广告业务发展的一个方向。近年澳门经济的良好发展以及愈益增多的大型文化体育盛事在澳举行，带动了澳门广告业。

本章关键词

台湾广告　香港广告　澳门广告

思考题

1. 试述台湾广告业发展的经济历史背景。
2. 简述台湾报纸发展特点。
3. 简述台湾电视发展的特点。
4. 试述台湾现代广告代理业的兴起与发展。
5. 台湾主要有哪些广告管理法规？
6. 简述香港广告媒体的发展。
7. 香港的广告公司有哪几种主要类型？各有什么特点？
8. 简述香港广告管理特色。
9. 简述澳门广告业发展特色。

下　编

西方广告发展史

第五章

西方古代广告史

第一节　上古时期的广告

从广义上看，自人类开始最原始的以物易物的交换行为，广告活动就有了存在的必要性。“利用某种手段告知对商品感到必要的人，这是广告的本质。”[①]广告的本质属性就是沟通、告知。在人类发展的不同阶段，社会的主流沟通形式大相径庭，作为特殊沟通活动的广告自然也具有各种不同的主流形态。

原始的信息交流活动最先局限于面对面的交流，随着人类思维和物质产品的日益丰富，一些简单的媒介物开始在交流活动中出现。人类最初的社会广告所传播的内容与人类的生存状况息息相关，如在采集食物过程中为彼此通告而发出的呼喊声、遇到危险情况时发出的警告等。这些信息交流活动已经具备了广告活动基本的要素：传播者、特定的接受者、明确的传播目的，等等。当然，作为早期社会广告的雏形，这些信息交流活动只是起到告知作用，却传而不广，远不能与以后的真正“广而告之”的广告相比。随着人类生活范围的扩大和生活内容的不断丰富，人类信息交流的范围也随之扩大，交流的信息内容随之丰富，形式也日益趋于多样化。原始人的洞穴岩画、结绳记事、烽火、鼓号等都是早期人类传递信息的方式，其传之广远的努力一直在继续。原始社会末期，随着社会生产力的发展，社会变革不断发生，人类文明程度不断提升。广告无论在内容上还是形式上都得到了丰富和发展。

纵观世界广告发展的历史，世界各地的人类早在奴隶社会时期就开始了广告活动。3 000 多年前的尼罗河流域、两河流域的古埃及、古巴比伦时期，就产生了广告活动。在这些区域，社会传播相对来说更加发达，人类的信息交流手段等更加先进，人们的交流活动更加频繁。

位于非洲东北部尼罗河流域的埃及，地理条件十分优越。古埃及人在

① 樊志育：《世界广告史话》，中国友谊出版公司 1998 年版，第 1 页。

这片沃土上开垦、筑坝，不断从中获取诸如水产品、纸莎草、泥砖、牲畜等生活所需，并开创了最古老的人类文明。在长期的生产生活中，埃及人开创了自己的图画文字、洞穴岩画。作为原始的信息载体，这些媒介记载了当时人们的生活场景。埃及人还创造了形似徽章的图案来传递特殊信息。公元前 3 500 年左右，尼罗河流域的埃及就出现了数十个奴隶制国家。这一时期也出现了很多有关王权的器物。法老的权杖就是宣扬法老权威的神圣之物，也是向世人彰显权力的媒介物。法老的权杖，又叫权标头。权标头是一个中心钻孔、被插于权杖顶端的球状石块。权标头上，通常是刻一些代表神权和王权的符号或者是国王当政时期一些重要的军政大事及其功绩。在一些重要的军政大事或仪式上，法老通常都要手持权杖来表现自己尊贵的王者地位。至今保存较完好的权标头中，最著名的当数"蝎王权标头"。它是传说中埃及的一位统治者蝎王统治时期的文物。它的上面刻有表现蝎王主持开渠仪式和其武功业绩的浮雕。蝎王手持木锄在随从的陪伴下在河边运土，而奴隶们在田间辛勤劳作。

早在公元前 4 000 年，埃及人就发明了文字。最初的文字是图画文字，是原始的象形字，后来有了表意字。这些文字主要是祭司们使用的文字，多用于碑铭和宗教方面。因现实生活的需要，文字逐渐由繁趋简。不过，古埃及文字虽然已从象形、表意向字母文字过渡，但它还没有发展成为真正的字母文字。

埃及人还发明了"纸草"。所谓"纸草"是用尼罗河沿岸盛产的一种像芦苇一样的植物制成的。这种植物的叶子长得又长又阔，埃及人把它割下来，把茎干剖为长条，排齐后压制成片，晒干成纸，在上面书写文字。这是一种重要的原始媒体。公元前 1 000 多年，在古埃及首都就有人散发过这种"纸草"广告传单，其中一张篇幅有 32 开纸大小，呈淡茶色，内容是："奴仆谢姆从织布店主人哈布处逃走，坦诚善良的市民们，请协助按布告所说，将其带回。他身高 5 英尺 2 英寸，面红目褐。有告知其下落者，奉送金环一只；将其带回店者，愿奉送金环一副。"落款是："能按您的愿望织出最好布料的织布师哈布。"这是世界上最早的文字广告。

1799 年 8 月间，拿破仑远征埃及时，他手下的一位名叫布撒尔的炮兵士官，在离亚历山大 56 公里处、尼罗河口的罗塞塔镇(Rossetta)一个古堡指挥修筑工事时，意外地发现了一块石碑。该石碑高 114.3 公分，宽 72.4 公分，上刻埃及象形字、俗体字及希腊文三种文字，系公元前 195 年古埃及孟斐斯的祭司(神职人员)为宣传、颂扬当时即位的国王普特烈玛奥斯五世的功德而刻写的。石碑文字内容歌颂当时统治者是"太阳之真子、月亮之父、人类幸福的维护者”，被后人称之为“罗赛塔碑”。这是现存最早、最古老的政治广告、文字广告及石碑广告实物。

在两河流域，早在公元前 3 500 年左右，苏美尔地区农业、畜牧业和手工业非常发达，对外交往活动增多。在频繁的经济交往活动中，苏美尔人发明了圆柱形图章。这既是私有制的物证，又可以视作早期商标的雏形。另一说，埃及和巴比伦在公元 4 500 前年左右开始制作印章。在石头或用火烧过的黏土上刻上图画或文字，把它压在柔软的黏土上，再用火烧就成了印章。刻在印章上的素材有神像、历史故事、传说等。作为石刻材料的有大理石、水晶、绿宝石、紫水晶、玉等。将图画或文字雕刻在圆筒上，就是圆筒印章。圆筒形的印章一般用细绳穿过，作为装饰品或护身符挂在脖子上。

苏美尔人还创造了图画式的文字，这种文字是建立在象形原则基础上的，一符一意。苏美尔文字主要用削成三角形尖头的芦苇秆、骨棒或木棒当笔，把文字写在用黏土制成的半干的泥板上，书写好后，任其自然风干，也有的用火烘干。因字形状似木楔，故称为楔形文字。楔形文字大约形成于公元前 3 000 年。一切书信、商业契约、公开记录都写在泥板上或砖上。著名的《汉谟拉比法典》就是刻在黏土板上的。这些泥版“书”中，既有学校的课本，又有国家文献，其中有的记载着国王修建神庙、战胜敌国的丰功伟绩等内容。

现在，仍有许多刻有楔形文字的石碑和纪念碑收藏于欧美的博物馆。这些石碑主要出自公元前 2 500 年左右，内容主要是关于国王修建、修缮神庙以及城堡的记录，还有国王生前修建的神庙的名录等内容。此外，有些石碑中还记述了国王向神庙赠送自己的雕像等活动。还有一些石碑主要是用来纪念国王的胜利。纪念拉格什的爱按那达慕王战争胜利的石灰石石碑的片断，现在分别保存在英国的大英博物馆和法国的卢浮宫里。这块石碑描述了国王和他崇拜的神的浮雕以及当时的战斗情况。由于石碑上刻有秃鹫叼运敌人尸首的浮雕，所以也被叫做“秃鹫的战胜碑”。巴比伦王尼布甲尼撒一世颁告战争胜利的石灰石石碑，据推测产生于公元前 1 120 年左右，此碑上半部是战胜碑，下半部为地界标。

地界石或地界标是古代国王给他的官吏们赐封土地时用作公告的石头。现存于大英博物馆的最具代表性的地界标之一是巴比伦王赐封土地的告示。碑文的内容除了赐封土地的公告内容外，还有出告示的年代（公元前 1 100 年左右）、勘测土地者的姓名、出席公告仪式的 16 位证人的名字等。碑文中最后说道，如果谁移动或破坏标石，或者触犯土地所有者权利，将被诸神诅咒，并列出了 15 个神祇的名字。一般来说，地界标公告内容的上端或其两侧，都有用较浅浮雕雕出的很多动物，主要是兽类、鸟类、蛇、龟、蝎子以及怪兽，此外还有半月、星象图、神像等。地界标被认为是后世公告板和招牌的开端。

腓尼基地处地中海东岸北部的狭长沿海地带，位于海上和陆上贸易路线的交叉点，有利于商业和航海的发展。腓尼基的商业特别发达，商人们不仅以本国的商品(酒、木材及手工制品)进行交易，而且还转卖从别国买来的货物。在贸易中占重要地位的是贩运、买卖奴隶。腓尼基人从很早开始就懂得宣传自己的商品，他们常把自己的物产通过航海运往各地。据说，三明治广告人产生于迦太基。那时，大帆船的船主等船一靠岸，就将该船运载的商品名称写在背心上，并让一些男子穿着这些背心到城镇的街市上去转悠，这些男子被称为三明治广告人。

腓尼基文化的最大成就是在公元前13世纪发明了拼音文字。腓尼基人利用古埃及象形文字中的音符字母创造了世界上第一套拼音字母，为后来各种拼音文字的出现奠定了基础。这套字母共22个，只有辅音，没有元音。

第二节　古希腊罗马时期的广告

一、古希腊广告活动

古代希腊包括今天希腊半岛本土、爱琴海东岸的爱奥尼亚地区、南部的克里特岛以及今天意大利南部地区在内的区域。公元前8世纪至公元前6世纪希腊奴隶制城邦形成。公元前5世纪到公元前4世纪中叶，希腊奴隶制城邦达到鼎盛时期，然后逐渐走向衰落。古希腊时期，各城邦的经济发展极不平衡，其中有些城邦如雅典、克林斯、麦加拉、米利都、叙拉古等，手工业和商业发展程度较高。这时雅典已有二十几种手工业行业，不仅行业繁多，而且行业内部分工细致。希腊一些城邦的手工产品盛销地中海和黑海各地。

在农业方面，农业技术有了很大进步，出现了三种作物轮种法，耕地面积不大的希腊得以地尽其力。园艺业(橄榄、葡萄)在雅典、米利都等城邦得到迅速发展。葡萄酒是经常性的日用饮料，橄榄油供食用、制造化妆品和照明。此时，园艺作物已进入商品生产领域，是重要的出口产品。

随着生产力的发展，希腊的商业也发展起来。每个城市都有集市场地，各种商品在专门地点出售。一些城邦的海外贸易也很发达。在这些商贸活动中，各种商业沟通活动自然也随之发展起来。

1. 古希腊神话传说中的广告活动

古希腊神话中描述了希腊众神的商业活动和具有广告性质的沟通活动。在希腊神话中掌管商业的神叫赫尔墨斯，罗马人称为墨丘利。赫尔墨斯是众神的使者、亡灵的接引神，是道路、通信、商业的保护神，以神通广大、多才多艺著称。不仅如此，赫尔墨斯还是保护窃贼的神，也是赌博的保护神。神话中的赫尔墨斯善于雄辩，沉着稳重，善于作假，还很狡猾。他的活动涉及许多方面，有时甚至互相矛盾。

英国自 17 世纪初期出现报纸时，非常流行以 Mercurius（墨丘利）作为报纸的标题，后来逐渐发展成英语的 Mercury。渐渐地，Mercury 就成了报纸的代名词。

希腊神话中还出现了叫喊人的广告活动。在希腊神话传说中，普绪客曾未经允许就私自离开神的家园。维纳斯要墨丘利下凡到人间去散布这一消息，并对他说："要充分地引起人们的注意，这样普绪客才会被认出来。每个人都知道他逃跑了，即使他非法地隐藏起来，人们也不会放过他的。"墨丘利为了给自己的声明一个正面的诉求，还补充说："如果有人能在他逃走的时候抓住他或发现他的藏身之处，墨丘利将给他补偿，维纳斯会送给他七个香吻作为回报。"当爱神失踪的时候，维纳斯又一次想起了这种方式："如果有人在人群中发现了我逃走的儿子爱神，报信者将得到奖赏，维纳斯的吻就是对你的奖赏。"

2. 叫卖

古希腊时期，物物交换的习惯逐渐发展形成，商品开始集中在市场出售。市场里有面包、奶油、蔬菜、油、结婚用的花冠等。市场上到处充斥着叫卖声，商人们总是拉着客人不停兜售。根据当时的法律，顾客不能向商人表示轻蔑或有类似的言行。

当时，叫喊人的挑选非常严格，他们要有美妙的声音和朗诵的才能，有时他们会和音乐家一同出行，遇到语音不正确的人还要予以纠正。叫喊人用来公布奴隶和牲畜拍卖的信息，同时他们也是拍卖时的唱标人。希腊人追求完善和美，因而在公共叫喊人上也体现出了这一特征。叫喊人的行事有完整的规范。

叫喊人和布告是进行广泛告知的两种主要媒介。发布新的法律、传讯，公布政府活动是叫喊人主要的工作，但叫喊人也可受雇于商人，以引起公众对商品的注意。

一位名叫埃斯可里普陀（Aesclyptoe ）的雅典化妆品商贩就曾雇用叫喊人来兜售他的商品。在他的叫卖词中，已经体现了现代化妆品广告中所强调的基本诉求:"为了两眸晶莹,为了两颊绯红,为了人老珠不黄,为了合理的价钱,每一个在行的女人都会购买埃斯可里普陀制造的化妆品。"

古希腊人除了通过叫卖散布商品信息,也通过其他音响进行叫卖。希腊人喜欢吃鱼,但餐餐吃鱼则是一种奢侈的象征,是有钱人的特权,也是可以炫耀的事情之一。每当鱼店新鲜鱼到货,店主就敲钟通知人们。关于敲钟卖鱼,有一个有趣的故事:在市场附近的一间房子里,朋友们欢聚一堂,其中一位音乐家弹起了竖琴。突然鱼店的钟声响起来了,人们纷纷跑出去买鱼了,只有一个老人还留在屋子里。音乐家走到这位老人跟前,对他说:"谢谢,当鱼店的钟声响起时,您是唯一懂得礼貌没有离开的人。"老人说:"鱼店的钟声响了吗?谢谢。"然后,他也急急忙忙向市场跑去。可见,鱼店的钟声对人们的诱惑力有多大。

古希腊时期,叫卖与布告常常互为补充,可以说是为传播特定信息具有广告媒体组合性质的活动。公元前594年,梭伦进行改革,制定许多新的法律。他把这些新法以及其他有关改革的宪制条款写在活动框架的木板上,放在雅典的议事厅中供公众参阅。每当举行公民选举时,便有传令官到街道上、市场上高声喊叫,通知市民参加选举。在商业活动中,根据古希腊法律,公开拍卖的东西必须事先贴出公共告示,才准许拍卖。商品出售时,店主也会在数日前贴出布告,以招徕顾客。据记载:有一名古希腊青年将母亲临终时遗留的戒指弄丢了。第二天一早他就立刻传招仆人,命他急速将寻找戒指的布告带到市场上,贴到任何人都能够看到的地方。然后雇用一些叫喊人在城镇中心和市场上到处行走,喊着:"凡是发现镶着蓝色宝石金戒指的人,赠送金币两个。"

3. 神庙的铅版

古希腊人有一种风俗:当自己的东西被偷,或自己的利益受到损害时,就把诅咒对方的言语刻在铅版上,送到供奉诸神的神庙里,这样就可以让地狱里的神灵和魔鬼为自己报仇。1858年在小亚细亚的得墨忒耳神庙中发现了大量的这种铅版。神庙是人们经常出入的地方。从引起人们的注意、让更多人看到的角度来看,神庙的铅版也可以看作是一种广告手段。

4. 刻印广告

在货币上刻印东西作为宣传的一种手段,也是非常盛行的做法。货币具有能双面刻印图案且无限次使用的特点。

古希腊的历史学家、旅行家希罗多德在《历史》一书中写道,"吕底亚王库罗爱希斯最早使用了纯金和纯银的货币,并在货币上刻上代表他自己的纹章、狮子头和牡牛头"。后来,铸造货币的方法传入希腊。在希腊,货币从国王的私人藏品逐渐演变成方便一般人生活的日常用品。在初期，希腊各城邦发行各自设计的货币，为了宣传，还经常变换图案。希腊的各城邦中，有些城邦盛产葡萄酒、马；有些城邦盛产牛、谷物；有些城邦盛产橄榄油灯。因此，这些城邦便把自己的特产刻印在货币上作为宣传，其中最著名的是宣传葡萄酒产地的货币，称为“酒币”。

5. 其他广告形态

埃及人在葡萄酒容器外用标签做标记，以供人识别。希腊也曾是葡萄酒的产地，希腊人在酒壶的把手上系上栓，上面除了刻有产地外，还有酿造者的名字，起着今天类似于商标的作用。古希腊时代，在纪念像或宝石加工品上刻印制作者签名的习惯开始流行。在希腊出土的壶上，除了制造者的签名外，还刻有神杖、酒壶、蜜蜂、狮子头等图案。后来在特殊商品上贴商标的习惯正是从希腊普及开来的。

希腊有很多海港，交通和贸易也多靠船只。为了装运货物、修缮船只和补充食物，往来贸易的船只都要在海港停留。那些规模较大的海港，通常都有很多妓院，妓女们通常喊着“海达伊拉”或“海达哎啦”，意思是“女人”或“说话的伴”，来招揽生意。克林斯是当时非常具有异国情调的小城，在它与海港接壤的地区，妓院林立。每当妓院里的女子走出来，沙地上就会留下“跟我来，跟我来”的字样。近代考古曾挖掘出鞋底刻有如此文字的女鞋，并将其保存在博物馆中。这可以说是一种非常特别的海港广告形式。

二、古罗马时期的广告

大约在公元前265年，罗马军队征服了整个意大利半岛。但罗马并不以征服意大利为满足，经过三次大规模的战争(史称“布匿战争”)，罗马吞并了迦太基，同时还侵占了地中海其他广大地区。到了公元前2世纪，罗马确立了在地中海地区的霸主地位。

罗马的手工业，特别是商业和高利贷业十分发达。这一时期，罗马城和意大利的许多城市出现了具有相当规模的手工作坊，制造农具、武器和各种生活用品。罗马的商业和高利贷活动达到了奴隶制社会的高峰。

罗马时代，小市场逐渐发展成为商业城镇。同行业者大规模地聚集在一起，这本身就起到了广告的作用。同一行业的商人、手工业者聚集在一起形成市场，最早见于希腊的文献记载。罗马时期，市场规模进一步扩大。到了公元4世纪初，罗马城已经有了镰刀街、皮鞋街、小麦街、书店街、涂漆街、软膏街等专门的行业街道。食品店聚集的区域烟囱林立，烧烤食物的烟味充溢于街市中，无形中也起到一种广告的作用。当时行业已经细分化：鞋业已经细分为拖鞋、皮鞋、女鞋；糖果业已经从面包房细分出来；铜加工业也细分成大灯台店、提灯店、盾店；衣服和化妆品已经有了专门的分支。

罗马非常繁华，罗马人的商店在天亮前开张，日落前关门。在狭长曲折的街道上，为了招徕顾客，所有的店铺都不间断地高声吆喝。罗马已经出现了在一幢建筑物内聚集各种商店的“百货大楼”。在有拱廊或骑楼的街道两侧，名店林立。托斯卡纳区的高级商店特别多，是全部商品的中心，有珠宝饰品店、珍珠店、宝石店、带浮雕的贵金属美术品店，等等。伴随着商业的发展，罗马时期，商业广告已经被广泛运用，广告形式更加丰富多样。

1. 招牌

罗马时期，招牌吸引过往路人的方式十分普遍。酒店的招牌在各种招牌中历史最悠久。当时的酒店在屋檐上系葡萄藤作为招牌。后来，在酒店屋檐系葡萄藤便成为欧洲各国的风俗。罗马时期的招牌多用木质材料制成，立在房前或者店头。

恺撒时期的有特色的招牌图案还有：两只手托着鞋的天使（鞋店的招牌）；牛奶贩子的奶牛（奶店的招牌）；面包房里拉磨的骡子（面包房的招牌）；水壶的把手（葡萄酒店的招牌）。除了葡萄藤和水壶的把手外，其他葡萄酒店的招牌在那个时期也很普遍，如：奴隶用一根木杆扛着酒桶的图画、酒神从一串葡萄中榨出汁来的图画，等等。

2. 行业标记

经考古发现，古罗马时期，各行各业已经有了为了相互区别而特别设计的行业标记。这些标记的设计一般都是行业工具的图画。在古罗马的陵墓中，死者生前的职业常以雕刻的方式表现出来。比如，一位名叫包图的人墓碑上刻着锯和斧，表明死者生前是木工；一位名叫维内里阿的人墓碑上刻着捋顺毛织物上羽毛的梳子以及其他工具，说明死者曾经作过毛织物生意；马其阿努斯妻子的墓碑上刻着一双鞋，说明这是开鞋店的马其阿努斯的妻子之墓。此外，测量师的墓用测地用的尺子来表示，开面包房的用麦穗来表示。各种各样的职业都有相应的工具来表示。

罗马时期，石雕业非常发达，石制浮雕的匾额很流行。有些匾额是用托架托在门上方的，大部分嵌进墙里。医生的家在紧挨着门的墙上画着玻璃放血杯；工匠们则在房子的白色墙壁上画上那个行业的工具；一个学校的墙壁上画着正在被鞭子抽打、接受处罚的学生，它暗示孩子在这里不会被惯坏。

3. 叫喊人

在罗马，受雇于政府和个人的叫喊人被统称为“praeco”，该词的前缀“pra”相当于英语的“pre”，意为“事先……”、“预先……”。叫喊人的业务范围非常广泛，如传唤原告、被告出庭，通知法庭宣判的结果；在选举的时候唱票；在拍卖会上唱标；在竞技场上播报出场者姓名，公布优胜者；主持葬礼并劝导人们参加送葬仪式；受个人委托做寻物广告或商业广告。后来，罗马人把从事这一职业活动的人叫做“town crier”。罗马时代的浮雕中表现了叫喊人总是走在送葬队伍的最前列，吹着天使们使用的喇叭，主持送葬仪式的场景。这种风俗一直延续到中世纪。

4. 每日纪闻

罗马人在涂有石膏的特制木板上发布执政官的命令，公布元老院议员、公民大会的议事记录。人们把这种立在公众聚集场所的白板称为 album，将写在上面的内容称为 acta publica，意即“公告牌”。这是现代报纸的源头。

公元前 59 年，恺撒当选为执政官后，开始每天更换木板上所写的内容，并称之为 acta diurna，即“每日纪闻”。木板上的书写内容多为政府要事，具有很强的政治性。当时罗马贵族派与民主派的斗争十分激烈。恺撒是民主派的首领，他创设“每日纪闻”的目的，就是想通过公布元老院和公民大会议事内容，争取舆论支持。后来，“每日纪闻”也刊登婴儿出生、结婚、死亡以及个人的新闻。“每日纪闻”中有环形剧场的上演剧目、表演等相关报道，在某种意义上已经成了娱乐专栏，因此，甚至吸引了妇女读者。“每日纪闻”也刊登一些社会新闻，但没有刊登广告。有专门的编辑部门负责“每日纪闻”中各种新闻的搜集和书写，因此，“每日纪闻”在诸多方面已经具备了报纸的若干基本元素。

5. 户外广告

庞贝城位于那不勒斯东南 24 公里处，是一个商业城镇，人口约 2 万人。公元 79 年，维苏威火山爆发，整个城市被火山所吞没。直到 1592 年，庞贝城才被世人发现。考古发现，庞贝城的户外广告十分发达，广告遗迹众多。

庞贝城墙壁上有许多具有说服性质的公告。有一些公告做得十分认真，在离地面 12 英尺高的地方用黑色或红色的文字书写，显然是想引起一定距离外的人们的注意。这种工作由叫做“scriptores”的职业书写员负责，他的两个助手中一个负责撑着梯子使它稳固，另一个则举着火把。庞贝城废墟中发现的这些公告说明，在古罗马，随着读写能力的普及，书写广告出现了。

罗马都有将自家墙壁的一部分刷成白色，用来书写个人公告或画图的风俗。刷成白色用来书写的墙壁或白板叫做 album。庞贝城废墟中遗留下来 6 000 多处 album，内容主要是剧场演出、竞技体育、浴池广告、房屋出租、政治广告等，其中最多的是格斗表演的广告。格斗表演当属古罗马最具特色的娱乐活动。有一则比较典型的格斗表演广告，内容如下："阿迪尔的格斗士们将进行格斗表演，其中三个格斗士将与野兽进行角斗，有遮阳棚。"人们常常在自家的墙壁上以及公众聚集场所的墙壁上，写下自己喜爱的格斗士的名字。如在庞贝城墙上就有这样两条记载："那个色雷斯式的'盾手'凯勒杜斯让所有的女孩仰慕不已"；"'网手'克列斯森赢得了所有女孩的芳心"。

庞贝的户外广告中，除了格斗广告，数量较多的是房屋出租广告。如：有这样一例房屋出租广告："在阿利安的珀利安住宅区，房主从即日起出租带有住宅的店铺和套房。需要者请与房主玛依维斯的奴隶联络。"待出租房屋的门上或墙壁上也要写明此房要出租，同时还要表明房主的职业和身份，比如戏剧家、诗人、教师、音乐家或格斗士等。另一则写在拆洗店墙上的房屋出租广告如下："紧邻高级维纳斯浴池、妓院、店铺的二层公寓，从 8 月 1 日起至 6 年后的 8 月 13 日出租 5 年。房屋主人的女儿埃利阿普埃利兹古斯。"这则广告是擦了原来的黑色字体广告后用红色字书写的。庞贝城出土的大量房屋出租广告说明当时的庞贝城有可能存在大量的流动人口，已初具现代意义上的城市生活形态。

书籍广告是古罗马较早出现的一种广告。当时的书是卷本，文字依赖手抄。在图书馆里有专门的抄写人（通常为奴隶）。书店聚集在罗马城的一角，书店把手抄书名的传单贴在店头。在古罗马时代，诗人们写出作品后，书店的销售并不畅旺。因此，诗人们常常朗诵自己的作品，以达到传播流布的目的。考古学家发现了这样一个告示，上面写着"你将倾听诗人纽梅耳斯"。当时的诗人常朗诵自己的作品。朗诵会的预告写在墙壁上或贴在柱子上。

在考古发现中，庞贝城的选举广告也有 600 多处。这些广告可以看作是最早的政治广告。这些选举广告，有些写在自家的墙壁上，如：拆洗店的玻利姆斯在自家墙壁上写着"维索尼威斯·玻利姆斯适于公职，请大家选他做修建官"，"拆洗店的玻利姆斯希望鲁希维斯·凯依维斯·塞库多维斯被选为司法官"，"劝大家选卡依维斯·比维斯·鲁忽斯为司法官，他是对社会利益有贡献的人，请投他的票吧"，等等。选举广告中反映出同行业的人会推荐自己的人选，住在同一社区的居民也会共同举荐，如：伊丝兹神庙的墙壁上写着："在伊丝兹神庙叩拜的人们一致推荐某某某为修建官"。这些选举广告的诉求方式已经较为多样，有直接举荐的，有恶语中伤竞争对手的，也有以滑稽幽默的方式诋毁竞争对手的。早期的选举广告文字简单，后来的选举广告中开始出现褒奖之辞和评价性言辞，语言更加流畅。这些选举广告的留存反映出罗马时期庞贝具有活跃的政治氛围。

与古罗马人的生活方式相适应，庞贝的公共浴池和旅店广告也很普遍。光顾浴室是古罗马人生活中必不可少的一部分。对古罗马人来说，公共浴池不只是洗澡和锻炼的地方，而是集多种功能、多种服务于一体的综合性康乐、文化中心。那里不仅有与洗浴相关的美容院、按摩室等，还有酒吧、餐厅、会客室、图书馆、花园、游廊等。公共浴池是人们休闲娱乐、享受舒适的地方，对浴池的广告宣传也表现出时尚、流行的特点，广告中经常使用"罗马最新流行"等语句，如"真正的罗马浴池，有热水浴区、温暖的海水浴区和清凉的冷水浴区"。

在古罗马时代，旅店和酒店是连为一体的，不做明确区分。在庞贝一家叫做赫尔墨斯的旅店，墙壁上画着古罗马的守护神和守护家庭的家神。这幅画下面是一名男子往酒壶里倒葡萄酒的图画，旁边写着赫尔墨斯，估计是店主的名字。庞贝人充分认识到了向游客做宣传的必要，下面这条广告就是一个典型的例子："从这儿去往 12 号塔的游客们，塞利努斯在此开了旅店，请住下来吧，祝您一路平安。"大量的旅店广告的存在同样表明庞贝城大量流动人口的存在以及城市生活的活跃性。

第三节　中世纪时期的西方广告

按照传统的划分法，一般将 5 世纪西罗马帝国灭亡(479)到 15 世纪意大利文艺复兴时期开始称作中世纪，或中古时期。

中世纪的欧洲是一个知识垄断的时期，社会上读书识字的权利被僧侣阶层垄断。随着文明的衰退，商业没落到原始的阶段，广告活动非但没有进步反而严重衰退。一直到 12、13 世纪，商业广告才再次活跃起来。中世纪后期的商业广告在形态上没有多少创新，但随着社会的变迁和技术自身的进步，中世纪广告也表现出一定的历史特点。

一、行业标志

中世纪后期，新兴城市兴起。随着生产力的提高，农业、手工业和商业获得进一步发展。尤其是手工业的发展逐渐改变了自给自足的生产方式，向商品生产转化。于是，商业活动逐渐复苏。手工业者聚集至交通便利之处，从事手工业品的生产和销售，逐渐形成了城市市场。这些人口聚集之处后来就逐渐演变成工商业发达的中世纪城市。随着城市的兴起，商品生产的规模也越来越大，社会分工的程度也逐渐提高，商品的种类越来越丰富。

于是,社会对广告的需求也重新旺盛起来。

纹章是将事物的形状图案化,并在上面涂上色彩,用来表示个人、家族特殊的地位、职责等。中世纪的欧洲产生了研究国王、贵族家谱的纹章学。这一时期的纹章也影响到了商人、手工业者的行业标志和商标。

中世纪是骑士制度盛行的时代,旗帜作为骑士阶级的象征,被广泛使用。旗帜的大小和形状各异,在旗帜上绘制纹章可以作为代表个人的一种标志。骑士的旗帜是燕尾旗。从 13 世纪开始,贵族和骑士得到国王的许可,可以悬挂风信旗(风信旗最初只有教会可以使用)。他们将绘有各种纹章的风信旗悬挂在屋顶上和窗户外,以表明自己的身份和尊贵。风信旗成为一种特殊的身份标志。中世纪骑士的旗帜和纹章成了后来各种招贴、标志的起源。在今天欧洲各种机构的徽章和标志中,仍能明显看出中世纪圣人纹章的影响。

行会是中世纪欧洲工商业的主要社会经济组织。西欧各国的行会组织都曾不断提高改变自身的组织形式,大致经历了商人行会、手工业行会、公会三种形式。行会基本上是一个享有封建特权的封闭性组织,其封建特权主要表现在对外拥有就业垄断权,对内实行经济的强制性管理和监督。每个行会组织都被授予各自明确的特权,其权利范围严格限制在有关的经济领域和行会成员之中,各个行会之间互不干涉内部事务。

中世纪的行会都分别有自己的守护神,并有祭祀守护神的风俗。在祭拜圣人的纪念日、国王或皇后的出行日、行会成员的葬礼等活动中,为了显示本行会的实力和地位,大多会不遗余力地铺张炫耀。在巴黎,行会成员在重大场合必须穿上节日盛装,佩带行会标志,举着画有圣人像的旗,高举燃烧着的蜡烛,列队游行。行会的守护神主要来源于《圣经》中的人物和传说中的人物:圣约瑟是木匠的守护神;圣彼得是锁匠的守护神;圣芭芭拉是兵器火药业的守护神;圣尼古拉是中世纪天主教的一位主教,是孩子们的保护神,俗称“圣诞老人”。

行会守护神形象后来逐渐称为具有行业识别价值的行业标志。中世纪,标志的使用已经比较普遍,甚至还出现了仿造著名标志的事件。12 世纪意大利的巴马(意大利北部城市)已经有法律规定:“商人或行会不得使用他人或其他行会的标志,不得在刀或剑上使用同样的或类似的标志。如果违反了该法令,将根据程度轻重予以罚款,而且不受理调停或和解。”在刀或剑上刻上生产者名字的做法,正是商标的滥觞。1304 年,德国的刀剑工行会规定,该行会成员的产品必须有统一的标记,并刻上制造者的名字。这个标志就是黑底上的三柄短剑。14 世纪时,政府也开始使用标志,如商品的质量检查部门就有自己的特有标志。

最早在印刷品上使用标记的，是1457年德国的法斯特和乔发共同出版的《祈祷书》。该书是世界上第一本注明出版者、出版年月的书。按照当时的法律，盗印图书的内容不算犯法，但若使用原出版社的标记，却是侵权行为。15世纪末，在欧洲众多的出版社中，阿鲁道夫·玛努德维夫出版社的“海豚和铁锚”标志最为人知。

1455年，随着英国封建主之间的矛盾激化，爆发了延续30年之久的战争。因为战争的两大对手兰凯斯特家族和约克家族各以红、白玫瑰徽章为标记，因此这场战争被称为“红白玫瑰战争”。以徽章为标记作为战争双方各自的标志物，并有各自的标志色“红、白”和标志物“玫瑰”。这种标志就是中世纪欧洲政治、军事广告的典型代表。

二、叫喊人与叫卖广告

中世纪初期的欧洲，商品买卖的场所主要在集市、田间、行业街。其中，集市具有重要地位。随着贸易活动的日益增多和日益重要，集市的规模扩大、数量增加。最古老的集市在11世纪形成，到12世纪集市兴盛，13世纪集市数量仍有增加。当时最繁忙的集市都集中在意大利和普罗旺斯通往法兰德斯海岸贸易大道靠近终点的地方。为了广泛吸引前来赶集的人，集市开市的时候，人们可以掷骰子、玩纸牌。在集市上，叫卖声此起彼伏，不绝于耳。

从希腊、罗马时代开始，就出现了叫喊人，他们在城市四处走动，传递政府的公共告示或受雇于私人做口头的广告。中世纪的商业广告也主要是通过叫喊人来传播的。

在法国，12世纪出现了叫喊人行会。据记载，1141年法国贝星州的12名叫喊人曾得到路易七世的特许，在城市的大街小巷从事叫卖，并成立了叫喊人行会。他们与商店签订合同，在商店内为商店做宣传。这可以说是世界上最早的专业的广告组织。1258年，法国政府颁布了保护叫喊人权益的《叫喊人法则》，其中规定：“巴黎的叫喊人可以到任何一家酒店为它担任叫卖工作，店主不得拒绝，但已经雇有叫喊人的例外”；“此等叫喊人可以询问酒店所售酒的价格，以此价目进行叫卖，不论店主同意与否”；“倘若巴黎酒店拒绝雇佣，则叫喊人可依公定价目为酒店叫卖”。该法则还规定，叫喊人按天取酬。“如果发现有行为不轨的人，也必须举报。叫喊人必须尽力保护巴黎的酒店和百姓的利益。当酒店有客人前来时，叫喊人应询问客人需要什么价位的酒，不管店主愿意与否，叫喊人都要要求店主提供相应价位的酒。”

在英国，也有关于同时代叫喊人的记载：叫喊人必须宣誓忠于自己所从事的职业；叫喊人除了公布罪犯的判决结果及其他一切种类的公文外，还可受雇发布商品的买卖信息。英国的叫喊人也像法国的叫喊人一样吹笛子，每逢市政府会议召开的前夜，叫喊人吹着笛子到处通告。

在中世纪后期出现的叫喊人，是一门特定的职业。叫喊人依法享有一定的社会地位，受到法律的保护。18 世纪，叫喊人职业走向没落。

三、招牌广告

中世纪欧洲早期的招牌很简单，大多是实物招牌，比如铁器店用铁锅、金属加工店用茶壶、鞋店用鞋型、鞋样子或木靴作招牌。不同行业通常用本行业通用的标志作招牌，并有关于招牌的相应法律。

1393 年，伦敦某酒馆由于没有使用酒馆通用的招牌而遭到了指控。1430 年的牛津法律明确规定："以销售为目的的啤酒酿造者，必须悬挂招牌；否则，啤酒予以没收。"当时，只有得到国王的许可，才可以酿制啤酒，所以招牌实际上起到了执照的作用。

1419 年，由于竞争的需要，酒馆都希望自己的招牌尽可能引人注意。于是，伦敦市政府会议上通过了一条法令："酒馆的招牌不得比普通的招牌长，不得向超过街道七英尺以上的空间伸展。"

随着时代的发展，一些店铺渐渐根据自身的特色把该行业的工具或与商品有关的信息绘成图画挂在屋檐下，如：刀具店用小刀、金属加工店用水壶、手袋店用手、农具店用犁、锄，裁缝店用剪刀、葡萄酒店用一排葡萄酒桶的图画作招牌。后来，逐渐有了书写店名的文字招牌。

中世纪招牌的主流形式仍然是图画。其中，有一种招牌的图案是用徽章来表现的。在莎士比亚的《亨利八世》中，有一座叫做"玫瑰"的宅第，不是因为门前种着玫瑰，而是因为其家族纹饰是玫瑰，所以被人们称为"玫瑰园"。贵族的管家把家族纹饰画在招牌上，挂在路口，以方便寻找投宿地点的旅人。

四、印刷广告的开端

13 至 14 世纪，欧洲出现了手抄小报，其内容是市场行情和商品信息，其实质是一种商业广告。15 世纪，地中海沿岸地区的那不勒斯、威尼斯等城市成为资本主义商品经济最早萌芽的地方，商业以及海外贸易非常活跃。手抄报纸在威尼斯应运而生。威尼斯最先出现了一批专门代客打听、供应新闻的人，他们自己收集新闻、自己抄写、自己发行；或将新闻抄写多份，沿街叫卖；或将新闻张贴公共场所，付费者阅读；或接受加工订货，按需定制；也有的定期邮寄给阅读者。这些手抄报专门提供商业和海外航班信息，已经初步具备了报纸广告的要素。

15 世纪，活字印刷技术传入欧洲。德国人古登堡改进了活字技术发明了金属活字，使印刷技术更为完善。1452 年，古登堡着手印刷第一本活字印刷的《圣经》，于 1456 年 8 月完成。这本《圣经》是世界上最早的活字印刷书，共 1282 页，版式为 2 栏、42 行，故称为《四十二行圣经》。

这一技术上的发明，改变了人们的传播手段和生活方式。印刷术提高了信息复制的质量和效率，打破了中世纪的知识垄断，使得各种思想观点的快速传播成为现实。印刷术的发明使得广告传播与广告媒体产生了划时代革命，广告活动开始进入印刷时代。这一新技术促进了印刷传单、招贴标语和商业名片等广告形式的发展，并催生了第一种大众传播媒介——报纸的产生和发展。古登堡印刷术开创了世界广告发展史的新纪元。

最早的印刷广告是书籍广告。1472 年，英国出版商人威廉·坎克斯顿第一个印制了推销宗教书籍的广告。他将这幅广告沿伦敦大街在教堂门口张贴，向牧师们兜售复活节用的教规书籍。广告长 17.5 公分，宽 12.5 公分，张贴在伦敦街头。这一广告是西方印刷广告的开端。

渐渐地，印刷广告应用于许多领域：教会用印刷传单发布有关宗教仪式的各种消息；小商贩向顾客分发印有插图的店铺广告传单；制药商把类似招贴画的货签贴在瓶子上。其他一些信息的传播也以印刷的形式出现了，如官方的通知、公告、菜单，还有展览、博物馆、教堂、街道和旅馆的路线图等等。

本章关键词

上古广告　古希腊神话　神庙铅版　每日纪闻　庞贝户外广告　《叫喊人法则》　古登堡

思考题

1. 简述上古时期西方广告的萌芽。
2. 简述古希腊时期广告活动形态。
3. 简述古罗马时期广告活动形态。
4. 古罗马“公告牌”对广告媒体的发展有何种意义？
5. 试述中世纪行业标志的发展特点。
6. 试述中世纪叫卖广告的发展。
7. 简述古登堡印刷术的发明对于广告业的发展的意义。

第六章

西方近代广告史

在14世纪及其以后的两百多年时间里，欧洲国家开始了海外探险航行。海外探险航行刺激了商业上的革命，这些航海探险以及海外殖民地的建立，使局限在狭隘地域内的地中海贸易扩展成了世界性的贸易。商业的繁荣促进了资本主义的兴起，导致了生产方式和商业组织的变化。商业的发展刺激了制造业的发展，殖民地的建立使新的原料源源不断地流入欧洲，结果使得许多新的行业应运而生，如棉纺织业，某些生产领域开始建立工厂并进行技术改良，新的发明层出不穷，如纺车、织袜机以及精炼矿石相继出现。工业革命为近代广告业的发展奠定了物质基础。

第一节　近代广告的兴起(1450—1850)

从15世纪下半叶开始，欧洲社会由“黑暗的”中世纪进入到自由资本主义时代。由于15世纪末到16世纪初的“地理大发现”以及15世纪下半叶到17世纪“文艺复兴”运动的洗礼，欧洲的科学技术突飞猛进。资本主义生产力得到蓬勃发展。从地中海沿岸到西欧各国，广告活动得到进一步发展。大约从15世纪中叶到19世纪中叶，人类的广告活动逐渐从传统上具有广告性质的活动向近代广告形态过渡。资本主义的滋长和商品货币关系的发展，使欧洲各国的封建自然经济基本解体，全国性的经济中心初步形成。而文艺复兴运动和宗教改革运动，则给西欧封建制度及天主教会以有力的冲击。因此，在这一时期，围绕着统治权，各个阶层、各种势力开始了一场声势浩大、旷日持久的宣传大战。这一时期的广告内容也就以政治宣传为主。

一、印刷广告时代的来临

印刷时代的到来，是建立在纸张和印刷术发明的基础上的。中国在汉代就发明了造纸术；1045年，中国的宋代，毕昇发明了胶泥活字印刷术。遗憾的是，中国发明的活字印刷术并未在社会传播实践中得到大范围采用。中国的印刷术传入西方以后，德国人古登堡发明的金属活字印刷术大大提高了印刷的质量和效率，节省了人力、物力，降低了传播成本。

口语传播时代，人们的口头传播转瞬即逝，记录性差，受时间和空间的巨大限制，只能适用于较小规模的近距离信息传播。文字的产生使人类传播真正地进入到媒介化时代。文字作为人类第一套体外化媒介改变了人类传播的时空结构。文字出现以后，人类经历了一个很长的手抄传播阶段。手抄传播效率低、规模小、成本高。古登堡的活字印刷的发明，使得信息的大规模传播成为可能，为文化的大众化传播奠定了技术基础。另一方面，欧洲文艺复兴开始以后，人们对知识逐渐有了自觉的认识，欧洲的阅读人口大量膨胀，其中包括妇女和上流社会以外的人，社会对信息的需求量急遽上升。14 至 15 世纪，意大利城市威尼斯出现的手抄报纸流行一时，但手抄报纸的兴盛并不能满足资本主义经济萌芽时期社会大量的信息需求。随着印刷术在传播实践中被广泛应用，广告活动也从中受益。广告信息的批量复制和大量传播成为可能。人类传播由此进入印刷时代，广告伴随着印刷时代的到来开始了印刷广告占主导地位的新时代。

活字印刷的应用促进了广告媒体的巨大发展。印刷媒体及近代报纸的先后出现使广告传播途径单一化状况有所改善，广告传播范围扩大，广告成本大幅消减，广告效果大为提高，人类的广告活动由口头、实物、招牌、标识等传统广告方式进入到了印刷广告为主的时代。印刷术发明以后，广告主发现利用印刷广告进行宣传活动具有很大的优势：它比口头广告寿命长，记录性强，保真度高，传播面广，节省人力、物力等。17 世纪，印刷而成的传单广告和招贴广告取代先前的叫卖广告迅速流行起来。报纸出现后，书籍和报刊等出版物旋即成为主流广告媒体。

中世纪的欧洲长期处于宗教统治之下，印刷品刚出现时，最早的印刷品广告主要是宣传宗教内容的。随着文艺复兴运动的开展和欧洲资本主义商品经济的发展，印刷品广告由宣传宗教内容逐步转变为品类丰富的商品推销。

16 世纪末，传单广告和招贴广告形式多样，内容繁多，既有英国的商业学校的广告，也有法国商人的精致丝织紧身短裤的广告，还有鱼贩公司宣传奉行星期五作为只能吃鱼不能吃肉的斋戒日的广告。

1517 年，教皇立奥十世借口修缮罗马圣彼得大教堂，指派使者去欧洲各地兜售赎罪券，在维登堡兜售赎罪券的教皇特使约翰·特兹尔布道时宣称：只要购买赎罪券的钱币落进钱柜叮㘗一响，买主所挂心的那个罪人的灵魂立刻从炼狱飞升入天堂。德国宗教改革运动的发起者维登堡大学神学教授马丁·路德义愤填膺，10 月 31 日，在维登堡教堂门前贴出所写的《关于赎罪券效能的辩论》，之后借印刷术之助文章被印成传单广为传播。而《关于赎罪券效能的辩论》也是利用广告传单的形式针对罗马教皇进行的宗教改革运动的政治广告。

二、新闻书

15世纪，手抄小报开始流行。与土耳其发生战争期间，威尼斯政府就曾发行过手抄的小报。1566年，欧洲出现了有固定名称的手抄小报，叫做“手抄新闻”。这种手抄新闻起初是在公共场所当众朗读，并向听众收取一个威尼斯铜币。后来，这种小报流传到罗马以及欧洲各国，被称为《威尼斯小报》。

在手抄小报流行的同时，还有一种贵族、僧侣、学者之间交流信息使用的新闻信(Newsletter)，以信札的方式传递新闻，当时在欧洲各地十分流行。16世纪后半期，德国富格尔家族从世界各地搜集并编辑而成的新闻信被称作“富格尔新闻信”。奥格斯堡的富格尔家族，是当时欧洲最富有的贸易商。富格尔对搜集新闻非常感兴趣。无论是欧洲、南美还是亚洲各地，他都派人搜集。富格尔家族的新闻信中记录了那个时代政治、经济、社会等方方面面的新闻。

16世纪后期，德国出现了最早的新闻书。新闻书是一种不定期的新闻印刷品，内容常常是对某些重大事件的报道。它与此前的记事性小册子相比，具有更加突出的新闻性。这些印刷品多为书本形式，因此，被称为新闻书。现存最早的周刊新闻书是1609年出现于德意志地区的《通告—报道或新闻报》。

新闻书没有固定的订户，在市场上设摊公开发售，沿用古代印刷书籍的办法，用铅字印刷，可以大量地发行，但发行周期比手抄新闻长。1620年，荷兰人在阿姆斯特丹开始印刷新闻书，报道德国和欧洲大陆其他国家的政治、军事、商业等新闻，还运往英国高价出售，获利颇丰。在英国，最早出版的《西班牙新闻》和《英国新闻》均为新闻书。1625年，英国出版的《不列颠信使》(Mercurius Britanicus)是最早有独立标题的新闻书。后来英国出现了很多以“Mercurius”为标题的报纸，以至于当时的人们就用这个词来称呼新闻书。

1612年，法国出现的《总招贴报》是一本专门刊登广告招贴的新闻书，一般将它叫做“小招贴”，虽然中间中断了几次，但后来改名为《巴黎的招贴》后，一直发行到20世纪初。这张早期的报纸就像其名称一样，就是把贴在街头的传单、招贴、海报等集中起来，主要刊登招聘、求职、公共或私人动产和不动产拍卖、招募生意合伙人、公共团体告示以及其他法律公告，等等。到了18世纪后期，变为8×6.5英寸的小册子由一周刊行两次变为日刊；内容方面，除了上述内容外，添加了结婚、死亡、失物招领和文坛轶事等方面的内容。

新闻书中的广告内容十分广泛。最早的咖啡广告出现于1657年5月19日第1期的《公共信息》的“医药”栏里。广告内容为:“旧交易所后边的巴少鲁街上,从早晨到下午3点,出售一种叫咖啡的饮料。这是一种医学上认为对健康非常有益的饮品。它具有助消化、提神、使人心情愉快的作用;它还可以缓解眼睛的疼痛,能预防水肿、风湿、败血病、淋巴腺肿等疾病,同时还是治疗忧郁症的良药。”这是世界上最早的新闻书咖啡广告。

最早的茶广告出现在新闻书《政治信使》里:“在伦敦的皇家交易所附近,在画着苏丹王妃头像招牌的咖啡店,出售被中国人称为茶(Tcha),其他国家称为Tay,别名为Tee的优良饮品。”

从16世纪末开始,在印刷的单页新闻传单或小册子中加入插图的做法就已经出现了,但是带插图的报纸广告在整个17世纪还是很少见的。最早的带插图的报纸广告是1652年4月2日《忠诚侦察员》上刊载的寻找两条遗失项链的广告:“一个串有8颗玫瑰色宝石,下面垂挂着一颗珍珠;另一个串有13颗玫瑰色宝石,价值与前一个一样,都是70英镑。如果有人发现了这些项链,请通知伦巴第街上挂着月亮和星星招牌的金匠丘库罗。本人将以10英镑致谢!”

三、近代报纸的产生

16世纪以后,欧洲各国先后完成了文艺复兴运动,封建神权濒临崩溃,资本主义商品经济得到进一步发展,众多城市形成,人口骤增,报刊的新闻搜集和出版发行更加便利了。交通、通信发展迅猛,在17世纪,欧洲各国的邮路已经连成一片,公路大量修筑。英、法、德等发达国家陆续出现了定期印刷刊物。

商品经济的发展促进了商品的繁荣,商业广告类型也日益繁盛。17世纪末,传单广告和招贴广告非常盛行,也开始盛行广告小册子,以适应宣传企业形象的需要。17世纪中期,法国的《时政要闻》上,有佣仆寻职业,主妇雇佣仆的广告,这成为报刊分类广告的起源。1704年4月24日,在美国第一份刊登广告的报纸《波士顿新闻通讯》的创刊号上,刊登了一则广告商们推介报纸的广告,其内容是关于报纸的发行量问题,其文大意为:本报纸向所有需要出售或出租房屋、土地、被盗或丢失货物的人出租版面,刊登广告。这是最早一次媒体为自己做广告的范例。

17世纪的日本,已经有了企业商标品牌和品牌经营意识。日本人把原本在中国被用来分割房间的帘子用于广告,或者在上面画上商品或者商店的标记。这样渐渐地演变成商店或者制造商品的厂家的标记。而这一时期,日本商业广告类型的多样化更表现在多种广告类型的综合运用上。

1609年,德国出现了世界上现存最早的定期印刷物《德国观察周刊》。1622年,英国托马斯·阿切尔创办了《每周新闻》,英国的周刊兴旺一时。不久,《法兰克福邮报》(1616)、《马德堡新闻》(1626)等周刊先后问世。周刊定期出版,由邮局发行,吸引了不少订户,办报有了稳定的收入,这刺激了周刊的勃兴。欧洲各国几乎都在17世纪上半叶有了周刊。1631年,法国巴黎出现了《法国公报》。17世纪40年代,英国出现了《国内纪闻》(1641)、《国会每日纪闻》(1642)、《国内新闻周刊》、《每周纪实报》、《英国新闻周刊》等报纸。这些周刊基本上脱离了书本模样,以刊登政治、经济、军事动态为主,间有言论。到1663年,德国莱比锡出版了被认为是世界上最早的日报《莱比锡新闻》。

1665年创刊的《伦敦公报》(最初叫做《牛津公报》,每周出两期,出版23期后更名)被称作是第一份符合真正意义的报纸全部要素的出版物。以前的报纸是多页的小册子,因而被称为新闻书,而《伦敦公报》则是一张纸对折成两部分的真正的"newspaper"。这种一页纸被分成两栏的版面构成方式,是后来数十年间报纸沿袭的范本。为了使更多的商人、绅士阅读该报,这张报纸不仅在伦敦出售,还在其他城市发行。1702年,伦敦出版了《英国每日新闻》,按日出版,四开小张,两面印刷,成为现代日报的始祖。

报刊的大量发展使广告的影响大为扩大。精明的商人很快发现这一最佳的广告媒体并开始大量使用。从17世纪开始,几乎无报不登广告。近代广告进入相对发达时期。1631年,德沃夫拉斯特·勒诺杜创办了第一份官方报纸,并把报纸同广告结合起来。1631年5月,《德国公报》诞生,由国王路易十三特许出版,开始以报道国外新闻为主,后来增加了国内新闻和广告,这是世界上最早刊登广告的报刊。1645年1月,《The Weekly Account》杂志第一次使用了"广告栏",专门刊登广告,并且正式使用"Advertisement"这个词。1650年,英国《新闻周刊》在"国会诉讼程序"栏目里,登载了一则寻找被盗的12匹马的"寻马悬赏启事",这被认为是世界上第一则名副其实的报纸广告。

1666年,《伦敦公报》正式在报纸上开辟了广告专刊,这是第一个报纸广告专刊,引各报争相效仿。1666年6月8日《伦敦公报》上发布了一条消息:"报道新闻事件是报纸的宗旨,书籍广告、出版广告、药品以及其他商品广告不属于报纸的正当事业。本报今后将不刊载与政府无关的广告。刊载广告的报纸将另行刊出,提供给广大的公众。"其后,很快就出现了《公共广告》。这份报纸是专门以低廉价格刊登广告的报纸。17世纪中期开始,报纸业以及随之而来的报纸广告业都在稳步增长,广告在报纸版面的占有率也越来越大,有的报纸从头版到尾版全有广告。

四、日报和日报广告的开端

18世纪,在定期报刊增多的基础上,欧美各国又先后出现了日报。最早的日报也诞生在德国。1660年在莱比锡创刊的周刊《莱比锡新闻》,1663年改为日报。一般认为这是世界上第一份日报,但它采取的是书册形式,后又改成周刊。

英国第一张日报是1702年在伦敦出版的《每日新闻》(1702—1735)。该报四开一张,起初单面印刷,后改为两面印刷,每面又分两栏,初具近代日报雏形。到18世纪末,刊登商品拍卖消息及广告已成为各大报的特色。当时刊登广告的广告主多为书商、药商、化妆品店、船票代理人等。房屋出租之类的广告也时常有之。

18世纪,英国出现了一批高度文学化的报纸,最具代表性的是《闲谈者》和《旁观者》。丹尼尔·笛福在1711年至1720年间编辑出版了《雾霭新闻报》,对当时的新闻出版业产生了重要影响。

法国第一张日报是1777年元旦创办的《巴黎新闻》。该报以报道新闻为主,也刊登广告。

此外,1719年创刊的《每日邮报》,1730年创刊的《每日广告报》等,都是近代报业的先驱。这份报纸遵从当时的惯例,头4个月免费送到各咖啡馆赠阅。创刊号中写道:“报纸售价1便士,订阅3个月6先令。广告费与其他报纸一样,普通长度的广告一次2先令,长一点的广告按照长度增收一定的费用。报纸内容原则上全部刊登广告,另外也刊载一些股票动态、破产公告及其他有趣的新闻报道。报纸每天都在皇家交易所、税务局、英格兰银行及公众聚集的场所张贴。”此后,《每日广告报》由免费赠阅转为收费订阅。刚开始的时候,还能保证广告填满版面,并分门别类地给广告加标题,但很快,这种方法就不能维持报纸的正常运转了。后来,《每日广告报》在告白中说:“为了更有效地使用版面,为了使报纸亲切、易懂、有趣,今后,我们将每天选取国内外最新、最好的消息刊出。”随着编辑方针的调整,《每日广告报》逐渐成了消息与广告并重的报纸。这份报纸关注广告经营,一度成为发行量最大的报纸。

在日报发展的同时也出现了晚报,1706年出现了一周出3期的《晚邮报》。这是最早冠以“evening”名称的报纸。

星期天报纸的开端是1780年E.琼森夫人创办的《E.琼森的大英公报及星期天评论》,后改为《星期天评论》。星期天报纸就是把每周的新闻集中起来,并刊登一些宗教报道和广告,但这家报纸没维持几年就停刊了。

18 世纪，英国报纸广告的类别已经较为丰富，有大众娱乐广告、演出广告、服饰广告、征友广告、信息咨询广告等。

从罗马时代开始，大众娱乐就是广告的主要内容之一。18 世纪，剑术比赛在英国非常流行。1701 年 7 月，《邮差》刊载的剑术比赛广告把这种剑术称为“高贵的防身术”。其中一条广告中说：“近日，埃德曼·巴顿将与历经 98 次比赛无敌手的西部选手乔姆斯·哈里斯举行剑术赛。”当时已经出现了职业拳击手和职业俱乐部，因此广告中也常有拳击比赛的广告。当时的报纸也有一些庸俗的娱乐表演广告。《每日新闻》上甚至出现过这样的广告：“伦敦市郊女子，体重 50 磅至 100 磅，两女人的厮打表演。”当时女人的厮打表演是杂耍、马戏表演项目中的一种，是一种粗俗的娱乐表演。

1709 年 3 月 21 日，《闲谈者》上登出了这样一条广告：“现年 20 岁的绅士，想寻找在白厅台阶上帮助过他的女性，急切地想知道什么时候可以再见面。请至纽·斯彻普特街上的黄金店，请萨缪尔·里普斯先生转交信件。”这种广告，当时被称为“一见钟情”广告，一度非常流行。

18 世纪报纸广告在表现形式上具有显著特征，如广告作品常常运用版画插图的表现方式。英国政府开征广告税，在一定程度上限制了报纸和报纸广告的自由发展，但同时也促使广告创作者们开始注重广告效果，促使广告表现手法的多样化，使其更能打动消费者。18 世纪中期，英国及欧洲其他国家出现了一批广告画家，在周刊报纸上不断手绘插图广告，广告设计的文字创意内涵得到重视，创意元素在广告作品中得到相当完美的体现。

五、广告代理的萌芽

17 世纪上半叶，西方广告的发展极其缓慢。当时，无论是英国还是法国，主要的工商业都由王室垄断，由国王向各行会发放垄断经营许可，然后以行会交付的税金作为宫廷和国家财政收入的主要来源。

当时，广告的主体主要是招聘和买卖不动产以及借贷。1611 年，英国宫廷决定将这些广告事务集中到一起，设立一个机构来提高广告的流通性和净化广告，并颁发特许经营权，但最终未能实现。

法国人雷诺德·泰奥弗拉斯托是法国报纸创始人，并创建了最早的广告中介机构，被称为“近代广告的先驱”和“广告之父”。雷诺德得到路易十三的经营特许，建立了最早的广告中介机构“广告局”。路易十三的经营特许规定：允许雷诺德在他自己希望的任何一个城市开办这样的事务所。在事务所里准备一个本子，有招聘、求职以及其他需求的人，可以在本子上登记。登记时一次交 3 个苏（当时法国的货币单位），贫民免费。广告局还有类似于今天旅行社的功能，负责安排出行旅游，了解海陆交通情况，回答各种相关咨询。逐渐地，银行家、不动产信用抵押人、贷款中介人、美术画廊主、古董商、药商、运输商等等，各行各业的人都来到广告局。据说广告局每天门庭若市。

雷诺德还专门创办了一份广告报《广告局报》，为想看广告的人服务。《广告局报》上的广告不再采用新闻文体，而形成了一种独立的广告文体。但是，英国17世纪初形成的新闻文体广告风格一直持续到18世纪。这是由于早期的广告多是公告性质的，或者是带有广告宣传目的的新闻。雷诺德将新闻性报纸与广告性报纸区分开，并创立了对它们进行区别处理的做法，使得在广告报上刊载的广告发展成了纯粹的广告文体。把广告和报道性新闻或评论性文章的文体区分开来，很大程度上要归功于雷诺德。

雷诺德的广告局很快在英国引起了反响，英国也开始了类似的尝试。最早开办此类机构的是开普顿·罗伯特·伊尼斯。1632年，查尔斯一世授权他开办职业介绍中心。特许状上写道：听说在巴黎兴起了一种慈善事业，该事业曾经在威尼斯和君士坦丁堡出现过，现在我们将在伦敦周围3英里以内的地方，以41年为期限，许可经营这样的慈善事业。费用将由参加者自行决定，不准强制征收。不过，这个职业介绍中心的计划后来由于伊尼斯忙于军务而搁浅了。

1648年，英籍德国人萨缪尔·哈特伯向议会递交了开办广告中介机构的申请，他在自己写的小册子卷首引用了蒙田的随笔，来说明设立广告中介机构的必要性。1649年《完整记录》的新闻栏中，登出了这样一条通告，大意是为了方便伦敦、威斯敏斯特及其周边地区的居民，计划成立"事务登记所"。与法国及其他地方的做法一样，任何人只要交4便士的登记费，就可以前来寻找符合自己条件的东西或登记自己的需求信息。制作传单或以其他方式向公众传递信息都只收4便士，这可以起到广泛、快速告知的作用。除4便士之外，不需要再花一分钱。

在克伦威尔统治时期，唯一得到新闻出版许可的，是马查蒙特·尼德姆。1650年，他得到了发行新的新闻书周刊《政治信使》的特权。到1655年，这份新闻书改为每周刊行两次，星期一刊行即《政治信使》，星期四刊行的叫《公众报信者》。尼德姆以自己创办的新闻书作为宣传媒体，在伦敦和威斯敏斯特开办了八个公共广告事务中心，广泛开展职业介绍、商品买卖、金融中介等各项业务。

18世纪前期的美国，经济的飞速发展促使商品前所未有地丰富起来；技术的发展导致了产品的同质化现象严重；市场活动主体的增多致使市场竞争白热化；报刊的繁荣使得传播环境复杂化。因此广告表现方面的创新就变得异常活跃。

这一时期，对广告表现方面的发展贡献最大的是被称之为美国广告业之父的本杰明·富兰克林。他对广告表现方面的创新不仅表现在广告作品创作本身，而且还表现在报纸广告的编排技巧上，开创了报纸广告应用艺术手法的先例。1722年，被人们奉为"现代广告保护神"的本杰明·富兰克林在波士顿协助哥哥出版了《新英格兰报》，开始了其作为报人和广告人的生涯。1729年，富兰克林在美国创办了《宾夕法尼亚日报》，并把广告栏安放在报头下面、社论的前面。富兰克林既是出版商和编辑，又是广告经纪人、广告作家。富兰克林的广告经纪人身份是同出版商身份合而为一的，广告代理并未从媒体中分离出来，也未形成相对固定的代理制度和佣金制度。

六、广告管理

17世纪末到18世纪初期，印刷术广泛应用，报刊日渐兴盛。从18世纪初期开始，英国的工业革命导致生产力的极大发展，也使工厂的产品剧增。于是，广告业也随之兴旺发达。当时的英国逐渐成为世界广告业的中心。广告业的发展使英国政府加强了对广告的管理。由于广告业的繁荣、发展，英国政府还把广告业作为一个重要税源。

1712年英国政府开始对报馆增收沉重的印花税，除了每份报纸课税4便士外，英国议会又通过了关于报纸和报纸广告纳税的法案，开征广告特税，"法案"规定：报纸广告无论版面大小，见报便收2先令6便士。到1830年，广告税提高到3.5先令。这是世界上最早由政府实施对广告进行管理的活动。税的征收范围不包括月刊出版物。广告税实行申报制，所以税金需在每月的30日以前付清，否则罚款3倍。对于举报偷税的人，罚金的三分之一作为赏金奖赏给举报人。这一法令经过140年，直到1853年才废除。到1853年废除时，英国政府每年此项税收高达17万多英镑。

该法令的目的并不是要征收更多的税金，而是想以课税的方式约束新闻出版事业发展。对广告征收税金，也是想减少报纸的收入，进而给报纸经营制造困难。更糟的是，他们还提高了纸张的售价，致使广大民众不易读到这类出版物，这当然是当局的意图之一。据1711年的统计，英国报纸的发行量是每周44 000份；一年后，也就是收税后，锐减至2 500份。19世纪中叶以后，由于美国的兴起，世界广告业的中心便逐步转移到新兴的美国。

七、广告研究的开端

在广告表现手法不断创新的同时，一些人开始对广告表现进行最初的理论探讨。1710年9月14日，英国的约瑟夫·爱迪生在给《Tatler》报社的信中就广告的表现手法提出了忠告，他这样说道："撰写广告文案最大的艺术在于找到能抓住读者的方法，如果找不到这种方法，那么，再好的内容也不会被人们认识，必然在奸商获取手续费后消失。文中标上重点符号和指示箭头以突出中心意思是非常好的方法。德莱赛发明了小插图，并使用莫名其妙的斜体字来书写，目的就是让人们注意观看，因为这样可以满足人们的好奇心，使他们常常觉得看到了什么秘密似的。"很显然，这段言论主要论述的是广告如何才能引起消费者的注意，这也是现代广告创作理论中非常重要的一个方面，它涉及广告理论的核心概念：由"说什么"开始注重"怎么说"这一问题，并就这一问题给出了一些解决方法，而这些方法在现代广告的创作中也是经常能够得到广泛运用的。

萨缪尔·约翰逊是18世纪后半期英国著名学者、评论家约翰逊曾以"有闲人"为笔名在《全球年表，或每周公报》连载了一些时评，其中也有对广告的评论：

> 被称作广告的行业，在今天已日趋完善。广告，时而以高尚的，时而以伤感的，时而以雄辩的方法，来引起注意，这显然是十分必要的。但是，所有的艺术都要服务于社会善良的一面，那些有权支配公众听到什么、看到什么的人，屡屡利用人们的感情，甚至玩弄人们的感情。现在，不把它当作道德问题来对待是不行了。孩子的监护人被数不清的商品广告困扰着，广告中互相谩骂攻击，常常出现极其有失风度的语言。广告中，任何人都只想说对自己有利的话，但是在宣扬自己的长处和优点的同时，却不能任意贬低他人。在广告中标榜自己优秀的人，应该有几分自觉。因为，他的广告将和普鲁士国王、德意志国王的名字一起，在报纸上出现，并流传下去。人们应对自己的行为有羞耻心，而且要考虑到对后世的影响。人们将看过的报纸漫不经心地随便丢弃，很快这些报纸就会在世上消失。但是，也有一些人觉得这样很可惜，也有一些好奇的人，每天辛勤地保存着这些报纸。我们怎样向后人解释这报纸中出现的不光彩的一面呢？

约翰逊还举了一些例子来批评当时的夸张广告和虚假广告。约翰逊将广告问题上升到道德层面进行考察，从广告的社会效应对广告展开批评，可以说是最早的对广告文化的研究。

第二节　近代广告的发展期（1850—1900）

英国17世纪中叶的资产阶级革命建立了君主立宪制政体。资产阶级掌握了国家政权，资本主义经济获得了长足的发展。18 世纪，英国首先进行了以瓦特发明节省燃料的蒸汽机为标志的工业革命，并早于欧洲其他各国完成了工业革命，生产力迅速发展，产业结构发生巨变，制造业在经济中占据重要地位，工厂源源不断地生产各种商品，社会产品丰富，交通运输发达，社会政治经济普遍发展，也促使现代报刊曾一度蓬勃发展，广告业务增多，英国成为第一个世界广告活动中心。但到了 19 世纪，世界广告的中心逐步转移到美国。

一、美国渐成世界广告中心

19 世纪，广告业在美国迅猛发展的原因主要有以下几点：

1. 1783 年，美国人民推翻了英国的殖民统治，建立了联邦政府，为资本主义商品经济的大发展清除了政治上的障碍。

2. 18 世纪末到 19 世纪中期，大量移民涌入美国，加速了美国工农业的发展，加速了工业革命的到来。

从 1864 年到 1900 年，进入美国的移民总数为 1 300 万，平均每年 37 万人，美国国内市场的潜在容量和对外经济扩展能力也由此大为增强。移民普遍需要住房、衣着和食品等生活必需的消费品。这就增加了对工农业产品及各种消费品的需求，从而扩大了国内市场，促进了城市的兴起，推动了交通运输的发展。

1848 年，美国加利福尼亚发现了金矿，美国的西进运动由此展开。西进运动为工业革命提供了丰富的原料，推动了西部制造业的发展。同时，人口的西移还为东部的工业品开辟了广阔的国内市场，促进了商业和交通运输业的飞速发展，也促进了美国的城市化进程。

同时，世界范围内的经济飞速发展使得商品极大丰富。在世界市场形成与扩展的基础上，世界经济成为一个整体，经济全球化出现高潮。世界新中心的形成。资本的流向、大规模的技术移民，以及相对安定的社会环境，都是美国成为新中心的有力推动力。

3. 传播技术的革新为广告传播提供了良好技术基础。

19 世纪 30 年代，美国工业最发达的东北部大城市出现了“便士报”。这种报纸售价低，发行量大、广告收入多，经营管理企业化，以中下层普通百姓为对象，政治色彩淡薄，大量刊登社会新闻、体育新闻以及趣味性、娱乐性的软新闻，从不同侧面去满足读者需要，迎合他们的口味。廉价报纸的兴起标志着报纸成为真正的大众媒体，促进了广告业的繁荣。

电报的发明导致了大规模新闻采集和现代新闻观念的产生，而且带来了新闻的时效性这一现代新闻首要的标准。新闻从邮递时代跨入了电信时代。电话和无线电的出现，也带给广告传播更大的自由度、更快的速度和更高的效率。

4. 城市化和交通事业的发展促进了广告的传播。

伴随着工业革命的发展，美国城市化也进入了鼎盛时期。1790年美国联邦政府首次进行人口普查时，城市人口仅占全国总人口的5.1%。1860年至1900年间，城市人口占全美国总人口的比例由19.8%上升到39.6%，这一速度在美国历史上是空前的。城市的数量也迅速增长，其中10 000至25 000人口的城市由58个增加到280个，100 000人口的城市则从9个增长到38个。到19世纪末，美国已经初步形成了较密集的城市网。

在资本主义早期，使用马车的公路运输十分昂贵。1825年，英国修建第一条铁路，标志着铁路时代的到来。资本主义经济迅速发展进一步促进了铁路的发展。1830年，美国仅有铁路37公里，到1916年已达40.87万公里，其中，1880年至1890年间，美国年平均建铁路11312公里。此外，收费公路和运河的开凿、汽船和火车的发明以及铁路的兴建，使这一时期的交通运输业得到长足发展，而四通八达的交通网又反过来促进了新市场的开辟，并极大地降低了运输成本。

交通运输的发展对城市的发展和商品市场的扩大都具有直接的推动作用。城市与交通互相依存，互相促进。城市与交通又共同推动着大规模消费市场的形成，从而为广告的发展构建了良好的外部环境。在快速发展的城市化进程中，广告事业开始快速发展。

5. 美国内战对广告的发展也产生了积极影响。

1860年爆发的美国内战摧毁了奴隶制，为资本主义经济的发展扫清了道路。战争的需要促进了大规模生产的发展，流水线式的生产开始普及，工业生产的效率大大提高。例如，战时军队对数以百万计的军服、内衣、鞋子的需求，促进了成衣的大批生产。而19世纪50年代发展起来的缝纫机制造业，也使服装得以批量生产。购买成衣渐成流行。

战争食品的需要还导致了包装的革新和罐头食品业的发展。保存食品的罐头加工工艺早在19世纪初就已发明，但直到内战以后，罐头食品才开始真正进入消费领域。

美国内战还使得女性成为新的消费群体。战争迫使留守家园的女人们不得不走出家门去工厂工作挣钱。她们必须外出去购买以往自己动手制作的生活必需品，战争结束后，这些生活习惯延续了下来。战后，更多人由于外出工作，不再像以前那样自给自足，而开始较多地依赖由工厂批量生产出来的商品。

二、广告媒体的大众化时代

1. 便士报的兴盛

19世纪中期开始，报刊大众化的趋势继续发展，报纸种类大量增加，销量也在惊人地发展着。报刊经营全面走上商业化轨道。廉价报刊通过大量刊登广告，从而补贴低价发行，扩大发行量，进而获得更多广告。1850到1911年间，世界上有影响的报纸先后创刊。如：英国的《每日邮报》(1896)；美国的《纽约时报》(1851)，日本的《每日新闻》(1872)、《朝日新闻》(1879)、《读卖新闻》(1874)。技术和观念的更新是报刊积极扩大的主要原因，而由于版面的扩大，信息量不断扩大，广告不断地借助媒介大众化进程而自我成长，并且开创了一种以消费为核心的生活方式，也就是所谓的"消费文化"。同时，高速轮转印刷机的应用，降低了印刷成本，随着市场的繁荣以及统治者对报刊限制的放松，广告数量不断增加，广告费成为报刊的重要收入来源，这使得从经营的角度来看，廉价报纸的销售成为可能。

廉价报纸大众化的编辑风格、新颖的促销策略不仅促进了廉价报纸的兴盛，也促进了广告业的繁荣，广告业的繁荣又进一步推动了报业的快速发展，两者在互动中使美国的报业和广告业一直处于稳定快速的增长之中。

以本杰明·戴1833年在纽约创刊的《太阳报》为例，创刊初期每份4版，售价只要1美分。在发行上，主要在街头销售，为了扩大发行量，鼓励推销，给报贩相当大的优惠和回扣，并采用赠阅、赠物试销、有奖彩券等促销手段。《太阳报》的上述做法取得了极大成功，初创时发行近1 000份，一年后发行达1万份，三年后3万份，居纽约各报之首，震动了整个报界。随着发行量的上升，广告客户纷至沓来，广告所占版面也越来越大，报纸最后一版全是广告，第三版也有一半专登分类广告，甚至第一版也在新闻之间插登广告。大量的广告使报纸盈利骤增，每年纯利润达2万美元，充裕的广告收入为报纸的发展打下了坚实的经济基础，使报纸有能力不断更新设备、改进技术、扩大生产。1837年，《太阳报》率先采用了滚筒印报机，每台每小时出报4 000份，使报纸的大量发行和时效性有了物质保证。

1835年日，詹姆士·戈登贝内特在纽约创办《先驱报》获得成功，创办仅六个月销量就接近《太阳报》。1836年扩版后，每份由1美分涨至2美分，销量仍然上升。为了与《太阳报》竞争，该报提出了"人道主义"、"改革社会"、"自由民主主义"等口号。贝内特大胆进取的做法取得了显著的效果，《先驱报》上全是广告。19世纪60年代，该报销数达到60 000份，超过《太阳报》而居全美国各报之首。这份报纸在欧洲也被广为订阅，成为最受欢迎的一家美国报纸。

1883 年，约瑟夫·普利策买下纽约的《世界报》，最初每份 8 版，售价 2 美分，发行量 1 500 份。普利策认识到广告收入的重要性。这份报纸成为第一份依照发行量来制定广告价格的报纸，其广告费标准明显低于任何一家报纸。他还打破了当时广告刊载使用固定版面的惯例，鼓励广告主在报纸上使用大版面。普利策还努力吸引新市民对其报纸的注意。普利策还为《世界报》配上插图，使这份报纸读起来更加轻松，并且为那些不太愿意阅读严肃文章的人推出了笔调轻松的特写。在有效的经营策略的引导下，该报销量不断上升，1887 年，该报发行量超过 25 万份，版面不断扩大，从原来的对开增至 12 版、16 版，但售价不变，仍为 2 美分，靠广告补贴成本。星期日版是 20 版，直至后来的出版 10 周年的纪念号 100 版，开美国报纸"厚报"先河。《世界报》的出现，标志着廉价报纸取代政党报纸成为报纸主流。

在便士报竞争中，威廉·朗道夫·赫斯特的《纽约新闻报》注重犯罪、丑闻、流言蜚语、离婚以及性的问题，强调灾害和体育新闻的报道，并配以木刻插图，尤其以揭露性报道和犯罪新闻著称。同时，《纽约新闻报》的星期日版开辟了一个引人注目的漫画专栏，最早将连环漫画引入日报。

《世界报》和《纽约新闻报》都十分注意吸引女性读者。两家报纸刊登的百货商店广告大多用轻松的特写报道取悦女性读者。同时，两家报纸还开辟了体育新闻特写专栏，以吸引更多男性读者。

2. 大众杂志的产生

美国内战爆发以前，杂志已经非常普遍，其中较著名的有《哈泼斯周刊》、《彼得森》、《弗兰克·莱斯利插图报》和《戈迪女士读物》等，这些杂志都标榜自己格调高雅，拒绝刊载广告。

美国内战结束到 19 世纪末，特许药广告是报纸广告中的主要品类。药品广告费占到了美国报纸收入的三分之一。但是，报纸广告版面有限，迫使特许药制造商开始寻找新的广告空间。于是，杂志进入到广告商的视野。作为印刷媒体，杂志版面空间充裕，读者遍布全国。到 1870 年为止，已有大约 400 种月刊和 4 000 多种宗教周刊杂志推销产品，这些刊物的发行量大约为每周 1 500 万份。

1844 年，美国的《南方信使》杂志出现了杂志广告。广告代理商开始代理杂志广告版面。1870 年左右杂志也开始接受付费广告。最初，大多数杂志仍然把广告限制在杂志的卷首或封面、封底等特定的版面上，以免读者把广告和杂志的信息内容搞混。《青年之友》在 1827 年创刊时，是作为一份主日学校刊物开办的，后来进入零售版面的阶段，并进一步发展到将广告业务作为杂志经营重要内容的时期，涉足策划、创意、广告战役等广告活动。尽管该杂志的宗旨在于为家庭提供阅读材料，可是杂志社内设的广告部却向各种制造商出售整版广告，并提供从广告撰文到插图的全套服务。在以后的几十年中，杂志为制造商在全国范围内销售产品提供了便利。例如，《堕落者》(1873)登载了使用巴特利克服装纸样的家制时装广告画，《莫高》(1876)杂志也开始刊发广告参与竞争。

1870 年，当时的主流高尚杂志《哈泼斯周刊》、《大西洋周刊》、《抄写员的世纪》、《北美人评论》都开辟了"特许药品"和"广告人"专页。杂志广告的订单主要来自四大领域：特许药、保险、运输业(铁路和水运)和传统的图书出版。

新的杂志类型越来越多，尤其是面向家庭和女性读者的消费者杂志增长迅速。19 世纪 80 年代，《女性家庭杂志》、《全球》等杂志纷纷创刊。所有这些杂志的共同特点是以刊登广告作为最重要的收入来源。

三、广告代理初现美国

这一阶段广告业发展的重要标志，就是广告代理业的兴起。广告迎来了版面掮客时代和半服务时代。版面掮客时代指的是当时广告代理店都是依照价目表和佣金代理报纸的版面。从 1880 年艾耶父子广告公司为广告主制定媒介计划和撰写文案的服务开始，广告代理商的服务内容逐渐丰富和完善起来。

19 世纪中前期，在美国出现了最早的广告代理制度。1837 年，美国爆发了第一次经济危机，大量产品滞销。大量处于破产边缘的企业开始寻求广告以刺激人们的购买力。此时，美国报刊种类繁多且大都刊登广告，仅 1830 年，就有 650 份周刊、65 家日报刊登了广告。广告市场日渐形成。

1841 年，福尔尼 · 帕尔默在美国费城开办了第一家广告公司，为客户购买报纸广告版面。广告文字、设计工作仍由报刊承担，并从中抽取 25% 的酬金，开创了广告代理制的先河。自帕尔默创办广告公司后，广告代理商日益增多。美国内战开始的 1860 年，全美已经有大约 30 家广告代理公司，其中约 20 家设在纽约。

由于这项工作有助于增加报纸的收入和提高报纸本身的效率，广告代理工作受到报业的欢迎。他的经营方式是从媒介廉价批发购买一定数量的广告版面，然后再零售给广告客户，从中取得一定的佣金。这一经营模式使广告代理业从报纸分离出来，形成一个独立的广告经营实体，并同客户、媒介形成相对固定的代理关系和佣金制度，广告代理业由此产生。1845 年以后，帕尔默相继在波士顿、纽约开办了广告分公司。从此，广告代理业日益繁荣。

1865年，G. P. 罗威尔创办了媒介代理公司，它和100家报社定下了每周一栏版面的合同，为期一年，然后以零售的方式向广告主兜售。与以前的广告代理商不同的是，他不仅从报纸取得广告代理费，还从买卖版面中赚取差价。这种运作方式与今天的媒介购买公司更相似。1869年，罗威尔出版了《美国报纸指南》，提供了全美5 411家报纸和加拿大367家报纸的名录以及对这些报纸实际发行量的评估。尽管这种做法得罪了当时的一批报纸，但这一举措无疑有助于报纸广告价格的公开化和标准化。1873年，罗威尔作出了推动广告业发展的另一个重要的贡献，他通过自己创办的杂志《美国记者》，建立了一个旨在提供最可信赖广告代理名单的广告联盟。这个组织存在的时间虽然不长，但却是1917年成立的美国广告公司协会(4A)的先驱。1892年，罗威尔将媒介代理公司出让，专心致志地编辑报纸目录，并创办了一本备受尊崇的广告杂志《印刷商的油墨》。

19世纪60年代以后，随着铁路和公路织成的交通网的扩大，美国商品生产不断发展，其工业产品总额已占世界第二位。报纸和刊物种类增多，发行量日益增加，其广告业务也得到迅速发展，有些报纸竟拿出3/4的版面刊登广告。对广告宣传日益重视的企业已不满足于单纯的版面购买，而是要求有更好的服务。

1868年，F. W. 艾耶在费城开设了艾耶父子广告公司，经营报纸版面的代理业务。他首创了公开合同制度，即代理店必须对广告主的广告制作或媒体选择负责，其代价是广告主要付给代理店实际版面价格的一定比率作为佣金，这个比率是15%。这家公司经营重点从单纯为报纸推销广告版面转到为客户服务。他们站在客户的立场上，向报社讨价还价，帮助客户制定广告策略与计划，撰写广告文字，设计广告版面，测定广告效果。艾耶公司由此成为美国第一个安排广告活动的现代广告公司，广告商也逐步与客户建立起休戚相关的关系。这种由推销型转向服务型的广告代理服务，受到广告客户的欢迎，推动了广告公司的发展。从此，广告代理公司与企业建立了更紧密的联系，为企业广告活动提供更加全面的服务。

1879年，艾耶父子广告公司为一家打谷机广告主制作媒体计划表，他们从州政府取得了谷物生产资料，选择适合市场的报纸媒介，拟定广告计划。到1890年左右，他们开始使用报价单销售版面，并开始为客户撰写文案。据统计，这一时期在美国建立的广告代理公司约有1 200家，其中纽约有385家，芝加哥有54家，可见19世纪以美国为代表的广告代理业正快速向成熟阶段发展。

1864年，W. J. 卡尔顿与史密斯建立了一家广告公司。1867年，公司开始购买宗教杂志的广告版权。这家公司1877年被卖给1868年进入公司的J. W. 汤普逊，改以汤普逊的名字命名（中文名称为智威汤逊），这是现存的世界上历史最悠久的广告公司。1890年，智威汤逊成为第一家全面代理广告公司，为客户提供文案和广告版面布局。AE这种职位便是汤普逊首先设立的。汤普逊非常重视杂志媒介，当时其他广告代理商还在依据报纸目录谋生，他已经开始关注以女性为读者的杂志的广告版面开发。19世纪末，汤普逊已经垄断了一般性杂志的广告经营。人们将杂志发展成广告媒体归功于他其实并不准确，应该说，汤普逊拥有敏锐的嗅觉，他延续了前公司的经营策略并将其完整地贯彻了下去。1899年，智威汤逊在伦敦开办了分公司，成为第一家国际性广告公司。1916年，汤普逊将公司转让给S. 莱扎和一位文案同仁共同将智威汤逊发展为世界性大公司。

随着全国性广告客户的崛起和报纸、杂志的大量出现，广告公司必须拓展服务项目来满足企业的需求，仅仅销售版面已经不够了。早期的广告公司没有专门从事文案写作的员工，但随着百货商店变成重要的广告客户，要求广告公司在文案方面提供更加专业的服务。日用消费品制造商经常开展促销活动，这就要求广告文案包含有效的说服信息，以鼓动人们去购买；要求仔细斟酌广告的文案、口号和设计，以反映产品的形象。这类广告公司中最早出现的就是艾耶父子公司。该公司就聘用了第一位专职广告撰稿人。而贝茨广告公司则成立了艺术部门，这也是广告业中最早成立的艺术部门之一。1900年，广告文案的撰写已经成为广告公司的正常业务。接着，广告的前期调查等准备工作也成为广告公司正常的业务内容。

19世纪与20世纪相交之际，资本主义从自由竞争过渡到垄断资本主义。美国首次形成全国性的市场，巨大的城市中心出现，美国经济进入到一个新循环时期。商业企业所关心的已不再是“生产”问题了，而是“销售”问题，许多有远见的企业家不得不把目标集中于市场和消费者的研究。

广告公司的经营为了适应这一新形势的发展，开始组织市场调查机构，帮助企业开展市场调查，广泛搜集市场资料，为客户制定广告计划和广告实施方案，开展了统一的、系统的广告经营活动，广告为适应推销的需要又呈现蓬勃兴旺的景象。19世纪末期，许多广告公司雇用专业广告作家撰写广告文稿，在广告的技巧上下了工夫。

百货商店登载的报纸广告以两种代表性的方式出现：一种是大吼大叫式的夸大其词，一种是开列商品清单。直到广告撰写人约翰·帕沃兹给广告引入了一种新意——诚实。在其他广告主还在使用详细的硬销售广告词语来推销纺织品时，帕沃兹印的广告词一反定式，直截了当。一到三个词的标题，几个简洁明了的趣闻轶事，引人入胜的广告口号，诱使人们把目光转向通俗易懂的广告上。销售要则围绕着这种产品能为购买者做些什么，而不是别的不相干的事情。帕沃兹闲谈时娓娓道来的广告只用12只铅字印刷，根本不用醒目的展示性标题、图画或是花饰。帕沃兹的真诚迅速征服了消费者的抵制心理。在为沃纳制造公司做的广告中，帕沃兹写的广告词说，该百货公司“从未领导过新款连衣裙的潮流”。对于夏装的一次销售，他的广告词是：“它们凉快。我们在这个季节里不至于蠢到为您提供别的什么服装。”

其他自由身份的广告撰稿专业人员也采用了帕沃兹的方法，并且提高了广告的标准。

四、广告新技术的应用

19世纪传播新技术不断发明并被及时应用于广告领域，使广告形式日渐多样化。

1853年，在摄影技术发明不到几年的时间里，纽约的《每日论坛报》第一次采用照片为一家帽子店做广告。从此，摄影图片成了广告的重要表现手段。

1860年以后，彩色平版印刷品或称“彩色石印件”，迅速成为占主导地位的印刷形式。这种印刷品有令人信服的真实形象感。以这种形式出现的彩色石印件常用作圣诞贺卡，情人节贺卡、书签、纸娃娃、手提箱或箱子的衬里。19世纪70年代，印刷商开始大量印制这种生动活泼的商业名片，在空白处印上客户的广告内容。挂历和招贴广告画经常印制得很精美。烟草公司则在个人吸用的雪茄上彩印货签，还在烟盒上印上精心设计的彩色装饰图案。风靡一时的彩色石印件到20世纪初开始衰落。当时，广告客户的目光已经开始转向更惹人喜爱的有插图广告的杂志，并且更加关注照相技术的应用。

美国第一家最大规模的服装商店的创始人约翰·瓦纳把一百英尺长的大招牌悬挂在宾夕法尼亚州到费城的铁路线上，并采用气球、宣传车和礼物馈赠等方式作为广告手段。

1891年，可口可乐公司在投产5年后就开始使用挂历做广告，这是世界上最早的挂历广告。可口可乐广告挂历自从进入人们的生活中，很快成为人们生活中必不可少的物品，这个传统并一直延续了100多年之久。

1910年夏末，在巴黎举办了一次国际汽车展览会，许多旅游者到此参观，成了霓虹灯广告的第一批目睹者。展览馆的正门使用荧光灯装饰的。一年以后，在巴黎蒙马特林阴大道的时装店，安装了第一个霓虹灯广告招牌。这个招牌是用弯曲成字母形状的荧光灯管制作的，首次成功后，霓虹灯广告就开始风行世界各地，很快就在美国流行开来。

五、广告观念的更新

自从帕尔默1841年在费城建立第一家广告公司之后，广告公司在很长时间里担任着报纸的广告掮客。这种状况直到19世纪70～80年代才改变，这段时期"全服务"的观念逐渐形成，并成为20世纪的作业标准。"全服务"的公司可以提供关于市场问题、产品命名、包装设计、广告或产品设计或者购买媒介版面或时间的咨询。

这时，美国企业的广告观念已相当成熟，以可口可乐为例：

1886年可口可乐刚试产时，一年只有50美元的销售额，却拿出46美元做广告。1892年公司正式成立时，每年销售额只有5万美元，而广告费就达1.14万美元。可口可乐一直坚持在广告中不对产品做任何夸张的说明，而只是表现愉快的场景。早期的可口可乐大多以年轻漂亮的女孩做模特，总是出现在月历、托盘及一些杂志上。广告中说："没有什么比健康、美丽、富有魅力和充满温柔的女性形象更能使人联想起可口可乐了。"

后来，自从电视广告出现以后，可口可乐广告中总是以一群年轻漂亮、体格健美的青少年在尽情玩耍为特征，口号是"这就是可口可乐"，把人们带到一个美好的世界。

可口可乐公司百年广告哲学是："广告必须是高级的，必须让消费者看起来感到快乐、爽快。广告必须表现出我们公司内外都被人爱好的态度，这就是我们实际上所作的广告。"

这一时期美国广告观念的先进还表现在诸多方面的敢为天下先：

1. 城市化改变零售业面貌

到1840年为止，美国人购物的商店已有55 000多家，零售商业开始用广告作为主要促销手段。随着社区扩展，对商品需求的增长，综合性商店如雨后春笋似的建立起来。到了19世纪中叶，由于制造商开始大批量生产食用产品，城市食品零售业从城市农贸市场进一步发展成为食品专卖店。这些专卖店打下了今天自选超级商场的基础。与此同时，一类新型商人把欧洲大型零售店的创意，或者是"百货商店"引入美国。在这些新开的亮堂堂的展示间里，任何顾客都可以仔细地观看家具、服装和纺织品。为了方便销售，古老的讨价还价的做法被摒弃，被统一的固定价格所取代。百货商店成为美国主要的广告客户是在内战结束后十年左右的时期，这时的商店经营规模和销售量都已增加。梅希和洛德—泰勒率先在报上做起了百货商店的广告，这些广告横跨三栏甚至更宽的版面，不过，在19世纪70年代这种做法还十分少见。1879年,第一个通栏的百货商店广告出现,然而又是十年过去以后,这样的广告才经常见于报端。

这一时期,美国政府在全国范围内倡导年轻人到西部去。推销商以同样的方式提供自由,最重要的是提供土地,以此来出售西部地区。有的通过发广告来吸引落户者,提出各种有诱惑性的条件来吸引定居者。下面这条1891年在英国出现的公告就非常典型:

> 去西部吗?去西部吗?去那片自由的土地吧!……移民去衣阿华州或内布拉斯加州吗?美国……大家的家园!比农民还要多的农场!比佃农还要多的土地!能为所有工人提供工作!

2. 重复技巧和炫耀性广告风格

到1850年止,插图广告几乎已经在小报上绝迹。为了克服这一局限性,一些富于创造精神的广告客户想尽一切办法突出其商品信息。1851年邦纳买下了《商家总汇报》改名为《纽约总汇报》。他向《纽约信使报》提交了93份应用招聘广告风格的同一条广告,为该报所接受,刊印在1856年的报纸上,并用整整一栏重复这一广告:

> 金箔工,俄里翁是《纽约总汇报》有关金匠的报道的题目,具有轰动效应。

《纽约信使报》的读者都不会错过《总汇报》的这条广告。邦纳把他的广告刊登了整整两栏,最后他干脆刊登了一整版广告。他能够把一条广告重复上几百遍,诸如,"请观看《纽约总汇报》上登载的金匠的新报道",或是"今晚回家不要忘记买《纽约总汇报》"。邦纳投了大量广告费在报上做广告来推销他的出版物,同时他却拒绝任何人在他拥有的刊物上付费登广告。

邦纳巨大的广告开支和种种炫耀性手段影响到了当时广告业的通行做法。邦纳重复风格的成功还导致很多改头换面的"铅字把戏",广告上非常聪明地使用空白处和字母组合形状构成新颖的形象来吸引人们的注意力。例如"布莱迪美术馆"用小号铅字构成三个1英寸大小的数字来代表该馆在第五大街的地址。另一个商店则将其假日广告信息排成一棵圣诞树的形状,读者或许觉得这样的广告难以阅读,可是这类广告却能引人注目。当时,其他的广告有时把广告口号和醒目的广告语塞进一行。重复出现的同一行文字使局部广告版面看起来与附近的广告截然不同。广告口号开始在广告中具有核心作用,如:"请使用萨普里奥肥皂",在全美各地随处可见。

到19世纪60年代末的两三年里,大众媒体认识到,零售商和其他一些广告客户非常愿意花巨额广告费来引起注意。当邦纳的重复风格频繁使用,也就渐渐失去了"感染力",这时广告商们开始尝试其他策略,如缝纫机和打字机的推销商率先在报纸上刊载大幅广告画，这些商品是当时广告费用投入最多的广告品类。整版的报纸广告在19世纪末经常见于报端。

六、广告研究和教育的开始

G. P. 罗威尔是第一个积极地为广告行业撰写书籍的广告人。1870年罗威尔出版了《广告人》一书，其中有关于如何做广告的建议的章节。另外一本名为《广告的科学》的小册子，由艾耶父子广告公司于1874年出版。1888年，罗威尔的《印刷商的油墨》，是最早成功的广告专业杂志。智威汤逊的《蓝书》是较早的介绍促销的书籍，书中包含许多案例。该公司还出版了其他针对特定市场的促销方面的书籍。1874年桑普森写作《广告的历史》一书；1866年莱伍德和哈顿合著《路牌广告的历史》。

1898年，美国的E. S. 路易斯提出了AIDA法则，认为一个广告要引人注目并取得预期效果，广告程序上必须经过引起注意（Attention）、产生兴趣（Interest）、培养欲望（Desire）、和促成行动（Action）（也被称为AIDA模式）这样一个过程。后来有人对AIDA法则加以补充，加上了可信（Conviction）、记忆（Memory）和满意（Satisfaction）等几项原则内容。1900年美国西北大学校长、心理学家瓦尔特·狄尔·斯柯特写成了《广告原理》一书。这些都为广告学的建立奠定了基础。可见广告已逐渐成为一门学科。

纳桑尼尔·C. 福勒出版了第一批论述广告的书籍：《广告与印刷》、《企业的建设》和《广告方式方法》。在他的广告规则中，福勒强调了连续性："除非持续进行广告的意图已经确立，否则就不要开始广告宣传。"他还倡导："一次只做一种商品的广告。"查尔斯·奥斯汀·贝茨，则出版了《优秀的广告过程》和《广告过程概论》，1895年到1910年期间许多商业刊物涌现，传递有关信息，论述广告方法，培养经济方面的兴趣，而且还提供一个行业论坛。

1890年左右，开始出现了零零星星的关于广告教育的文章，但直到1900年之后，这些文章才开始流行起来。出版商既出版广告概论著作，也出版专门题材的广告学术专著，比如关于直销、关于标志绘制、关于文案、关于广告心理、关于橱窗展示等。后来，出版物的范围扩大到广告研究、广告经济、媒介分析、特定产业广告和广告法规等各个方面。

第三节　近代广告向现代广告的过渡期（1900—1920）

20世纪初，资本主义经济体系逐渐走向全球化。以科技革命为特征的工业革命使美国经济高速增长，迅速成长为世界最有实力的经济体之一。

电力的发明推动电报、电话等电信交通的出现，铁路、轮船等运输工具的改进，连接欧亚的苏伊士运河和连接太平洋和大西洋的巴拿马运河的开通，极大地缩短了世界各地间的距离。海底电缆的铺设使信息可以传送到世界各地。全球性的经济活动与文化交流已成为现实，技术条件的具备是广告传播的保障，美国的近代广告逐步完成向现代时期的过渡。

一、20 世纪初美国广告的发展背景

1. 垄断资本主义时期商业的发展刺激广告业

美国在 19 世纪 90 年代已经成长为世界工业强国，经济持续增长，出现了很多拥有千百万美元资产的大企业。工业化的不断扩展刺激了消费者对商品的需求。美国工业从以钢材、木材和机械等生产资料生产为主转向速食早餐谷物食品、灯泡、真空吸尘器、熨斗、烤箱及洗衣机等消费品生产。

这一时期，资本主义社会进入垄断资本主义时期，大规模的商业兼并浪潮席卷美国。1898 到 1902 年，2 653 个独立的商业机构兼并成了 269 个"托拉斯"，资产总额达 63 亿美元。这些公司在控制生产，集中管理并对市场销售和购买力情况进行预测方面迅速显示出优越性。这些公司集中资本树立品牌，垄断市场。在这方面，广告起了重要的作用。广告也使消费者从中受益，使消费者了解了新产品并且树立了鉴别标识的意识。广告扩大了市场，使得广告主批量生产商品，降低产品成本。广告向消费者传递信息，说服消费者接受广告中的商品品牌。越来越多的企业认识到广告带来的益处。1900 年以后，美国的年广告支出额在其后的 20 年中增长了近 5 倍，从 5.4 亿美元增长到近 30 亿美元。

2. 移民潮催生消费型社会

移民的大量涌入为美国提供了劳动力，也形成新的消费阶层。单 1900 年到 1910 年间大约就有 900 万移民涌入美国，为迅速发展的城市增添了新的动力。到 1910 年止，国外出生的居民和他们的子女已经在纽约、芝加哥、底特律、克利夫兰和波士顿等大城市里占了人口总数的多数。1860 年美国只有 3 100 万人口，到 1920 年则增加到 1.5 亿人口。迅速增长的人口为工业生产需求提供了大量的工人，也为其产品提供了购买者。在这一经济繁荣阶段，工人们的收入逐步增长，不断增长的购买力产生了对更多的消费品的需求。

由于财富和商品消费者数量的不断增长，一个消费型社会逐渐初具规模。到美国卷入第一次世界大战时为止，消费型经济的标志已经随处可见。在城市里，购物者成群结队地去往当地的百货商店，那里有给人以享乐的商品、舒适的环境和便利的服务。与此同时，庞大的邮购商行也向乡村地区的人们提供从专卖药品到最时新的家庭小用品等各类商品。

3. 社会生活急遽改变

19 世纪末,美国社会生活也发生了根本变化。公共教育降低了社会的文盲率,更多人具有使用大众报纸的读写能力。政府发起了公共卫生运动,城市更清洁、更卫生。电的发明为人们的生活带来了光明,提供了动力。与此同时,汽车业开始起步,运输工具的改进和交通的发达使得商品的市场半径扩大。炼钢业和建筑业的发展使摩天大楼和高层公寓楼成为现实。科学和技术的日新月异造就了无数奇迹,使人们的生活内容愈益丰富、便捷、现代。

4. 城市化进程加快

城市与交通是相互依存、互相促进的关系,因而当人口、经济、媒介、交通运输条件都趋向成熟时,必然带来相当的消费力。消费市场此时既能够相对集中,又具有大量乐于接受信息的受众,广告事业在城市化进程中搭上了顺风车,开始快速发展。

5. 第一次世界大战促进广告业发展

1917 年美国涉足第一次世界大战,这一事件促进了广告业的发展。战争刺激了新闻事业的发展,也刺激广告事业参与到国家政治生活中来。在第一次世界大战期间,美国的作家、画家创作了大量鼓舞人心的广告词和招贴画,广告第一次被作为指导社会行动的工具。广告公司的工作重心纷纷从推销消费品转向唤起民众的爱国情感、销售国家债券、鼓励节约以及其他的与战争有关的活动。战时的广告实践使民众相信,广告不仅能够很好地推销商品,也是沟通思想的有力工具。政治广告在这一时期成为政治宣传的有力武器。

二、品牌广告开始普及

20 世纪初,随着产品商标和包装在商品销售中越来越普遍,广告在宣传商品时也愈益突出商品的品牌特点。此外,广告主也愈益注意广告的策划并将其与商品的市场营销战略融为一体。在广告服务方面,广告文案的撰写、版面设计以及插图装帧逐渐成为广告代理机构的常规服务内容。

在这一时期,涌现出许多堪称经典的广告案例。

"优你得饼干"为介绍新产品、协调一致地做广告树立了典范。全美饼干公司甫一成立,就创造了一种有商标名称的酥脆饼干,而且对它进行包装,以便保存,使它新鲜如初。从前,副食品商一直是从敞开口的大木桶里直接卖饼干,不提酥脆也不提卫生。全美饼干公司把这种新产品定型为轻的、片状的、与众不同的八角形苏打脆饼干。为了使这种饼干酥脆,该公司用不透气的蜡纸作为内衬，把饼干密封包装起来。这家饼干公司委托纽约的N. W. 艾耶父子广告公司进行广告代理。广告公司决定给该产品取个讨人喜欢的名字，为这种新产品制作标识，而且名字和标识都要出现在包装上和广告里。就名字问题，广告公司建议定为“优你得”(“You-need-a”的发音)。广告公司还创作了一个穿宽大油布雨衣，头戴雨帽的“优你得饼干”男孩子。男孩在雨中摆出一副可爱姿态，再配上引人注目的广告口号：“万一你忘了，我们再说一遍，优你得饼干”。从1898年，广告公司就发动了第一个投入数百万美元重金的广告大战。通过报纸、杂志、市内电车广告、招贴广告和油漆广告等将一系列的广告将宣传信息传递到全国的每个角落。“优你得”成功后，全美饼干公司又迅速抛出小牡蛎饼干、祖祖姜味脆饼干、无花果牛顿饼干、奖赏苏打饼干、耐毕斯克糖华夫饼干和巴纳姆的动物形饼干。

由此，类似广告人物的使用在这一时期的广告活动中流行开来。广告塑造了许多人们熟悉的虚拟人物。

这一时期，印刷业的革新也鼓舞了人们的创造力。再造明暗色调层次的能力和多版彩印的发明，使得印出的画面看上去更像色彩丰富的油画，而不是黑白线条的素描了。1900年以后，杂志大都使用四色的封面和封底、单色或双色的插页广告。广告的外观变得越来越重要，所以，广告的艺术感染力迅速成为广告代理机构必须具备的传播技巧之一。

厄内斯特·艾尔默·考尔金斯与拉尔夫·霍顿创办的广告公司宣称自己是“第一家提供全套服务的广告代办公司”，提供广告词、广告设计、版面经纪和媒介策划服务。考尔金斯认为，广告“外观”非常重要，而广告的“外观”意味着“产出全部广告效应的广告正文与设计的混合体”。广告具有这一“外观”，就能够有效地吸引读者注意力。考尔金斯提倡简洁、现代的美术工艺运动倡导的那种总体设计：简化的雕刻形式，单色调无光度色差的平面颜色和轮廓化的形象。由于符合当时的流行风尚，考尔金斯强调的广告外观迅速为产品树立了形象。考尔金斯塑造的箭牌衬衫的“箭领人”成为一代学院人士的象征。考尔金斯还尝试在广告中使用韵诗配图，引来众多广告公司的模仿。当读者不再做出反应的时候，精明的广告制作人就改变广告策略，不再使用广告韵诗、商标人物和漂亮的广告画，而是换成一些更硬朗的带有新鲜有趣意味的广告词。在这一过程中，广告制作人不断扩展广告技巧、方法和服务的理论和实践范围。

三、理性诉求与感性诉求

广告诉求可以分成理性诉求和感性诉求：理性诉求是基于产品的功能

特点，就是要告诉人们产品能够解决什么问题；而感性诉求则强调人们拥有某种产品能获得的心理感受。

20世纪初，一些广告大师对广告诉求方式的内在机理已经有了自觉的认识，并将其运用于广告实践中。

主张广告运用理性诉求的代表性人物有实践家约翰·E.肯尼迪、克劳德·霍普金斯、艾伯持·拉斯克和海琳·莱索等人。

约翰·E.肯尼迪是洛德—托马斯广告公司的首席文案撰稿人。他认为，广告应该像商业新闻，要详细而坦率，不应该用韵诗、软销售广告画或一般性的断言；广告的内容，应该是推销员直接面对消费者时讲的话，也就是说，应该提供一种合情合理的理由，说明这种产品值得购买的具体原因。肯尼迪还尝试用斜体字、下划线、大写字母等方法来引起读者的注意，并使用了证言、样品派发、优惠券、无效退款承诺等方法。

克劳德·霍普金斯的广告策略是在广告中为人们提供从逻辑上购买一种产品的"思考原因"。例如，他为毕赛尔地毯清扫器制作的销售小册子，不是强调这种清扫器的机械性能和防尘能力，而是给买这种机器的妇女许多其他购买毕赛尔品牌的原因，如特殊的木工面漆，或是作为圣诞礼物的合适性。

霍普金斯率先提出了"预先占用权"的宣传策略。霍普金斯经手的经典案例之一是施力滋啤酒。霍普金斯在参观该啤酒厂时发现了该啤酒的很多卖点，如："酵母菌"经过1 018次不同口味的测试之后才被选出来；每滴啤酒都经过特别的过滤装置过滤；空啤酒瓶都经过消毒程序等等。最后，他选择了"用高压蒸汽清洗消毒！"这样的诉求。事实上，其他啤酒厂也可以声称自己是这样做的。因为在啤酒行业，高压蒸汽清洗是行业的规范做法，每家啤酒厂都有这个程序。但是霍普金斯指出，如果有谁预先声称自己拥有某种产品特征或品质特征，即便这种产品特征或品质特征并非他所独有，甚至在那个行业是非常普遍的做法，但只要他第一个提出来，那么他就拥有了它。此外，霍普金斯还认为，一条广告应该围绕一个唯一的卖点进行诉求，一次只谈一个，要做到简洁有力。在《科学的广告》一书中，霍普金斯提出了自己的建议："广告人研究消费者，要试着把自己放在消费者的位置。他的成功很大程度上取决于怎样去做这件事情，而不是去做别的什么事情。"

与理性诉求相对应的另一种新策略是感性诉求，或者称做"氛围情感广告"或"印象主义广告文案"。广告充满暗示与联想，注重表现至上完美、品质卓越和身份尊贵，与那些强调价格优惠、物有所值的特许药和邮购产品广告形成鲜明对比。考尔金斯和霍顿为箭牌衬衫所做的广告就是这方面的典型案例。在感性诉求广告中,产品总是被放置在特定场景中,富裕、时尚、唯美通常是它们的共同特点,这种华贵高雅的氛围使产品也似乎具有了高贵气质。

心理学家弗洛伊德、荣格的研究都从不同侧面证明暗示对人的潜意识影响。学者司各特的《广告心理学》一书进一步论证了产品的置放环境可以给人们以某种心理暗示,并影响他们对产品的认知。司各特指出,理性诉求的最大弱点是,它描述了产品本身,但没有告诉购买者拥有这个产品会使他愉悦:"有多少广告主能把钢琴描绘得生动无比,使读者能够听到?有多少食品被描写得能让读者品尝到它的滋味?有多少广告把香水描述得能使读者闻到它?有多少人能把一件睡衣描绘得能让读者感到它与身体接触时的那种快感?"

20世纪20年代,对暗示和情绪的运用逐渐深入人心。行为心理学家沃森向智威汤逊广告公司提议,广告策略应建立在暗示的基础上,要针对消费者的无意识心理进行宣传。感性诉求广告最经典的案例是希尔道·麦克马纳斯为卡迪拉克汽车所写的"对领导的惩罚"一文。广告文案优美,颇具雄辩色彩,通篇未提及汽车,也没有汽车的插图。其文案写道:

> 在人类进行努力的每个领域中,领导者必然成为公众注目的焦点。无论这一领导者是一个人或是一个产品,对他的模仿和嫉妒无处不在。在艺术、文学、音乐以及产业领域,奖赏也就是惩罚。奖赏意味着广泛的认知,而惩罚则是要遭到猛烈的反抗和诽谤。当一个人的工作成为全世界的标准,他必然成为嫉妒的箭靶。……伟大的诗人、伟大的画家、伟大的工匠,都曾受到攻击,但他们的桂冠传承千秋万代。因为优秀或卓越本身能使人们自知,不管反抗的声音多么喧嚣,那都是值得我们留存下来的事物。

另一位感性诉求的代表人物是雷蒙·卢比凯。他用一种暗示身份、地位的印象主义文案,辅以优雅华美的艺术氛围,营造出拥有这种产品时的感觉。

理性诉求和感性诉求两种诉求风格在每一时代一直共存着。只是在不同的时期,广告的时尚会略有偏向。另外,选用哪种风格还主要取决于产品本身的特点。霍普金斯的理性诉求风格对于便宜的、经常购买的小商品,比如牙膏、香皂等最有效果;而麦克马纳斯的感性诉求风格则对那些昂贵的、不经常购买且很少属冲动性购买的商品,像汽车之类的大件商品颇为有效。

四、美国广告管理和行业自律

美国最早的广告法案可追溯到1911年通过的《普令泰因克广告法草

案》。该法案规定：任何人、任何企业和广告代理均不得进行欺骗性的广告宣传。任何不真实或令人误解的广告，都将以诈骗论处。

1911 年，美国广告行业杂志《印刷商的油墨》制定了《印刷油墨法规》。其中规定：任何人、任何企业和广告代理，在从事印刷广告的活动中，不得使用欺骗性或讹诈性言论。如在广告宣传中以假乱真，有损消费者的利益，均属犯法。

1914 年，美国国会通过了《联邦贸易委员会法案》。该法案规定了虚假广告的含义、法律责任、虚假广告的管理机关等，根据该法成立了联邦贸易委员会，具体执行管理广告的工作。

1914 年美国成立了"发行量审计局"，简称 ABC；同年又建立了商业改进局，简称 BBB，负责监督商业包括广告的经营。1914 年，发行量审计局开始运行。开始，它只是按照净订户数审计报纸和杂志的发行量，后逐渐完善，又对发行的地域分布进行详细分析并使用各种分析方法确定发行量的特点，它提供的信息范围不断扩展，为判断报纸和杂志的品质提供了更多有价值的信息。发行量审计局的建立具有划时代的意义，ABC 制度的建立成了促进广告业稳定发展的主要因素。此后，几乎所有的报纸和杂志都不得不加入发行量审计局，因为广告主和广告公司不会考虑一个不能提交发行量审计报告的媒体。

作为美国广告联合会前身的美国联合广告俱乐部，提出要为广告的真实性和道德而斗争，提出了"广告就是事实"的口号，并针对虚假广告制定了道德法规。

与此同时，一些广告行业组织开始活跃起来。最早的广告组织是 1894 年在芝加哥成立的埃格特俱乐部，杂志界业内人士自发组成了这个组织。在该组织存在的 25 年里，他们定期聚会讨论与杂志广告相关的各种问题，交流对广告的看法。1896 年，斯芬克斯俱乐部在纽约成立，这是一个全国性的组织，会员包括广告主、广告公司、出版商、户外广告代理商、印刷商、雕工以及其他与广告相关的人士。斯芬克斯俱乐部成立的宗旨是"更清楚地了解广告问题，更好地发展广告"，座右铭是"诚信广告"。该组织每月都有定期的聚会，为会员们拓展业务、建立商业关系网络提供了有价值的帮助。

1905 年，美国广告联合会(AAF)成立，这是最重要的行业自我管理机构，是代表国内广告商、广告客户、广告媒体的联合组织，包括广告公司联合会、广告主联合会、广播电视联合会、报纸杂志联合会等，下设有全国广告审查委员会(NARB)、广告工作局和儿童广告审查委员会。它不但对本行业的广告进行监督管理，而且还对国家的广告活动提出意见，对政府制定的有关广告的法律法规做出反应。

1910年,全美广告主协会(ANA)成立。其宗旨是“使在广告上花费的每一分钱都能带回更多的回报”,协会为会员提供广告和市场营销方面的信息和咨询服务。全美广告主协会的会员主要是一些公司,公司代表可以以个人会员身份加入协会。

1917年,全美广告公司协会(AAAA,简称4A)成立。美国广告公司协会,由专业广告公司组成,自我管理相当有成效。为了获得媒体承认,凡美国境内的广告代理商都必须申请加入该协会,但事先要经过各种审查和投票决定,并遵守自律守则。

20世纪20年代,几乎所有的广告媒体和广告公司都意识到了制定统一的行业标准的必要性。于是,全美广告公司协会研究报纸和杂志的版面,并制定了统一的规格标准;为报纸和杂志广告版面购买设计了统一的订单样式;把广告公司的代理佣金定在15%;用定量方法研究报纸和杂志的发行量,并推广了调查方法的使用,避免广告投放中的浪费;促进了行业内新印刷技术的普及。

五、广告教育和研究

大约从1900年开始,美国的函授学校就开始提供广告技巧方面的课程,这证明广告活动在商界增加了合法性。例如,亚历山大、汉密尔顿学院和国际函授学院在其科目中均包括了广告。10年后,像哈佛大学、纽约大学、波士顿大学、西北大学和密苏里大学这样的高等学府也开始十分认真地对待广告,把它列在他们的商业课程中。

智威汤逊的研究与科蒂斯出版公司的独家调查结果合在一起,提供了一种未来的市场营销研究者必须要掌握的市场依据。1912年智威汤逊公司的斯坦利·莱索做了一项名为“人口与人口分布”的研究,这项研究实际上按种类并且按州列出了每个商店。这一广告公司把这项研究持续到当代,它更为细致精确地描述了消费者群,并跟踪大城市中批发商店和零售商店的业务增长,等等。

邮单反馈测试也是当时较为常用的研究方法。这种方法对消费者喜爱的商品提供了粗略的估价。在受测城市中,相同的广告会出现在不同的杂志上,而这种结果是可以进行比较的。“分别连续刊登的广告”可以把同一广告不同的解说词放在同一版次进行对照比较。通过这些研究,广告代理机构能辨别出最适宜的媒体。

独立的研究组织也出现了,代理公司内部开始形成各种部门,去获取有助于广告策划的细节资料。这被证实为是一种重要的服务项目。

早期广告教育正规化的主要推动者是成立于1905年的美国广告俱乐部联盟，它是美国广告联合会(AAF)的前身。主要任务就是促使广告专业化和提高广告人的社会地位。

六、第一次世界大战与广告

1917年，美国参加第一次世界大战。由于许多制造商从生产消费产品转为生产军工产品，国家经济在特殊时期几乎全部为战争服务，其他制造商在这一时期的市场推销策略自然要受到一定影响。制造商为了适应战争的特殊环境，不得不对各种推销策略进行调整。

许多广告主试图将本来是一般性的日用消费品与战争联系起来，为产品树立爱国形象，以获取声望。例如，一则艾尔金手表公司的广告，其广告词在"服役的导向星辰"的标题下写道："几十万块艾尔金手表每时每刻都在为美国和盟国的战士们服务"，其他的广告则传递着诸如此类的各种信息，显示他们的产品帮助战士们坚持战斗。另一则经典广告"象牙香皂紧随战旗"向读者传递的信息是，该产品实际上是我们的孩子们从前线撤退下来后，休息、娱乐、洗衣服和洗澡时让他们感到生活乐趣的产品。

政府也创作了具有全国性影响的广告以寻求公众的支持。新创建的联邦公共情报委员会巧妙地引导公共舆论，培养战时的爱国主义思想，并向公民同胞宣传他们可以做什么工作来帮助国家打赢这场战争。该委员会内部的画家查尔斯·戴纳·吉普森建立了一个"绘画广告公司"，组织职业设计师和主要的广告插图画家为战争努力创作艺术作品。印刷商也把他们的服务作为捐赠，免费印出数以百万计的生动的广告招贴画。广告公司也纷纷捐赠广告版面。战后，让未被销售的版面用来为公共事业服务的传统延续下来了。

许多由该委员会创造的形象起到了提高国民觉悟的作用。这些广告为武装力量征募兵员，鼓励妇女在国内自愿服务，销售国债，还宣传在家中储备战争物资。红十字协会刊印了一条流传最广的广告："世界上最伟大的母亲"，画的是一位身着护士服装的圣洁的女子，抚育着一个受伤的战士。这是一个体现了该组织理想的形象。公债发行运动在广告中敦促公众："一直购买到支持不住为止"，其他一些广告则是向青年人宣传战争，出自詹姆斯·弗莱格之手的著名的山姆大叔在广告中伸出手指宣布："我要你参加美国军队"。

本章关键词

印刷广告　新闻信　新闻书　近代报纸　报纸广告　本杰明·富兰克林　便士报　福尔尼·帕尔默　G. P. 罗威尔　艾耶父子广告公司　品牌广告　广告诉求　《印刷商的油墨》　邮单反馈测试　第一次世界大战

思考题

1. 试述近代广告时期印刷广告的发展。
2. 为什么说传播技术的进步直接促进了广告业的发展？
3. 17、18 世纪广告代理业的萌芽有哪些表现？
4. 19 世纪广告业在美国迅猛发展的原因主要有哪些方面？
5. 简述 20 世纪初美国广告人对广告诉求的认识。
6. 理性诉求和感性诉求各有哪些代表人物？各有哪些代表作品？
7. 简述美国近代广告向现代广告过渡时期广告管理的特色。

第七章
美国现代广告

美国现代史是美国社会生产力飞速发展的历史，是美国垄断资本主义发展成熟，由一般资本主义大国发展为头号超级大国的历史。美国在20世纪首先经历了1898—1929年第一次世界大战前后的经济高速发展时期。美西战争以后，美国真正步入世界经济大国行列。此后，美国经济持续迅速发展，并从第一次世界大战中得益，到20世纪20年代达到经济发展的一个高峰。此后，1929—1933年的经济危机严重冲击了美国社会经济生活，罗斯福新政推行以后，经济逐步好转。第二次世界大战爆发以后，在法西斯国家不断扩大的侵略面前，美国在1941年底"珍珠港事件"爆发后正式参加第二次世界大战，是反法西斯重要盟国之一，发挥了"民主国家兵工厂"的重大作用。战后，科技革命在美国的兴起和国家垄断资本主义的新发展，使美国成为工业现代化的头号超级大国。50至60年代经济持续迅速发展。在国内经济社会生活中，历届政府推行一系列改革措施以发展完善国家垄断资本主义。70年代以后，科技进步推动美国进入"信息时代"，美国在现代科学技术的许多领域都取得了重大突破，经济上经历了70年代的滞涨经济时期和80年代的经济繁荣时期。进入90年代，日新月异的科学技术、经济的全球化潮流和起伏不定的经济形势成为美国经济的显著特点。

整个20世纪美国的历史，尤其是经济发展的历程对美国现代广告业的发展产生了深远的影响。

第一节　20年代喧嚣时代的广告(1920—1929)

第一次世界大战以后，美国经济开始腾飞。工业生产总值在1921年至1929年间翻了一番，在拉动经济发展的过程中发挥了重要作用。汽车制造业对整个经济体系造成冲击，刺激了钢铁、玻璃、油漆、橡胶和石油等基础产品的生产，创造了数以百万计的就业机会。到1929年，美国的汽车总数达到了近3 000万辆，几乎每家一辆。科技进步也提高了人们的生活水平，灯泡代替了煤油灯，电话普及，收音机播送新闻和娱乐节目，电冰箱、电风扇、吸尘器、洗碗机、洗衣机等家用电器开始普及。

20年代，城市化进程继续快速推进，城市人口迅速增加。据统计，20年代美国人口中已经有51%居住在城市。经济的繁荣使人们的工资增加，1925年，有40%的美国人年收入超过2 000美元。而且，由于五天工作制的实行，人们的余暇时间增多。

20年代，零售连锁店出现，零售业面貌的变革波及流通的各个环节，涉及副食、服装、药品等各个行业。自选超市越来越受欢迎，商品的包装设计为适应消费者新的购物方式，开始自觉地利用造型、颜色、大小、质地来传递产品信息，吸引消费者的注意力。商家还在连锁店提供产品资料，或演示产品的使用方法，而全国性的广告宣传则使消费者在进商店以前就知道要买何种品牌的产品。

由此，20世纪初业已形成的消费经济更加繁荣。经济的蓬勃发展、消费能力的提高为广告业提供了良好的发展环境。从1919年到1929年，美国的广告费总额从22亿美元飞速上升至34亿美元。在广告品类方面，食品业、饮料业、医药业、卫生间用品以及汽车工业居于前列。

一、广告对生活方式的影响

这一时期，广告中最常见的主题是生活和形象。在各种媒体中，广告都充斥其间，试图说服人们购买更多的商品。当新的产品和新的产业层出不穷时，广告主开始逐渐超越商品对人们物质需求的满足，不断从全局上对人进行教育，并倡导新的卫生习惯、着装习惯、生活技巧。消费者购买商品不再由于物质需要，而可以仅仅由于他们想拥有某些商品，并进而选择某种生活方式。实际上，这意味着广告诉求的变化，从使用价值的诉求转向符号价值的诉求。当消费者被鼓励去买“适当的”面包，“适当的”吸尘器和“适当的”汽车时，所谓“适当”大多与商品无关，而与消费者的身份角色以及生活品位、价值观有关。

1. 性别形象的塑造

这一时期的广告中，女性充当的角色，已经与半个世纪以前不可同日而语。成衣、面包店烤制的面包、包装好的各种食品和节省劳力的设施减轻了或是使她们摆脱了许多耗费时间的家务工作。1920年妇女赢得了宪法认定的选举权，到1925年，走出家庭去工作的妇女人数已占总人口的25%。金融机构女性雇员占到一半，公司里的办事员和打字员有90%是女性。尽管女性还未实现与男性同工同酬，但毕竟在经济独立方面有了很大改善。

于是，女性成为广告商瞄准的对象。大量广告指向了在城市中生活工作的妇女和有消费能力的妇女。经济繁荣已经扩展到美国人口的大多数，但是这种新获得的富裕生活，却伴随着一种对社会承认和社会赞同的不安的关注，一些已经获得了经济独立的女性对自己的社交形象却不十分自信。

女性对社交的渴望以及在社交形象方面的不自信，被广告大肆利用。广告商经常对女性最害怕的、唯恐冒犯别人的心理加以渲染，利用女性希望被追求、被喜爱，进而加入成功的中产阶级普遍心理大做文章。

智威汤逊公司加大市场研究力度，在销售和服务中运用科学的心理学方法有效地吸引顾客。该广告公司为发酵粉、除臭剂、力士香皂和润肤膏等所做的广告，成功地将恐惧感、性和仿效的感染力混合在一起，广告中出现的女性大多焦虑不安、手足无措，消费者容易产生条件反射，对这些产品产生"需求"。一时间，其他广告制作者迅速仿效这种"恐惧—性—仿效"模式。

与广告中女性的不安形象形成对比的是，这一时期的广告中，男性形象往往以白人为主，衣着得体，举止优雅。广告中的男性被刻画成白人权威，而不是有色人种或蓝领工人。男性要是和女性在一起出现在广告中，要么这些男性欣赏她们，要么就不赞成她们，比如说：是由于他们倒霉地闻到了女性呼出来的不雅的口腔气味，或是端上来的咖啡不合口味。在广告中，男性总是以具有优越地位的主体身份出现。

之所以会出现的这样的情形，有学者认为这是因为是男性创造了广告中的女性形象。当时，广告业中极少有妇女受雇于秘书层次以上的职务，而且99％的广告撰写人都是男人。这种情况一直持续到第二次世界大战。

2. 在广告中推销个人形象

这一时期，广告鼓励迅速发展的中产阶级和新富去购买商品，不是他们"需要"物质产品，而是他们"想要"这些商品来提高自己的社会形象。上层阶级的突出特点是爱炫富，于是广告商用对"富有阶级的女人"有诱惑力的产品，去逢迎潜在的购买者。这些广告已经开始运用代言人，描绘身着高档时装神气活现的女郎，优雅的背景环境中闲坐着的有钱的先生小姐，仆人为他们奔走服务；印刷精美的文字和饰边把展示柜陈列的日用产品转变成奢侈品。广告还运用推销"时尚"的老创意来提高产品的价值，并因此抬高产品的价格。

20世纪20年代，浴室现代化了，并成为个人展示其卫生习惯、个人生活品位和个人形象的重要场所。广告商充分认识到上层社会喜欢炫富、下层阶级向往富足的社会心理，于是在广告中使得商品的消费与身份认同联系在一起。

1925年为克兰浴室设备做的广告这样叙述说："现代的浴室已经从仅仅是一件实用物品，发展成宽敞、清洁又卫生的净地。"广告词用四色印制，生动的插图显示出"浴室美化的可能性"，"瓷砖地面和暖色的熟灰泥墙壁有着樱草色、棕色和绿色的西班牙产花式陶器镶边"。新的设计和装置魔术般地把另外一间浴室变成一座英国式农舍风格的设施。然后另一则广告则用“从非洲运来的撒哈拉大理石板和意大利艺术激发的设计灵感”描绘出一个具有异国情调的浴室。为了与现代浴室装饰保持和谐一致,普通的白色浴巾让位给五颜六色和装饰图案各异的浴巾。制造商发现消费者很愿意花钱买这种“够档次的”毛巾的附加值。

到20世纪20年代,汽车的性能和可靠性已经不是问题。汽车已成为一种美的事物,人们生活中的时髦、优雅的焦点物品,它给人们提供大范围活动的机动灵活性、激动刺激的感觉、种种奇遇冒险,甚至还是风流浪漫的保证。此时流行用销售时装、裘皮、首饰、香水、旅游胜地和烈性酒的广告撰写风格来宣传汽车。这一时期,美国汽车制造商第一次专门为界限明确的消费者群体研制产品。这种观念就是后来人们熟知的市场区隔战略。例如通用汽车公司创造性地提供九个品牌的车型,是“为购买力各异、目的不同的顾客设计的汽车”,以此引起各收入阶层和生活方式有所不同的大众市场的喜爱。

3. 推销现代生活方式

20世纪以前根本闻所未闻的许多产品问世了,收音机、手用电熨斗、烤箱、洗碟机、洗衣机、电风扇和电冰箱等等迅速成为家庭必需品。家用电器、包装食品和清洗剂等产品的广告都许诺可以简化日常的家务杂事。广告商把安逸、舒适和便利作为主要的销售点,在广告中突显对家庭主妇的幸福健康关怀,总是告诉家庭主妇去寻求日益丰富多彩的活动,把自己从家务杂事中解放出来。广告建议妇女把省下的时间用来和孩子们玩耍、参加俱乐部的活动、读书看报、打高尔夫球或是去看电影看戏剧。

这一时期的广告中有许多涉及新的技术发明,如电冰箱、真空吸尘器和烤好了就自动弹起面包片的电烤箱的广告。这些新产品逐渐找到了一种能够让消费者祛除技术恐惧的方式,在广告中巧妙地传递新技术会让生活更加轻松、便利的观念,使得新技术、新发明迅速为市场接受。这些广告一般会解释发明是什么,它是如何运转的,怎么使用它,更为重要的是人们为什么需要购买它。1927年一个烤箱生产厂商做的广告宣告,第一台自动弹出电动烤箱是专为家庭设计的,其广告附有操作步骤的附加说明:

> 一种令人惊讶的制作烤面包片的新方法……你把面包片放到烤箱里去以后,根本不用盯着它,也不用翻转它,根本不会有烤焦的危险,而且每片面包都烤得恰到好处……你要做的所有事情就是:① 把一片面包放到烤箱的槽沟里;② 把两个控制杆按下去就自动接通电源,并设置好定时装置;③ 噗,烤好的面包片自动弹

起，电流自动切断。

为了推销更多的汽车，20年代的汽车广告发展出“计划性过时”的风格化广告战略。“必须拥有一部时髦汽车”是汽车广告中一再强调的新生活方式。广告制作人大肆鼓吹每年的车型变化，暗示消费者对他们已经拥有的车型产生不满，进而想拥有一部更为“高级”的车。人们怎么才能买得起汽车？早在1912年，就有了赊购方法。一份为1916年的麦克斯威车做的广告宣称：“开上车了再付款”。到20年代末止，汽车销售商、家用设施销售商、汽艇销售商、裘皮商和家具商都鼓吹：“现在先享乐，以后再付款。”结果，此时的美国人都通过各种赊购形式购物，汽车、收音机和家具这类商品数量的60%以上都是以这种方式销售的。

二、广告媒体的拓展

道路状况的改善、汽车性能的提高，尤其是汽车的普及使驾车旅行成为美国人新的生活方式。从此，户外广告成倍增长：为汽车、轮胎、软饮料、口香糖和许多其他产品做广告的广告牌越来越多。第一次世界大战后，广告市场研究有了较大发展，户外广告更加科学。广告商通过统计数据来确定目标读者并寻找受人喜爱的商店坐落地点。广告公司用广告牌“显示”的规定数量，来获取指定市场“饱和”信息的方式，设计户外广告战役来完成某个公司的销售目标。广告商为了把信息传到一定比例的潜在消费者那里，就要把他们的广告信息登发在所需数量的广告牌上。此时，已经有专业的户外广告公司为广告主提供设置路牌的服务。

汽车与户外广告、广告市场研究的结合导致了20年代的户外广告策略形成独特风格。当时，已经有研究表明，一辆汽车以每小时35英里的速度行驶时，大约要用18秒钟的时间去看路边标语牌。诸如此类的消费者与户外广告的接触研究对户外广告的文案风格和整体制作风格都产生了深刻影响。

户外广告的广告语中妙语警句逐渐增多，使人过目不忘。一种剃须膏产品在户外广告牌上写着：“有须毛的女士/她现在是/一位著名的/电影明星/试了一罐/缅甸剃须膏。”另外一条写道：“他有了戒指/他有了公寓/但是她摸着他的下巴/而那个/还是那个。”电动剃须刀后来问世，有了这样一条广告语：“绸缎似的脸颊/剃得异常光滑/还很干净/用刈草机/可不能得到/缅甸剃须膏。”

另外一种独创性的户外广告媒体叫作“摘要性建筑物”或是“作为广告的建筑物”。这种建筑适合了新兴的驾车旅行者的口味，成了一种美国现象。这些古怪稀奇、引人注目的建筑物引得人们停下车来，然后把车从路上开下来买些食品或是饮料。有很多这种摘要性建筑物的范例，如：从门廊直接进入的咖啡壶，巨大的茶杯和托盘，两层楼的奶油，猪形的排骨肉，还有卖冷饮的圆顶冰屋。从1928年到1934年，这些诱惑物受欢迎的程度达到登峰造极的地步。

20世纪20年代，天空的飞行器也已经涉足广告，成为具有轰动效应的空中户外媒体。广告商尝试过从软式飞艇上悬挂广告、从低飞的飞机上向下喊广告口号、向城市集中抛洒广告传单和产品样品等等手法。最受欢迎的是空中写字。从那时起，空中写字就成了飞行表演、橄榄球赛和其他各种户外事件的标准特技表演。

1920年，匹兹堡电台KDKA播发第一条无线电商业广播。这标志着美国广播事业的开始。当时收听这一节目的收音机还不足1 000名。这些听众收听到的是当时两位总统候选人竞选总统的投票统计结果，没有广告。不久每周就有了专题广播节目，现场直播交响乐、垒球比赛、垒球新闻。无线电广播一炮打红。成千上万的业余收音机制造者构成了现成的听众队伍。从1921年秋季开始，在6个月的时间里就售出了50万台收音机。到1929年为止，每五个美国家庭中就有两个拥有收音机。有营业执照的广播电台的数量也从1920年底的30家，增加到1923年初的576家。

早期广播电台并不欢迎商业广告信息，广播电台认为"家庭小圈子不是公共场合。"广告行业刊物《印刷商的油墨》1922年警告说："而且除非受到邀请，广告也没有理由闯到那去。"1922年底，纽约广播电台WEAF把播音时间卖给了广告客户。第一条无线电商业广告是为长岛的一家房地产公司做的，该公司以50美元的价格买下10分钟的播音时间，这一广告立即使好几套公寓成交。在不到一年的时间里，WEAF就有了25位赞助商，其中包括高露洁和大都市人寿保险公司。

不过在最初的几年里，广告商并不知道怎么来对付这种新媒体。起初许多广播广告商只是在租赁下来的整段时间填满广告信息，其他一些公司则尝试创作一些与其产品有关的节目，如吉列公司主持了一个就胡须时尚进行的谈话节目来促进销售。到1927年，只有20%的无线电广播节目有广告赞助商。

20年代后期，音乐节目是最受欢迎的广播节目。洛德—托马斯公司和智威汤逊公司逐渐发展成为无线电广播领域中最重要的广告公司。在洛德—托马斯公司控制的音乐节目中，他们创造性地在每支歌曲结束时插播香烟广告。该广告公司还制作了广播史上最受欢迎的喜剧之一《阿莫斯和安迪》，由某牙膏制造商赞助。这个喜剧播出后，万人空巷。

由于全国广播网和辛迪加集团的出现，广播广告得以跨地区在全国播出，其广告价值亦被充分认识。电台的广告收入从 1927 年的 300 万美元上升到 1929 年的 4 000 万美元。到 20 世纪 30 年代，无线电广播业逐渐成熟起来，并且超过杂志成为第一大广告媒体。

三、广告风格多样化

20 世纪 20 年代的许多广告，已经偏离传统的版面设计和编排手法，开始用标新立异的新方法来表达现代的创意观念。20 年代的广告风格，受到装饰艺术运动的巨大影响。

1925 年在巴黎举行的“装饰艺术博览会”，标志着装饰艺术运动的兴起。这次博览会寻求在装饰艺术和艺术建筑方面的国际性规范。装饰艺术派的装饰品包括了各种各样有异国情调的基本色彩和花饰。东方的、埃及的、阿兹特克的和其他历史风格。这种风格吸引了不可胜数的新设计创意。这种风格流畅的线条和简化的图形适合于批量制作。

20 年代末到 30 年代初，现代派的流畅的线条和异国情调的品味实际上已运用到了日常消费品中：家具、银器、打火机、首饰、灯具等家庭用具、招贴广告画、服装和纺织品等等。装饰艺术运动促进了广告风格的多样化。一些设计师和插图画家创作了独一无二的意境，用来展示他们产品的优点，华美的形象体现了一种完美的品味和上乘的工艺。艺术家们为广告内容配上线条流畅的装饰艺术派作品，对消费者产生极大的吸引力。20 世纪 20 年代末，这种广告风格到达巅峰。但装饰艺术风格也遭到了批评，被认为是最糟糕的广告画。面对这样的广告作品，人们会感到过于强调了艺术，产品和销售信息在设计中没有被突出。研究结果表明，公众更喜爱实用的现实主义，对装饰性很强的现代风格并不在意。随着 20 年代末经济危机的来临，广告风格逐渐转变。

第二节　大萧条和第二次世界大战中的广告(1930—1945)

1929—1933 年发生的经济危机，是美国历史上最严重的一次经济危机。美国学者为了区别于其他历次危机，称之为“大萧条”。从 1929 年到 1932 年春，企业破产达 109 371 家，总负债额近 30 亿美元；外资投放量以及政府和公司投资从 15 亿美元下降为 1932 年的 8 800 万美元。一些支柱性产业，如钢铁、汽车、建筑业的衰退情况更是惊人。经济衰退造成广告业举步维艰，美国的年广告费支出总额从 1929 年的 34 亿美元降到了 1933 年的

13亿美元，下跌了近70%。

大萧条改变了人们的生活，结婚率和人口均出现下降，家庭开支大幅削减，失业率居高不下。人们失去了安全感，对未来感到茫然绝望。失业、贫困、疾病、犯罪、精神颓丧，成为普遍的社会风貌，仿佛是到了“世界末日”。

大萧条给本来就竞争激烈的广告业带来了巨大压力。业界广告费用和收入在1929年至1930年间大幅度下降，大多数有实力的大公司，如智威汤逊、洛德—托马斯、BBDO、扬·罗比凯仍然在业界保持领先地位。在接下来的三年里，广告主的广告支出与广告行业收入更是直线下降，公司只好更大幅度地裁员、降低工资。到了1932年，几乎所有的公司都感到了经济上的困窘。与其他企业类似，许多广告公司倒闭不可避免。

富兰克林·罗斯福总统通过广播采用每周一次“炉边谈话”的形式，向美国公众发表演说，公布他的“新政”纲领。所谓“新政”，就是大力加强国家对社会经济生活的干预和调节，改善中、小企业和工人的经济处境。这项计划涵盖了经济的各个方面，对工业、农业、银行业和股票市场都产生了巨大影响。罗斯福的“新政”措施使美国经济有了明显的复苏。1937年失业人口比1932年减少了600万人。1938年美国工业产量比1932年增加了30%。个人收入和企业利润都逐渐增加，股市逐渐恢复。但是，一直到第二次世界大战，美国仍然有数百万人失业。第二次世界大战给美国带来了前所未有的机遇，使美国的经济完全摆脱了大萧条的阴影，出现了空前的战时繁荣。广告作为重要的战时宣传手段，为美国的战争动员做出了重要贡献。

一、价格和恐惧成广告诉求主潮

由于经济环境的影响，三十年代早期的广告从内容到面貌都有这一时期的特点。这一时期的广告表现出如下特点：首先，为节约成本，广告主用大版面的文字取代了之前的彩色印刷和插图。其次，广告借助于价格诉求，对消费者进行硬销售风格的推销。第三，广告中充满夸张的伪科学的辩论和情感投资。第四，许多广告利用人们强烈的经济和个人危机感来达到其目的，进行恐惧诉求。BBDO的负责人布鲁斯·巴顿说：“在生意难做的情况下，理想不要了，标准降低了……那些愚蠢的广告、虚假的广告、令人厌恶的广告，使人们不再相信广告，也使我们的处境非常被动。”

广告制作者挖空心思，向人们证明他们的客户的产品。无论从价格、功能还是从价值上讲是多么必不可少、富有吸引力。他们利用人们在大萧条的冲击下最关心节约和就业的心理大做文章。广告频频突出价格优势，在广告上打上价钱作为吸引注意力，这种表现手法在三十年代初期最为多见。

困难时期，新兴的超市备受青睐。1930年，亨利·索克劳夫在纽约的魁恩斯开办了全国第一家现代超级市场——金卡伦食杂店，这家“世界上最最便宜的商店”比一般的食品杂物店大十倍。现代超市的特点是有较大的停车场，自己动手挑选商品，低价，并有遍及全国的广告促销方式。超级市场的经营者希望顾客能一次购买大量的食品，所以他们在商店里向顾客提供铁丝篮，装他们选购的商品。后来发展到超市提供手推车，令采买东西的人更加省事。

对价格的重点强调，使一些全国性的品牌广告看上去像在为零售店做广告。一些汽车广告甚至采用了传统的甩卖设计方式，突出优惠价格。还有的广告强调买这种产品，就等于省下了多少钱。如，胡佛吸尘器的广告夸口说：“任何女人都可以买一个吸尘器，它的质量可以与最有钱的女人的吸尘器相媲美，价格却比一般的便宜 4.5 美元。”法布雷遮阳窗帘的广告告诉人们不要再扔掉脏了的遮阳窗帘。而应该把它们洗干净：“现在，有了真正可以洗的遮阳窗帘……而且每个只卖 45 美分。”利思特雷牙膏广告提出：“看看用你省下的 3 美元能买些什么?”（意思是说，人们买 25 美分一支的利思特雷牙膏，而不买 50 美分一支的其他牌子的牙育，一年就能省下 3 美元。）利思特雷的广告列举了 3 美元可以派上的用场——买一双厚底靴或内衣或牛奶或其他生活必需品。广告还利用人们普遍希望“不花钱白得”的心理，有奖竞赛、买一赠一之类的广告十分常见。

广告还常常利用这一时期人们普遍具有的不安心理，在广告中渲染负疚、恐惧、羞耻等负面信息，以增强广告的说服力。这些广告想达到的共同目的是：“要是你不买这种产品，你会后悔的。”香烟、肥皂、卫生纸、消毒剂、除臭剂和酵母制造商不顾体面形象，在广告中大肆在人的生理缺陷上大做文章。危言耸听的文字源源不断见诸广告文案。一幅广告照片上，一个男人悲伤地想：“她的牙齿……没有变坏以前，她本是个漂亮女人。”她是因为没有用福兰牙膏保护牙齿和牙龈，得了牙槽脓溢以至使形象如此受损的。

恐惧诉求广告除了利用人们在经济上的不安全感以外，还更多地利用人们对失业的恐惧。

吉列剃须刀片的广告警告读者：如果一个男人不注意修剪胡须，他的生意伙伴就会转过身去悄悄对老婆说：“别担心……下次我不会再带他来了。”或者老板会警告他：“把自己收拾整齐，否则走人。”于是广告制作人安慰人们道：“只要用了我们的产品，你就会工作稳定，并在新机遇中大有作为。”

一则麦片广告警告说：“生意场上没有病人的位置。早上不喝燕麦粥的商人无法与人竞争。”

卫生纸广告详述了由于使用了不该用的“劣质卫生纸”，导致事业中途夭折的故事。

巴黎吊袜带则竭力说明,即便短袜也有潜在的危险。一则 1936 年的广告声称:“他争取到面试的机会……但他的短袜却使他前功尽弃”。“失败”两个大字赫然印在图片上方,广告正文中写道:“他给人的印象极佳,但他一坐下……人们所听见和看见的一切都是他的袜子……它们从鞋帮上垂下来,在整个面试过程中……每一次他说话,他的袜子都打断他……他一线获得这份工作的希望也没有……然而一双巴黎吊袜带就会从根本上改变这一切。”广告声称:“似乎没有工作可以给一个连袜子也穿不好的人。”

二、广告表现的新闻风格

与价格诉求和恐惧诉求的广告风格相一致的是,大萧条时期广告中出现了一种类似新闻报道的摄影报道风格。

为改变公众形象,一则为克莱斯勒汽车厂的普利茅斯车所做的广告刊登了一张沃尔特·克莱斯勒俯身于普利茅斯车发动机罩上轮廓清晰的照片,照片上面用黑体大字印着“货比三家”。下面的文字从技术性能上介绍为什么这种车优越于不便指出名称的竞争对手。这一做法颇有创新之处。该广告是一则含蓄的比较广告,同时,也是采用摄影报道风格的广告中颇有代表性的一则广告。这一时期,格彻尔发展并完善了独特的摄影报道风格。格彻尔参观生产设备,研究产品,以发现其独特之处。然后他将广告印成小报的形式,采用直行式排版,采用令人耳目一新的标题,以及在具有现实感、引人注意的照片旁附带有力的文字说明。他做的广告,无论是汽车广告还是饼干广告,都能吸引读者的注意力。这种风格不久就成了最流行的风尚。20 年代那些描画得非常美丽的插图已不受人青睐,取而代之的是较便宜的照片。

在危言耸听的广告包围下,扬·罗比凯公司的广告作品可算是别具一格。公司提倡科学方法,如“阅读与留意”报纸、期刊,或精确地估算无线电广播的收听率。这家公司还率先把科研引进创意过程,并聘请了广告与新闻方面的专家乔治·盖洛普。据盖洛普的研究,读者希望把大段的文字打成小段落,并喜欢看到斜体、黑体和小标题等印刷形式。盖洛普还发现连环漫画广受欢迎,这使得广告公司纷纷到星期日报纸的漫画版上刊登广告。盖洛普的调查结果广为人知后,用连环漫画做广告的方式从幽默报纸扩展到其他印刷媒介。在图画中添加对白,构成有逼真气氛的微型戏剧一时间流行开来。广告用这一方式宣传各种各样的商品,如香皂、食物、药品、剃须刀、自来水笔和打字机等。从此,市场调研在广告运动中获得了愈益重要的地位。

三、消费者运动的兴起

大萧条导致消费者在花钱上更为谨慎。由于广告中常常出现夸大和不实宣传，公众对广告的不信任日益加剧。新兴的消费者运动在某种程度上说是一场消费者教育运动。一些有良知的广告人纷纷著书立说，揭示广告业内幕，使消费者能够更明智地做出消费决策。

广告文案撰稿人海伦·伍德沃德写了一本名为《透视多面窗》(1926)的批评著作，揭露广告公司的内幕。经济学家斯图尔特·蔡斯和前全国标准局的工程师弗雷德里克·施林克在他们的书《你的钱值多少》(1927)中，对广告业进行了更广泛的揭露，批评了以次充好的商品和低劣的销售手段，建议联邦政府对消费品进行标准检测，并将结果公布于众，供消费者作为决策参考。1933年，两位作者又合作完成了《一亿名实验品》。作者在书中警告读者提防危险的食品、药品和化妆品，并详细列举了假冒伪劣商品致人伤亡的案例。后来，施林克建立了一家在全国范围内从事产品监测的专业机构，即"消费者调查组织"。这一机构雇佣技术专家，建立了实验室，并定期出版业务通讯，后来发展成每年一期的杂志。

1936年，消费者联合会创办了一本面向消费者的杂志《消费者报告》。这一杂志对从麦片到汽车的各种商品发表意见，攻击虚假广告，报道各种产品是在什么样的劳动环境下被生产出来的，并且拒绝登广告，以避免自己存在偏见的嫌疑。该杂志从第二期起取消了对诚实的广告客户进行表扬的"好管家表扬栏"，以示杂志全力以赴为消费者服务的决心。该杂志渐渐成为全国最受欢迎的出版物之一，至今仍是消费者无论买电吹风还是买汽车都要参考的杂志。

影响巨大的消费者运动使联邦政府对消费者权益日益重视，国会相继通过了一系列保护消费者权益的相关法案。联邦政府的监管使得广告活动更趋规范，广告业也加强自律。到30年代末，经济显示出复苏的迹象，渐渐地，天花乱坠的浮夸和彻头彻尾的欺骗不再受宠。

四、广播媒体的成熟和电视的出现

大萧条以后，无线电行业很快恢复了元气，更多的广播电台应运而生，吸引着新的广告客户。在广告收入大增的刺激下，广播电台在日渐成熟，成为美国人生活中不可或缺的部分。随着广播越来越受欢迎，收音机迅速普及。到1937年，3/4的美国家庭拥有收音机，人们只要花15美元就能买一台收音机，听众对收音机十分迷恋。历史学家，埃里克·巴尔塔说："穷困潦倒的家庭，宁可放弃冰箱、家具、被褥，也要抱着收音机，以示过着一点儿像样的生活。"

早期的广播广告主要用来扩大公司的知名度，而不介绍具体产品。广播电台只负责宣读商业信息，播出内容则由广告主和音乐制作人提供。文案撰稿人要学会为广播写广告的新技巧。早期的广播广告中有一条不成文的规定，广告一般不会提及商品的价格。广播广告往往通过证人证词和反复重复作为促销手段。后来，广播广告中开始流行由广告公司自己创作的有剧情的广播节目。这些节目在30年代和40年代成为最有效的广告载体。广告公司把广告主的名字放入节目的标题里，或在节目间隙里播出，从而有效地为赞助商进行宣传。

为了使广播中的广告取得良好效果，广播广告必须有区别于平面广告的风格，并设法弥补缺乏视觉形象的不足。在"麦斯威尔演艺船"节目里，在表演者长时间喝咖啡的同时，广播广告里传出咖啡杯的清脆的碰撞声和喝咖啡时的抿嘴声。

最初，白天的广播节目几乎没有人赞助，直到1932年肥皂剧出现，这一现象才有根本改观。肥皂剧是专门为家庭妇女制作的白天广播剧，大多是言情故事，在白天定时播出。渐渐地，肥皂剧的对象扩展到家庭主妇以外的群体。

随着听众群体的日益扩大，广播的节目形态也日益丰富。广播剧、喜剧、音乐节目和智力测验、新闻都是广受欢迎的节目类型。听众对广播传递的信息不加辨别地接受。1938年万圣节前夕，《美国墨丘利剧院》栏目播出了由奥森·韦尔斯主演的科幻传奇故事《火星人入侵地球》，节目讲述的是火星人入侵地球的故事，以一系列广播新闻报道的形式播出。该节目在听众中引起极大恐慌，许多人开始逃亡，躲避假想中的火星人，尽管广播中早已声明这是为庆祝万圣节前夜而做的恶作剧。

1938年，广播第一次超过杂志，成为广告业收入的第一大来源。

30年代，美国广播公司(RCA)实验室组建了一个工程师研究小组，他们解决了电视技术上的关键问题，为电视的问世奠定了技术基础。美国纽约的国家广播公司(NBC)试验电视台WZXBS，在1939年首次发射电视信号，当时只有400台电视能够收到电视台播放的棒球比赛的图像和声音。第一则给布洛瓦表所做的电视广告，在1941年由纽约WNBT电视台在棒球比赛节目中播出，广告费为9美元。那时约有4 000个美国家庭拥有电视机。后由于美国卷入了第二次世界大战，家电生产全面停顿，直到战后，电视才大范围普及。

五、第二次世界大战时期的广告

第二次世界大战给美国带来前所未有的机遇。战争加速了工业化进程，促进了飞机厂、船厂、兵工厂以及其他战时关键产业的生产繁荣。战争也给美国人的生活方式带来了深刻的变化。政府号召后方公民消费时要做到“物尽其用，或设法不用”。商品紧缺现象十分严重。厉行节约能源的方针要求美国人民为制造炸药节省油脂，回收锡、罐头瓶、纸张和橡皮等废品以便再利用。战争对纺织品的需求迫使家庭穿着发生变化。女人提高了裙子的下摆，并出现了更多的裁剪式样，它们省掉了皱纹、褶子以及装饰性的口袋。没有了丝袜、尼龙袜的女人们，甚至在她们的裸腿上画上线条，模拟袜边。战时生产引起汽车及大部分家用设备制造量的严重下滑。

广告再次成为战时宣传的重要组成部分。珍珠港事件以后，美国战时情报署在1942年组建了战争广告宣传委员会。该委员会发起了有史以来规模最大、影响面最广的广告运动，宣传战争公债、国内安全措施、配给制、住房方案和防止性病等公益主题。在第一次世界大战中就证明非常有效的广告牌再次发挥作用。

广告牌宣传生产、鼓舞士气。广告宣传委员会还用“我们能行”，“去完成他留下的工作”等口号鼓励妇女加入劳动大军，做以前男人做的工作。广告操纵人们的强烈情感，激起人们的爱国热情。战争期间一共开发了一百多个公共主题，广告界人士承担了几乎所有的广告文案撰写和美术工作。

与此同时，其他普通广告主也发现爱国主义能吸引顾客并卖出商品。于是，他们开始竞相说明各自的产品对于战争是多么重要。另外，一些广告主还发现战时物品短缺带来诸多社会问题。在广告中提醒受众厉行节约于是成为第二大重要的宣传内容。

许多品牌也积极投身到战争中去，自觉为战争服务。1942年鸿运香烟的包装图案从绿色背景、红色公牛眼改为白色背景、红色牛眼，据说因为绿色染料中含有对备战极为重要的稀有金属。新口号随之出现——“鸿运的绿色去参战了”，美国士兵们发现每周给他们发的给养中多了鸿运香烟。应军方要求，可口可乐公司在世界各地前线附近设起了生产流水线，以便美国士兵在遥远的他乡也能够享用到这种熟悉的家乡产品。

战争结束后，广告宣传委员会转成民间的、非盈利性的机构，该机构由广告业和通讯业资助，致力于宣传各种人们熟悉的主题：“防止森林火灾”、“行使公民权利，投上您的一票”和“认购国库券”，等等。

第三节　战后繁荣时期的广告（1945—1960）

美国在第二次世界大战中不仅取得了战争的胜利，而且成长为一个超级大国。美国从大量的战争消耗品生意中大发横财，由此进入了经济迅猛发展的时期。战时高效益的生产性经济转变成了强劲的消费经济。战后的经济复苏以惊人的速度进行着。几乎一夜之间，制造商们就从制造吉普车、坦克、飞机和制服等转向了消费品的生产。报纸与杂志迅速开始对各种新产品的广告宣传。这一时期，人们不再担心消费品过剩，而是担心工业生产满足不了市场的需求。直到1948年，服装、冰箱、汽车等产品还是供不应求的局面。在这样的宏观背景下，广告也乘势而上，1960年，美国的广告支出比1945年增长了三倍。许多新事物接踵而至——汽车、高速公路、新生儿、新型的郊区消费、电视的爆炸式增长，等等。其中，汽车成为广告热门产品。

美国经济的发展使得人们的收入大幅度提高。1950年平均周工资额创60.53美元的新纪录，高达经济大萧条前的两倍。“蓝领”工人也开始享有中产阶级的收入。随着经济的稳定与发展，美国人对家庭的关注也逐渐增多。30年代中期呈下降趋势的人口出生率在战后迅速增长了25%，这一增长率一直持续到50年代末。在战后福利和国家巨大财富的保护下，婴儿潮时期出生的一代人在经济上有着前所未有的安全感。战后，房屋变得供不应求，销售得很快。战后经济的繁荣也促使许多家庭搬迁至城市以适应一种全新的生活方式。成千上万的农场主及农场工人搬入城市和郊区，在工厂、办公室及店铺中工作。这些日益增长的城市和郊区人口为汽车、家具等制造商们提供一个稳定的大市场。

一、“新”的消费观念

随着战后经济的繁荣，人们有钱消费并乐于消费。人们不仅是在消费物质产品，更重要的是在消费一种生活方式。这一时期，为吸引消费者，并向消费者灌输消费创造幸福的观念，广告主制作了大量或严肃、或幽默、或性感的广告。信用卡的普及也从另一方面促进了消费。银行分期付款的政策使得消费者可以尽情消费而不必担心手头现金的短缺。

这一时期，广告主在广告中大力推广关于“新”的消费理念。所谓“新”包含两层含义。第一层含义是指相对于“用过的”所指的最新的东西。无论是汽车，还是住过的房子，凡是“用过的”，就不是最好的，就需要更新。于是，市场上一些符合这种“新”的概念的产品开始问世，如方便食品、一次性用品、按钮式小机件等。

“新”的第二层含义即“计划中的过时”，鼓励人们频繁购买。这种“新”的内涵意味着，商品仅具有有限的生命，人们熟悉的东西也需要不断被赋予新的外表和个性。

在美国，电冰箱成为过时计划中仅次于汽车的消费品。每年新款都有新特性、新式样甚至新颜色。例如，一个装备制造商称："只有西屋冰箱才能给您 50 种色彩的组合!"并许诺"再无需改造性地变革您的厨房了"。

杂志文章、报纸"女性版"、电视节目及广告都提议通过消费"升级"来享受生活。装饰杂志每年都提出"本年度色彩"和"本年度流行"的特色。"新"意味着任何东西都要更换得更加频繁。广告所卖的也是一个不断改变的"新"的理想。

二、开发青少年市场

自从 19 世纪末期女性作为消费主体受到广告业的重视以来，为了扩大市场，广告业不断培育新的市场。第二次世界大战以后，广告开始着重强调家庭观念。大量广告浓墨重彩地描述理想中的家庭形象。这种表现反映了战后人们渴望回归传统家庭生活的普遍心理。在广告中，父亲往往被描述成坚强果断的男人，母亲则是满足于家庭生活的主妇，而青少年则在广告中扮演着激进的角色。

随着婴儿潮一代的成长，年轻一代抛弃了许多传统观念，在价值观念和生活方式上表现得更加开放。他们与父辈之间的差距愈益扩大，战后成长起来的一代很难理解他们的父辈与祖父辈在大萧条及二战困难时期所承受的一切，代沟现象十分突出。

新的一代有着比前辈人更多的金钱与时间，更能充分享受生活。青少年寻求表现自我的途径，愿意接受个性鲜明的时尚，并有意识地将自己与成年人的时尚区分开来。年轻人热衷于牛仔服、摇滚乐。1956 年，艾维斯·普雷斯利(猫王)的外表、衣饰及晃动的臀部都使他成为第一位摇滚巨星，也成为青少年解放的一个象征，成百万狂热的青少年歌迷抢购他的唱片。摇滚成为反叛的代名词。青少年的狂热令成年人感到恐惧和不安。

但广告业则顺应市场的变化，第一次为日益富裕的青少年精心培育了一个独立市场。在广告的大肆鼓噪下，收音机、唱片、电唱机、青少年杂志、化妆品及服装的销售量猛增。这些商品也逐渐成为青少年的必需品。饮料企业将目标定在青少年消费者身上。七喜打出了"清凉、纯净的口味令您平步青云"的广告，从而树立了"平步青云"的销售主题。百事可乐也瞄准青少年市场："百事，为了思想永远年轻的人"。这些商品争相把吸引年轻一代的购买力作为自己的目标。

在这段时期，还出现了另外一类年轻的特殊的群体。这些年轻人鄙弃美国中产阶级"没有灵魂"的生活。从 50 年代中期开始，一些知识分子用诗歌与文学来嘲讽包含着拜金主义、性压抑及精神空虚等内涵的大众价值观念。这些自称为"垮掉的诗人"的年轻人身着黑衣，脚穿拖鞋，蓄山羊胡，崇拜爵士乐手。这些年轻人被称为“垮掉的一代”或“颓废派”。尽管随着时间的推移，这一青年文化运动逐渐退潮，但青少年的独立意识逐渐被社会主流所接受，并在广告诉求中也有所体现。

三、广告以消费者洞察为先导

随着战后广告业的繁荣，广告商彼此之间的竞争十分激烈。市场调查受到越来越多的重视。广告公司中的市场调查部门逐渐扩大。50年代，市场研究对于广告更好地打动消费者起到很大的作用。

这一时期，广告传播的目标性更强。在庞大复杂的市场中，广告商开始对市场进行分割，将目光聚焦于市场中特定的消费阶层。因此，这一时期的广告十分注重研究消费者的生活方式指标，如消费者的收入、消费方式和兴趣爱好。1949年，罗伊德·沃勒尔的著作《美国的社会阶层》不仅以财富与权力的多少来划分社会阶层，还参照了以前被人们所忽视的一些社会因素，如消费形式等。

除了对消费者的生活方式有了更深入的了解，这一时期的市场研究还深入到消费者的心理层面，动机调查（MR）逐渐开展起来。动机调查方式运用了心理学及心理分析的手段，取代了旧式的民意测验及统计。以往的广告调查都认为人是理性的，对自我需求一清二楚，而动机调查则重在探求潜意识或无意识是如何支配着人们做出选择的。

动机调查认为，性与安全感是人类是两个基本需要。针对这一发现，广告商在产品宣传中加入心理“价值”，使产品更具吸引力。例如，“骆驼”牌香烟为了吸引女性消费者，大肆宣扬抽烟有被科学所证实的益处。一则1955年的广告写道：“这是一个心理上的事实：愉快感帮您做出决定。”一些广告人还从心理需求的角度解释了为什么家庭幸福总是与不断发明的家用设备有关：“今天的婚姻不仅是一场浪漫的相爱所达到的顶点……还是选择一个共同建立舒适家庭的配偶所致的结果。”广告商还大力宣扬产品的特性，因为这些特性象征着社会认可、风格、奢侈与成功等，同时还能为产品塑造鲜明的“个性”。

动机调查还使广告商们理解了消费者为什么逃避一些产品，如速溶咖啡、茶、食用粉等。尽管新出品的速溶咖啡方便省事，销售行情却不看好。尽管大部分人声称是因为口味，但调查者们却发现了另一个原因：使用这一产品很容易被人视作持家无方，容易被冠以邋遢之名。于是广告商们对雀巢咖啡的包装进行更换，在广告中增加了强调性的语句，如“百分之百纯咖啡”与“您可以骄傲地拿它待客”等。调查发现，茶叶销售的不景气是由于人们认为，茶总是在一个人痛苦、疲惫或生病时消费的。为了改变人们的这种认识，茶叶局推出了一个新广告："让我们健壮、精神起来吧！"

心理学家也与生产厂家联手合作。他们大力改进彩色印刷，给产品以醒目的图像，从而使产品外形大胆新颖，产品说明也更具诱惑力，每一类产品都用色彩代码来表示。广告商们认识到色彩搭配会影响消费者的情绪，左右他们对包装的看法。许多新包装在设计之后，总是先通过一定的检测才开始登上商店的货架。

四、电视作为新兴的广告媒体

美国第一条电视广告是1941年纽约WNBT电视台在棒球比赛节目中插播的布洛瓦手表广告，广告费为9美元，当时大约有4 000个美国家庭拥有电视机。

美国电视业于1948年开始迅猛发展。电视的发展速度远比广播的发展快。最初全国商业电视网络仅限于三大电视台——哥伦比亚广播公司、美国国家广播公司及美国广播公司。1946年，全国范围内只有不到1万台电视机及6个电视台，每个电视台一周播放仅10小时。1948年，正常的电视服务已在中西部及东海岸地区开始实施。1951年，60%的美国家庭接入了全国性的电视网。

电视节目很快丰富多彩起来。新增加的内容花样复多，从电影的重放、杂耍演出、情景喜剧，到儿童节目、问答节目等，观众的选择余地大大增加。广告商通过对电视节目的资助，控制了屏幕播映权，有权决定何时以何种方式插入广告。市场调查也开始研究哪个电视节目拥有的观众群最大、赞助商潜在的消费者人数最多。另外赞助商们也希望电视节目有较高的质量，能为自己的产品树立一个良好的形象，并借此招揽更多的消费者。

到1950年，电视广告收入已达一亿美元(是上一年收入的四倍)。此后，电视收入很快超过了收音机的收入。1950年年末，美国电视的销售量达970万台，约有9%的家庭拥有电视。四年之后，即1954年，电视已成为最主要的广告宣传媒介。1960年，几乎家家户户都有了一台电视机。

最初的电视广告，制作简单。渐渐地，电视广告的表现形式越来越多样。观众们逐步习惯在广告中看到耀眼的模特与演员，电视荧屏上不落俗套的生动画面总能吸引观众的视线。由于广告制作费用低廉，动画广告在50年代末是较为流行的广告样式。

许多电视广告将目光投向孩子，把儿童作为一个特殊的市场。赞助商总是定期改进玩具形象，并经常描画一些因食用某些早餐食品而获得超人力量的儿童。一些电视节目的明星们也为产品做广告，他们常常会突然停止演出而推销玩具、食品及糖果。

50年代末，电视中的问答比赛节目，成为这一时期比较流行的节目形式，但这种节目后来被观众发现具有极大的欺骗性，于是有很多此类节目被停播。电视业的形象受损，但另一方面，电视业也借此机会从广告公司手中夺回了控制商业娱乐的权力。曾作为电视广告最基本形式的全包赞助形式，也在60年代逐渐消失，取而代之的是电视负责节目制作，广告商成为参与赞助者的新机制。

电视的蓬勃发展对广播的广告收入造成极大的冲击。一直到50年代末，广播经过自身的调整才重新找到了稳定的听众群以及针对特定听众的广告市场。60年代，调频技术的发明使广播在音乐、新闻等内容领域重新赢得了较稳定的市场。

五、四位杰出的广告大师

伴随着美国广告业的蓬勃发展，广告业涌现了一些对当代广告发展产生深远影响的广告人，其中，罗塞·里夫斯、李奥·贝纳、大卫·奥格威以及比尔·伯恩巴赫最为著名。由他们在50年代制作的广告作品为60年代以后的广告创意革命播下了种子。这些广告大师在50年代所奉行的广告哲学彼此间有较大的差异，但也有共同点，那就是，他们都把产品作为创意的中心。

1. 罗塞·里夫斯

里夫斯实际上代表了广告模式中的复旧思潮，其广告的主要目的是为了取得大众的关注，而不是仅限于取悦潜在的消费者。里夫斯也没有过高估价消费者的智力及注意力。因此他只是在广告中简单地重复单一的主题，在纷乱的广告信息中找到了一个简单的方式。他在1961年出版的著作《广告中的现实》一书中提出了著名的“独特的销售主张”(简称USP)：“消费者只从一则广告中记取一件东西——一个强有力的许诺，或是一个强有力的概念。”

他认为，广告销售的要点是一个没有竞争性的销售要点。广告不应轻易做出许诺，一旦做出许诺就应该能够带动或深入市场。在里夫斯的广告中，他常常会引用一个科学事实来证明一个事物的不同点。广告总是运用身着白衣的演员或医生来对事实进行详尽叙述，或让这些人讨论一个只在这种产品中出现的特殊成分。“M&M's(巧克力)只融在口，不融在手。”是里夫斯诸多广告作品中的一则，抓住了广告产品的特性，非常具有说服力。

罗塞·里夫斯的广告哲学实际上是一种直接的硬推销的模式。他认为，广告必须强调保持焦点，而保持焦点的重要方式就是重复。

里夫斯还大胆尝试了用电视这一新媒体参与美国政治竞选，他像卖牙膏一样抛售总统候选人。1952 年,里夫斯在一系列纪实性的广告中插入了共和党的总统候选人德怀特·艾森豪威尔的军旅生涯。以"艾森豪威尔,一个崇尚和平的人。"、"艾森豪威尔向整个民族做出了回答"等广告主题成功推销这位年迈的总统候选人。

2. 李奥·贝纳

与里夫斯一样,李奥·贝纳也把广告制作的重点放在产品身上。但与其他广告制作人的方式不同,李奥·贝纳注重产品本身的品质,以美的艺术设计、信息、窍门及幽默来引起观众的兴趣。

李奥·贝纳一直强调"内在的戏剧性",即从产品本身看待产品的一种特殊方式。他认为自己作为广告人的任务是辨别"产品本身所具有的能使它在市场中长期生存的东西……目的是为了赢得市场。把握这种东西,无论它是什么,并使它引人注目"。

李奥·贝纳强调调动观众潜能的重要性,在平面及电视广告中,李奥·贝纳常用不同的角色充当代言人。歌谣、韵诗等形式也是李奥·贝纳常用的体裁。他还常从美国历史及民间故事中寻求灵感,创造出许多有代表性的人物及象征物,使产品"人格化"。例如,他创作的快乐的绿色巨人形象就源于保罗·班扬的人物原型。李奥·贝纳创作的其他令人喜爱的卡通人物还有为凯洛格雪糕制作的"虎宝宝",为凯洛格脆米饼创作的小精灵"抓抓!"、"松松!"与"爆炸"等。

李奥·贝纳最为知名的成功之作是对万宝路牛仔形象的塑造。1955 年,他为万宝路香烟推出的一则广告中引入了一个后来成为文化偶像的人物——万宝路牛仔。这个著名的男子汉是美国人所熟悉的牛仔形象——骑着马,赶着牲畜或篝火旁休息。这一从美国历史中挖掘出的神话般的人物刺激了美国公众脑海中的潜意识。牛仔象征了男性的阳刚之气,而李奥·贝纳的广告在男性世界中创造了令人难忘的真正的男子汉形象。这一广告是广告史上最为成功与持久的经典之一。

3. 大卫·奥格威

1949 年,大卫·奥格威在麦迪逊大街开设了自己的广告公司。奥格威认为,人们去购买某种商品不是因为产品本身的原因,而是因为他们把这一商品与某种特殊的形象联系起来的缘故。因此,对于品牌形象,奥格威认为"要给每个广告一种与之相称的风格,创造出其正常的个性特色,这才是最伟大的成功的奥秘所在。"

奥格威的风格大多表现在一些昂贵、高级的商品上。他最知名的广告之一是为劳斯莱斯轿车所做的广告。其广告语是:"这辆新型劳斯莱斯车在时速六十英里时，最大的噪音来自车内那块电子表。"这种豪华车被放置于一个高贵的场景中，广告中人物均为上流社会的达官显贵，更加突出了车的身份与地位。

奥格威擅长引人注目的独特构思，然后不断重复这些主题，把所有的促销举措连成一体。奥格威另一个成功的创意是为海赛威衬衫所做的广告。1955 年，奥格威为海赛威服装厂生产的衬衫设计广告。在他制作的广告中，身着海赛威衬衫的模特用黑布蒙了一只眼，并在一系列的画面中出现，或是画画或在吹双簧管。其实模特的眼睛一点儿毛病也没有，奥格威运用了一块黑蒙眼布来赋予这个衣着入时的模特以"新的吸引力"。在其后的四年中，这一系列广告仅在《纽约人》杂志中出现，杂志的高档次又为这一品牌平添了几分尊贵之气。不久，全国的读者都积极效仿那位时髦的海赛威广告代言人，逐月地查阅并模仿他所做的一切。海赛威衬衫的销量也因此猛增。这一案例再次证明了奥格威的广告主张，即顾客们所买的不是衬衫，而是一种形象。

4. 比尔·伯恩巴赫

伯恩巴赫及其所领导的 DDB 广告公司以一种创新的风格为美国广告业带来清新之风。伯恩巴赫为许多二流的零售商、服务行业和汽车等成功地制作了广告，这些广告作品也集中地体现了清新的创作风格。他巧妙地把二流身份变成了一种优势。伯恩巴赫在处理这种矛盾题材时选用了非常明确的方式——整洁、直接，但总是带有一种幽默感。

伯恩巴赫许多著名的作品是为二流的产品经销商制作的，如为奥尔巴赫商场、都伯尼持及艾尔维克所做的广告等。为奥尔巴赫商场所作的广告运用了双关及文字游戏，而照片、提示及标识朦胧迷惑的效果，为双关及语言运用增添了魅力。伯恩巴赫用一种新方式对奥尔巴赫商场进行了形象包装。这一系列中的一则广告展示了一个男人腋下夹着一个女人的画面，标题是："打折甩卖：带上您的妻子和几块钱……我们会给您一个新女人。""我发现了琼的秘密。"是这家商场 1958 年推出的一则广告：画面上的猫女士声称知道了它的朋友琼是如何使自己衣着入时的——到奥尔巴赫商场购买低价高品位的时装。伯恩巴赫为奥尔巴赫商场设计的广告口号是："做千百万的生意，赚几分钱的利润。"

伯恩巴赫非常善于将广告主和产品的劣势转化为宣传优势。广告中所表露出来的艺术风格和真情实意，为低性能的大众车树立起了高品质、低价格的特有形象。在伯恩巴赫的 DDB 公司为大众汽车所做的广告中，最著名的当属为甲壳虫汽车所做的广告"想想小的好处"。它以大片白色空白为底色衬托出一个非常小的汽车形象，并且使用的是简朴的无衬线的字体。

艾维斯是一家汽车租赁公司。当时排在著名的租车公司赫茨后面。伯恩巴赫为其策划的广告打破了广告业中比较广告的禁忌，并独出心裁地声称自己甘心处于第二位："艾维斯在租车业中仅排名第二。那么为什么还要跟我们一起干呢？答案是因为我们做得更努力……我们只是难以接受那么脏的烟灰缸、半空的汽油桶、破旧的雨刷、总是瘪瘪的轮胎，还有该调整却不能调整的座位调整器，该加热却不能加热的热气机，该除霜却不能除霜的除霜器。""当你处于第二位时，你就必须努力，否则的话……我们就会被吞并。"一夜之间，"我们做得更努力"成为日常用语。不到两年，艾维斯的市场份额就增加了28%。

本章关键词

广告性别形象　户外广告　价格诉求　恐惧诉求　广播　电视　第二次世界大战　计划中的过时　动机调查　罗塞·里夫斯　李奥·贝纳　大卫·奥格威　比尔·伯恩巴赫

思考题

1. 简述20世纪20年代美国广告对美国人生活方式的影响方式。

2. 美国现代广告发展初期，广告媒体的扩展表现在哪些方面？

3. 在美国大萧条时期，价格诉求和恐惧诉求是如何在广告中运用的？

4. 什么是"新"的消费观念？它与美国广告有什么关系？

5. 第二次世界大战以后，美国广告是如何利用心理学和社会学研究成果的？

6. 早期的广告主是如何运用电视广告的功能的？

7. 简述罗塞·里夫斯、李奥·贝纳、大卫·奥格威以及比尔·伯恩巴赫四位广告大师的广告观。

第八章

美国当代广告

第一节　1960—1975年的创意革命

20世纪60年代,政治、文化和科技的发展促成了美国广告事业的形成与发展。

进入60年代美国经济进入了高度繁荣阶段。新兴产品不断上市,各种服务业快速发展。一些物美价廉的连锁店如麦当劳、汉堡王以及肯德基炸鸡吸引了成千上万的顾客。随着照相机、电子元件价格的下跌,几乎家家户户都至少拥有一部收音机和一台电视机。许多家庭甚至还拥有"自动化服务产品",如废品处理器、自动洗碗机、真空吸尘器、冷冻柜,甚至还包括一些高档消费品如彩色电视机、露营车、跑车和游泳池等。

然而在市场繁荣的表面下,也滋生出一些问题。尽管国家兴盛,但是失业率却在不断上升,贫穷问题也依旧存在。国际上的冷战局势仍是剑拔弩张,核战争带来的威胁也时隐时现,与越南的冲突更是日益加剧。60年代,民权运动,反战游行以及女权运动此起彼伏,一场深刻的社会变迁正在不可遏制地进行着。

另一场社会变革则是信息革命。各种信息媒体以史无前例的惊人速度飞入千家万户,并且媒体形式多种多样。年轻人是电视机前成长起来的一代,社会文化已经从文学文化转向视觉文化。面对社会新的转变,广告业不得不寻找新的途径以适应年轻人的口味。因为,随着战后婴儿潮一代的成长,广告商的目标群体发生了巨大变化。众多广告商开始将目光瞄准这个国家的青少年以及年轻人。市场调查发现,正是这些人拥有大量资金的使用权,中年人的位置已被年轻一代取代了。

一、创意革命

面对20世纪风起云涌的文化运动和社会运动,陈旧的规则在广告业中已经不合时宜,传统广告承受着越来越大的压力。一些新型的更有创造性的广告公司诞生了。这些刚建立起来的广告公司为了满足客户要求,把更多的侧重点放到了创意上,带动了广告业整体的重大变革。

20世纪60年代的广告总体看起来干净利落、文案简洁。一些广告公司推行了创意革命。广告的重心从辅助营销转向产品创意，从科学和调查转向艺术和感觉。这一时期，创意革命的主流是严肃的科学的方法最终向灵感、直觉和创意做出让步。充满活力的年轻艺术家们和广告文案撰稿人不再像以前那样各自为政，而是协同作战。广告公司的人才队伍中开始出现战后婴儿潮一代的年轻人。他们给广告业带来新的非传统意识。广告公司的经营体制也发生一定的变化。一些广告公司股票开始上市，成为公众公司。此时，一批老牌广告公司继续在市场中取得了成功，如智威汤逊、BBDO、奥美、DDB等公司。

这一时期，50年代涌现出的著名广告人继续实践他们的广告哲学，无论是李奥·贝纳的戏剧化特征，还是奥格威的古典风范以及伯恩巴赫的幽默风趣，都体现出这一时期广告创意的共同点，即：产品才是广告制作的中心。传统意义上讲，许多广告目标都是引起大众注意并激起他们的兴趣。但是现在的重点转移到了产品上。

李奥·贝纳在1964年开展了历史上最成功的商业宣传活动。万宝路香烟广告中，粗犷豪迈的美国西部牛仔策马急驰的形象给万宝路带来了巨大利润。其广告出现在邮递、商店、运动项目赞助、道路广告牌及色彩鲜亮的杂志等多种媒体上。到1972年，万宝路已是全球销路最好的名牌。

大卫·奥格威所做的壳牌润滑油广告没有使用疯狂的口号，也没有吸引读者的视觉上的噱头，而是对所销售的产品进行了严肃的讲解说明——在一家发行量很大的报纸中这样写道："壳牌公司首推给您21种可以延长汽车寿命的方法。"奥格威还出版了两本有关广告理论方面的论著，一本叫做《一个广告人的自白》(1962)，另一本叫做《奥格威和广告》(1983)，受到市场欢迎。

同样的，比尔·伯恩巴赫这一时期创造出更多的可圈可点的优秀广告作品。

作为这一时期广告业繁荣的另一个标志，许多广告主也将目光投向一些新成立的小型广告公司。这些公司往往在为广告主提供服务方面更加尽力，同时，在创意水平上也毫不逊色。乔治·路易斯是PKL广告公司的创始人之一，他对广告创意形成了独特的理解，鲜明地提出"广告是一种艺术"的主张："广告是打破陈规的艺术，而非建立定律的科学。""假如做广告是一门科学，那我就是女人。科学和科技很明显会影响并塑造广告，但广告也应该是一种艺术，完全源于直觉、本能，尤其是天分。""每次面对新的问题或挑战，广告人应该以全新的角度和开放的心胸为出发点，而不是紧张地借用别人泛泛的点子。"乔治·路易斯的广告观念使得广告是一种科学还是一种艺术的争议再次受到广泛关注。乔治·路易斯值得一提的广告是为施乐复印机所做的宣传。该产品第一次在电视广告中的画面是一个小女孩正在用复印机进行复印。但是观众认为操作的简便程度并未被淋漓尽致地表现出来,于是广告公司立即做出反应,又设计出新的画面:一只黑猩猩正在复印,终于达到了预期效果。

经过十年辉煌,创意革命逐渐没落。原因之一是1965年美国实行的美化公路法案。该法案明文规定在利用联邦资金修建的公路的600英尺之内不得树立任何广告牌,户外广告的黄金时代(1920—1965)就此结束。

美国于60年代末经济陷入不景气,工商业处于衰退萧条的时期。失业率上升,物价飞快上涨。面对紧张的经济形势,电视广告也不再以分钟来计算了,而是以秒计。1970年,30秒的商业广告取代了电视广告黄金时代的一分钟或两分钟广告。到了70年代末期,先是小型广告公司开始停滞不前,而后大型广告公司也开始面临着难于继续生存发展的困境,而要想依旧保持"创意火花"持续不衰更是步履维艰。在经济低迷的70年代,新兴的广告公司由于遭受重大损失、丢失了客户而变得更加保守。

二、大众媒介的分化

60年代末期,美国的大众媒介发生了重大变革。电视的普及使得大量的印刷媒介失去了读者。尽管一些大型刊物在发行上投入了巨额资金,但广告收入仍不能运营所需。一批杂志纷纷停刊。

大型大众杂志的停刊促使出版商开始针对特定群体向专刊、特刊杂志方向发展,于是《航海世界》(1962)、《运动员世界》(1966)、《体重观察》(1968)和《滚石》(1967)等小众杂志便应运而生。广告商通过这些拥有特定读者群的小众杂志有选择地和一些具有特定人口特征并符合广告主要求的群体沟通。于是,大众杂志向小众杂志的转变成为新的媒体发展的趋势。

这一时期,电视愈益成为政治党派候选人所依赖的宣传媒介。1960年总统竞选电视系列辩论首次与观众见面。许多评论家都认为约翰·F.肯尼迪之所以能以微弱的优势战胜先前更被看好的尼克松,是由于他在电视辩论赛上的良好表现。在1964年大选中民主党人由比尔·伯恩巴赫广告公司安排在一次性播出的电视节目中进行论战。节目中一个天使般的小女孩子在一片一片地洒落着雏菊花瓣,并且从十到一倒数着数,十、九、八、七……随着核爆炸的一声巨响而结束,紧接着是林登·约翰逊总统的一个警告:"危险太大,不能呆在家中。"

另一个热门话题是针对儿童的电视广告。70年代早期,广告主每年大约花费40亿美元用于对儿童的广告宣传。而在1977年,平均每个儿童能看到两万个电视广告,大量的糖类食品广告无疑对孩子的健康成长是一个威胁。例如在1975年头9个月里,7 066个糖果、快餐及果汁广告中,只有4个是“营养食品广告”。从心理角度来讲,儿童还不具备对扑面而来的广告的分辨能力。

1972年,联邦贸易委员会(FTC)制定新规定,不允许对儿童放映“假的”和“潜在的”广告。五年后,商业局成立了儿童审查团,规定禁止30种涉及广告的违规做法,例如,该团要求电视减少周六早晨商业广告的数量,并禁止主持人和明星以某种模糊的介于广告和电视节目之间的形式宣传产品。这个组织禁止在电视中播出那些带有夸张性的速动玩具广告,并告诫广告主,不得培养孩子形成一旦拥有他们的产品,就可获得好处或一项特殊技能的非理性概念,要求广告商不得怂恿孩子们去要求他们的父母购买该产品。

三、广告作为社会文化的一面镜子

自20世纪20年代,广告业在美国文化中已经成为具有一定基础的独立力量。从那时起广告业就越来越充分地发挥着它的职能。对于美国文化来说,广告业好比是一面镜子。广告塑造并反映了美国的社会文化,全面地反映了美国人的生活状况,广告中逐渐呈现出一种新的社会意识。

1. 广告对少数族裔问题的反映

很长时间以来,广告中几乎见不到少数族裔人物形象,广告商家的目光一直没有离开过白人聚居地和传统价值观念引导下具有神秘色彩的中美居民。“二战”后,大批黑人从南部移居北方城市,而且许多来自于拉美和亚洲的移民陆续移民美国,然而广告上显然忌讳政治事件,并惧怕跨越这条种族界线。因此从50年代到60年代,黑人就很自然地从印刷物与广告上销声匿迹了。其他一些少数团体也几乎不再露面。

民权运动启蒙了民族思想,给广告业带来了文化改变。黑人不仅要求提高自身在就业中的不利地位,而且要求改变他们原有僵化的广告形象。DDB公司给莱文面包做的广告策划成为其中的典型。广告词是:“不是犹太人,也会爱莱文。”在系列广告和招贴画中的人物形象代表的是不同民族的群体:有黑人,有亚裔美国人和美国本土居民,广告意在体现更多的民族多样性。这种做法使其最终成为全国广告业的发展趋势。

但是,广告形象的改变并没有促进广告业的真正进步,以黑人为主体的广告很难吸广告主。1968年,克莱斯勒公司抱怨自己公司曾赞助的一则系列广告片“帕图拉”。当看到颇受欢迎的歌手帕图拉·克拉克挽着嘉宾黑人歌手哈利·贝拉福特的胳膊时，克莱斯勒公司非常不高兴，他们认为这样的两人在镜头前不应有太亲热的行为。

黑人被主流广告排挤在外，已是一个常见的现象。一次对1946年至1965年有关杂志的调查发现，黑人在广告中出现的频率不及1%。又如在纽约城市人民权利委员会从1966年到1967年进行的一项电视、广播广告调查中，黑人出现率也仅有4%。1968年联邦平等雇佣机会委员会(EEOC)举行听证会，调查广告中少数族裔人员的出现频率，在一定程度上导致此后主流广告中黑人数量的增加。

60年代早期，几乎没有黑人能够在麦迪逊大街工作，无论是专职人员还是兼职人员。1966年雇佣机会委员会(EEOC)调查了64家纽约广告公司，发现只有2.5%的雇员是黑人。根据这些调查结果，在有关机构组织的帮助下，到1969年，少数族裔人员在15家纽约最大的公司所占比例已达到了10.5%。

其他一些种族群体的固定模式也处于压力之下。比如说墨西哥裔美国人指控一家广告公司设计了一个令人厌恶的名为福利特·巴狄托的墨西哥人形象。这个得意洋洋、笑容满面的家伙总是荷枪实弹地出现在超级市场中，总像是在恫吓抢劫，寻觅他的美味快餐一样。因为墨西哥裔美国人的强烈反对，这个人物最终不得不于1970年退出荧屏。从文化角度来说，广告人总体上对通过表现少数族裔的刻板形象来获取大众市场的做法变得更加敏感了。

2. 广告中的女性问题

20世纪60年代，妇女运动波澜壮阔。女权主义者不仅提出同工不同酬以及机会不均等的问题，而且还抗议女性生活在一个由异性支配的社会中。

现代女权主义者在全国范围内形成了小型"提高意识"团体，鼓励女性坚持不要被作为性目标来对待，拒绝性竞争，不参加选美游行，抗议性被动。在此倡导下，妇女扔掉了迷你裙，还有紧束内衣。由妇女运动倡导者带头组织形成了一系列团体，他们提出了这样的问题：为什么同样的工作，妇女所得薪水就远远低于男士呢？为什么禁止妇女在酒吧喝酒？为什么空中小姐生了孩子就面临失业呢？为什么国会议员中女性如此之少呢？

妇女国家组织(NOW)于1966年宣告成立，他们要打破女性传统习俗，为妇女争取政治和经济上的平等权利。在坚定不移的行动目标指引下，女权运动在商业、学校和大学都得到了回应。此时，女权主义的力量也影响到广告业。

60年代的妇女代表一个新景象，她们受到过良好教育，社会意识和政治意识更加强烈，她们同时还代表这个国家一半的劳动力。尽管已有许多广告公司雇用女性人员，可一些创意性广告公司如李奥·贝纳公司却不同意女性就任高级职位。

在相当长的时间里，广告制作人反复将妇女形象设定为性目标、没有文化的家庭妇女以及其他一些传统角色。男性与女性同时出现时，男性则扮演着教导者的角色。有一则1965年洗碗液的广告中有一场丈夫和妻子同在厨房的水槽旁工作的情景，但是不同的是，他没有在洗碗，而是在一旁告诉她该如何洗碗。广告常常把女性描述成男性的附庸品。例如，床、地板常伴随女性在广告中出现，这就代表着女性处于一个次要附属的位置，他们不是在擦地板就是在擦浴盆。

此外，一些研究表明广告把女性分成职业型与家庭型两种。家庭型妇女出现时是以家庭为背景。职业型女性在广告中也常常处于工作中的次要地位，如：1958年广告把众多妇女都描述成了秘书形象；而1970年，广告形象多为娱乐者形象；1972以后，就完全变成了"装饰品"包装。到了70年代中期，广告制作商则开始制作出"女强人"妇女形象，妇女开始以商人和经理形象出现在电视广告中。

四、广告的管理和自律

70年代，广告还面临着许多其他问题的挑战，这包括再次提出的对"潜意识"广告和有害健康的香烟广告的抗议，还有对公共服务性行业和政治广告角色的抗议。

1964年，外科医生声明："吸烟严重危害健康，应该引起美国政府的足够重视，并应采取拯救措施。"后来，香烟广告受到越来越多的限制：一是每盒香烟的背面都应印上警告词："注意，吸烟有害健康。"二是香烟广告不能在电视和广播电台中播出。烟草公司不得不将他们的重心移向杂志、报纸及赞助体育赛事。

和烟草也一样，其他行业也同样面临着来自于政治和消费者两方面日益增大的压力。为消除社会不信任感，许多公司都越来越多地将金钱用于广告宣传、公共关系和漂亮华丽的外观设计之上。公共服务部门如美国肺部协会、山脉俱乐部还有美国邮政、航空公司以及移民业务也开始做起广告，宣传他们的服务，更新他们的形象。

许多行业协会也要求对广告进行更加严格的控制。1971年国家广告监督局(NARB)建立。NARB的主要职能一是打击虚假广告，二是监督国家广告决策机构的决定。FTC曾要求安那信制药公司花费2 400万美元重新制作广告，说明该产品不像先前广告所说那样能够消减紧张感。总而言之，到了70年代中期，广告业自身受到了来自于行业内部与政府机构、消费者保护权益法和销售者群体的严密监督。

70年代中期，棘手问题层出不穷，水门事件削弱了美国人对国家政治机制的信仰与忠诚。同样，石油危机和经济萧条也降低了他们对国家经济的信心。广告业的创意革命崩溃，公众的不信任与日俱增。

第二节 1975—1990年从定位到形象设计

20世纪末期，科学技术的进步推动着美国进入了“信息时代”。随着科学研究步伐的加快，美国在医药、机器人、计算机及自动化等许多领域都取得了重大突破。最巨大的变革当属计算机的革新。许多人都拥有了自己的家庭计算机、移动电话和传真机，因此能够更加快捷地进行大范围的信息处理。同时，计算机也加快了广告业尤其是广告设计前进的步伐。

70年代中期，因为严重的经济衰退和双倍增长的通货膨胀窒息了经济的发展，广告公司的繁荣景象不再。西欧和亚洲厂商乘机进入美国市场。为了进一步满足美国消费者的需求，他们降低了物品价格并在质量上也超过了美国产品。美国许多公司也在探索降低生产成本的方法。一些公司干脆将他们的业务由消费较高的“锈色地带”转移到地处“阳光地带”的各州去发展，其范围从弗吉尼亚州向南延伸至佛罗里达，向西到加利福尼亚。另有一些公司将他们的生产设备迁至国外，如拉美和东南亚等国，以充分利用其廉价的劳动力资源。由于越来越复杂的配件在低工资的国外工厂制造，一些传统美国工业，如汽车业、服装业、电子工业、钢铁和印刷业的前景每况愈下。在这种艰难的经济形势下，广告商们开始重新采取硬推销法。他们不再单纯地取悦消费者，而是更多地进行市场调查、监督特定产品的索赔以及对商品进行比较。

美国经济到80年代里根政府时期才重新走向繁荣。里根政府根据社会改革计划削减政府预算，坚持施行污染控制政策以及降低个人所得税。这些措施刺激了经济指数的增长，同时也保证利润由上层社会“流向”下层阶层，到了1988年，这个计划的执行初见成效。经济的发展创造出许多新就业机会，衰退的经济得以回升。

在70和80年代，大量的亚洲和西班牙移民涌向美国，填补了成百万的新兴服务业、零售业、神职行业以及轻工业的工作空缺。在1983年至1992年间，美国经历了历史上最巨大的一次移民浪潮，大约有870万移民来到这个国家定居。这是自1910年以来数量最大的时期。

广告公司也开始在80年代"走向全球",建立庞大的广告帝国,以服务于全球客户。辉煌、财富和风格又开始在时尚中重现。同时,这种大规模发展的势态也孕育出新的广告模式。广告商家又一次摒弃硬销售战略,为化妆品、香水、时装、家用电器以及汽车树立起标新立异的品牌形象。

一、广告业的滞涨时期

世界各国经历了战后恢复与发展的"黄金时代",到20世纪60年代,各国间的经济联系越来越成为国际关系的主导力量。另外,战后以原子能、电子计算机、空间技术为主要标志的第三次科技革命兴起,西欧凭借原有的雄厚基础,抓住机遇,广泛运用科技成果,改变了传统的工业结构和工业部门的布局,建立了一系列新兴工业部门,大大提高了生产的技术密集程度和劳动生产率,有力促进了国民经济的发展。但1974—1975年,资本主义世界爆发了战后最深刻、最严重的一次经济危机,这次危机成为战后西欧经济发展的转折点,从此转入"滞胀"时期。

英、法、意、联邦德国四国1970—1982年的国民生产总值年增长率仅为2%略多,是20世纪五六十年代的一半。通货膨胀率居高不下,英、法、意三国都达到了两位数,英国和意大利个别年份突破了20%。失业人数激增,失业率显著上升。

美国政府在20世纪60年代推行较为激进的管理手段,通过增加政府支出和减税以及推行医疗保险计划、食物援助、协助内陆城市建设、增加教育投入和资助等一系列政策来促进经济增长。但随着越战打响及石油冲击的影响,美国出现物价上涨。价格的上涨引发工资—物价螺旋上升的通货膨胀,反过来使生产部门的活动受到紧缩性经济政策的限制,从而造成失业与经济停滞。

70年代经济不景气刚刚开始,工业生产成本就呈现出迅猛上涨的趋势。合作生产减少,美元流通迟缓。广告商的收入比起过去虽然有所增长,但远不及通货膨胀一而再、再而三的上涨速度。广告业再次陷入了困境之中。

在这种严峻的形势下,商家对待顾客比以往任何时候都小心谨慎。他们在举办广告促销活动时,不再局限于制造奖项和设置娱乐节目,而是更加看重销售额的多少。他们还坚持在活动前后做大量市场调查。许多广告公司开始雇用大批懂价格、销售以及包装的工商硕士,并将利润的绝大部分投入到市场研究当中,分析大众群体的消费状况的研究方法包括动机调查、脑波测试等方法都在广告研究中得到运用。到了70年代末,这种小巧灵活的研究活动变得规模庞大，因而略显呆滞。这在某种程度上造成70年代末的广告索然无味，“所有的方法都用过了，而这样的调查通常是在一些小城市进行的，因为这样可以缩减广告经费。”

二、产品定位法

定位并不是新概念，这种说法早在50年代末期就出现了。1972年，阿尔·里斯和杰克·特劳特为《广告时代》杂志撰文：“现在创意已死，麦迪逊大街把戏的新名词是定位。定位作为广告策略就是要学会逆向思维。”开始时不要考虑你自己，而是要以前景为思考中心。“定位程序的第一步是要给产品一个易记的名字。第二步要找出一些具有特征的销售点，并且不断重复以至于百无一变。”幽默、情绪化以及以往注重的美观，只会分散人们对产品的注意力。广告商和客户称这种方法为“现实法”、“攻无不破法”和“以消费者为中心法。”但事实上，这种方法不过是传统推销法的一个翻版而已。

在1981年出版的由里斯和特劳特两人合著的《广告攻心战略》一书中，两位作者认为，比较广告法是最好的一种产品定位方法，它能消除消费者头脑当中的顾虑。

当时已有广告公司采用这种比较定位策略。印刷广告的解说词变得越来越多，以消除消费者的疑虑。例如，早期的汽车广告只有几个词，宣传语很少，却一再展示汽车美丽漂亮的外观；新广告则满是事实说明与介绍，包括里程、音响、发动机设置特征等等。

商业活动中出现了注重重复的硬销售风格的广告。由于电视广告制作费用直线上升，一般60秒钟的商业广告都被压缩到30秒钟，广告内容只是重复信息。电视广告也同样用作硬性销售，大量颂扬一种产品优势的广告词也随之出现。

定位法也孕育出许多力图让硬销售更有乐趣的创意风格。所有这些广告都有一个共同点：他们都是围绕着产品来说明该产品货真价实的特点和优于其他同类产品的特性的。例如，一则为沃尔沃汽车做的广告中说：“无需议会法案，我们的车就会保你安全。”

尽管广告业中以前也曾出现过比较广告，但直到1981年政府才允许广告进行直接比较。联邦贸易委员会认为，比较广告有可能会间接促进产品质量、降低产品价格，但是广告制作必须遵从真实、科学、合理的原则。1964年NBC电视台首先打破不允许做比较广告的禁令。1972年ABC和CBS两家电视台也作出应和。

广告主纷纷将他们的产品投入到比较广告中，力求通过对比战胜其他产品。在众多的宣传活动中，软饮料和快餐的电视广告尤其突出。汉堡大王的调查表明,顾客对一成不变的快餐单持否定态度。于是汉堡大王就以"你想怎么吃就怎么吃"和"由你决定"的广告宣传作为回应。在销售活动中,汉堡大王则和麦当劳展开了较量。他们采访了一个真正的叫做"麦克唐纳"的家庭。这家人略显窘迫,因为和麦当劳相比他们更喜欢吃汉堡大王。这一案例既是比较广告,同时也是运用幽默试图减轻竞争对手攻击的成功案例。

比较广告也是一柄双刃剑,在给广告主和消费者带来切实利益的诉求的同时,也给广告商们出了不少难题。正如大卫·奥格威所说:"电视观众越来越趋于一致:他们很容易对那些你在广告中所鄙视的品牌产生好印象。"

其后,广告商家仍大量制作或明或暗的比较广告。这些广告或是出现在书籍报纸杂志中,或是出现在电视台或是广播电台里,广告数量超过了以往任何时期。

20 世纪 60 年代之后,广告主越来越自觉地关注消费者的需求和消费感受,广告成为广告主与消费者全方位沟通的重要工具。在目标对象上不再简单囊括大众媒介所能传播到的所有受众,而是根据自身实际有针对性地到达具体的受众。定位法在某种程度上非常重要,因为它清晰地阐明了产品的作用和消费者购买的利弊。传统的广告做法是将产品直接推向大众消费者。而定位广告则是选择特定群体进行有的放矢的宣传。

百事可乐、可口可乐、七喜之间发生的广告大战是比较广告的经典案例。

可口可乐在软饮料市场的霸主地位不断遭遇挑战。这一时期,可口可乐曾尝试将自己的产品同祖国、国旗和阳光联系起来——"可口可乐给你一个真实的世界"。百事可乐公司则瞄准年轻一代,标榜自己为"百事一代",以此迎合 60 和 70 年代名噪一时的自由思想和新生活概念。百事可乐公司还想制作出一则体现销售量的宣传广告,因此打出了最优质饮料的牌子。百事可乐的计划非常简单,他们在和可口可乐对比过程中用隐藏着的相机记录了消费者在盲测品尝时的表现,结果表明大多数品尝者都喜爱百事可乐。于是百事可乐在 1975 年再次闪亮登场。"喝百事可乐的人远远超过喝可口可乐的人!"紧接着电视观众又听到了这样的呼声:"人们一次又一次选择的是百事可乐。"可口可乐在 1983 年的一次商业促销活动中有力地还击了百事可乐,并且嘲讽百事的盲测品尝并不有效:"我们在寻找从不被百事可乐搬上电视的喝可口可乐的人。"

1985 年可口可乐公司做出了史无前例的大胆决定:要改变已流行半世

纪之久的可口可乐配方,使它更具香甜味道。三个月后,可口可乐公司宣布恢复最初的配置方法,只是换了一个新名称——“古典的可口可乐”。百事可乐随之做出广告,嘲笑可口可乐公司作出的混乱举动。其中一则广告标题是:“旧可乐?新可乐?新古典可乐?不管怎样,现在我们的百事可乐愿与您相伴,它是新一代的选择。”百事可乐公司随后又标出购买百事可乐的最低价格,并邀请迈克尔·杰克逊和莱昂纳尔·里奇以及麦当娜等做他们的形象代言人。

与此同时,七喜饮料也跻身于这场巨人之间的战斗。七喜自1929年产品问世以来,一直处于一系列问题的困扰之中。到60年代,七喜力图将这种近似药品的特殊饮料或是鸡尾酒混合饮料转换成真正的软饮料。1968年,七喜广告重新定位,因其明显不同于可口可乐和百事可乐的味道,所以将其广告的主题定为“非可乐”,随后销量成倍上涨,成为美国第三大饮料品牌。

三、形象宣传与企业赞助的拓展

80年代,企业赞助发展成为一种有效的商业运作模式,并一致持续到今天。对事件提供赞助,不仅能提升赞助企业的知名度,还能提升人们对赞助企业的好感度。企业赞助本质上是一种品牌形象宣传。在这种宣传手段的效果被市场证实之后,70年代的硬销售和以产品为核心的广告技巧,最终被80年代的建立品牌形象的宣传策略代替了。

最初,成功的企业都会在把资金投出去之前了解赞助能给企业带来什么好处。最初许多公司并不了解这样做的意义何在。70年代,许多公司仅限于将资金投放到一些慈善事业上,到了80年代,越来越多的公司开始扩大赞助范围和方式,树立自己的企业形象,以此增加销售量。

米勒酿酒公司是美国最活跃的赞助商之一,尤其是对体育赛事,更是积极主动。因为公司确信体育迷更易购买啤酒,所以米勒公司对体育活动加大投入以期能够更加贴近啤酒爱好者,从而树立公司形象、增加品牌的知名度。自1950年以来,米勒公司已经赞助橄榄球、篮球、和汽车越野等多项赛事。而公司对80年代兴起的沙滩排球投资赞助,也使这项运动从一项地区运动发展成为全球性的运动。此外,公司现在的赞助还覆盖有冰球、足球、高尔夫球以及其他一些体育项目。

在诸多体育活动中,汽车越野赛对赞助商的回报最高。赞助商的产品名称出现在车手的赛服、赛鞋、头罩、还有车身上等,调查表明,一旦哪家汽车或汽油公司或是轮胎厂停止赞助一位受大家喜爱的赛车手时,数以千计的赛车迷就会转而移情别恋。车迷对赞助商的迷恋似乎超过了车本身。

总体来说，体育迷理解并接受赞助形式，赞助从经济上讲也对赛事所在社区有利。比较流行的赞助形式包括在促销产品上标明公司名称，赞助专项活动，赛船和赛车上标明赞助公司名称，在饮料、食品包装、运动员服装、公司手册上冠名等等。

除此之外，赞助商还赞助其他的社会活动，如音乐会和节日庆祝会等，也常常投资与反对吸烟、反对酒后开车和反对不安全的性生活等主题相关的社会公益宣传活动。

四、信息技术进入广告

80年代以后，无论是在工厂车间，还是在家中，高科技都以其惊人的速度在短时间内改变了美国人的生活方式。

如同电话、收音机和电视在当初时代所起的作用一样，电脑成了当代通讯领域的又一重大突破。苹果公司和IBM公司曾面临着巨大挑战，电脑不仅可在办公室或是演播工作室使用，更重要的是走入家庭。在上市初期，他们意识到首先要消除谨慎购买者的怀疑态度，其中的一个解决办法就是通过名人广告进行宣传。

查理·卓别林作为代言人为IBM公司带来的轰动效应一时无两。当IBM公司在1981年欲将其新产品个人电脑投向大众市场时，马上需要一种能够消除人们顾虑的广告宣传。广告公司和IBM最终决定以查理·卓别林的“轻快八字步”为广告特写，这样有助于个人电脑公司为那些非科技人士接受。这次广告宣传获得巨大成功，彻底改变了IBM公司先前的笨拙形象。

苹果公司也以富有传奇色彩的“1984”电视广告震惊了广告业。为了直追IBM，广告代理公司大胆提出：因为家用电脑的改革，“1984不会是1984的原来样子”。苹果公司原本预计在头一百天销售5万台，但实际销额却高达7.2万台。

与此同时，迅捷的图片复制技术新方法飞速发展。与IBM一样，施乐复印机也在广告宣传中聘用名人，图片上虔诚的修士使人们不由想起复印机最初的奇迹般的发明。这次产品宣传非常成功，施乐逐渐成为复印机的代名词。施乐在广告中提醒我们“Xerox”（施乐）中有两个“R”，第二个被圈起的“R”为注册商标，并且是“不能用复印机复印的”。

许多人逐渐被打消了疑虑，很快开始应用新科技进行交际、生产以及娱乐。广告公司也采用计算机进行交际、管理和设计。计算机排版、制表以及影印的功能应有尽有，制作速度之快超乎想象。

五、品牌全球化与广告公司的集团化

20 世纪 80 年代，在全球市场逐渐发展起来的背景下，全球国际市场广告费用支出数额日益庞大。20 世纪 80 年代，新技术的采用和通信系统的多样化对广告产生巨大的影响。有线电视、家庭录像机、各种专门杂志的出版、直接邮购和家庭直销的盛行，以及各种促销活动等，使广告公司比以前更像营销专家，一方面依靠新技术，另一方面也由于懂得消费者行为心理。大集团以巨额广告预算牢牢控制广告公司，各广告公司也纷纷合并成"超级广告公司"，以便为这些超级大企业提供更有效、更广泛的服务。但是，这也造成广告公司间为争夺客户而发生激烈竞争。结果是媒体广告逐渐被少数几家传播公司控制。

从 80 年代中期起，国外广告市场就已经超过了美国市场。1989 年，国外广告费用增加了 12%，达到 1 360 亿美元，而美国只增长了 5%，达 1 230 亿美元。为顺应新的市场环境，跨国性的国际广告公司逐渐形成。

在市场营销策略方面，广告商有两个基本选择，即全球统一策略和多国混合营销。

全球化势必包括全球化的市场营销战略。这一战略是指企业制定统一计划，以同样的规格方式在全球销售其产品。在全球经济竞争的格局里，广告促销是市场战略中极为重要的角色。全球统一策略采取的是标准的统一化的营销方式，在不同的地区只需作微小变动。例如，李维斯(Levis)牛仔广告产品形象用同样的方法吸引全球的消费者，纽约、东京和巴黎的众多消费群体所面对的宣传中唯一有所不同的就是语言差异。柯达、可口可乐等公司同样通过电视在不同地区进行宣传，成功地实现了"同一景象、同一声响、同一销售"的目标。

但是，许多企业也发现，对于不同的市场要采取不同的宣传方法，以适合当地的民俗文化。因为企业和产品所面对的每个市场，都有着不同的文化或竞争背景。例如，Tang 果珍在美国作为橘子汁的代用品销售情况甚好，然而法国人在早餐时并不喝橘子汁，面对法国消费者的广告就重新定位，把它作为一种新鲜饮料而进行宣传。

也有一些广告商混合使用两种策略。例如，在司克特卫生纸进入欧洲市场时，制作的是一只拉布拉多小狗和纸在一起温暖拥抱的广告，以告知消费者他们的纸张既柔软又结实。但是司各特公司在不同场景拍了不同的系列广告：在西班牙，客厅里摆设的是西班牙式家具；在大不列颠，场景是一个传统英国乡村花园；在意大利，背景客厅里陈列的都是意大利风格的物品。

当全球广告商竞相开展国际广告宣传活动时，他们面临的挑战之一就是要学会理解并尊重文化差异。稍有疏忽，一些无意识使用的颜色、数字、形状、尺寸、象征物、身体语言等等，都可能会潜在地冒犯某种特定的文化习俗。

全球性的广告商还必须努力确保跨文化流动的信息正确无误。糟糕的命名与翻译会破坏产品的可靠性。

随着有线电视和卫星接收站的增多，电视观众可以从电视中观看到世界各地的事物。这使得电视从大众媒体转化成一个全球性媒体。

形势的变化改变了广告主，改变了媒体，也改变的广告业自身。随着全球市场的发展，广告公司自身体制的改变是必不可少的。大规模的兼并活动在广告行业内部不断出现。业内相信，全球性的广告公司更有能力抓住全球的客户。单一、独特的、中等规模的广告公司的市场机会越来越少。《广告时代》在 1980 年列出的 100 家领先广告企业，在随后的 10 年中有 1/3 已不复存在。到 1988 年，20 家广告公司中的 11 家已交换了合作伙伴，或是重新合并。到 1988 年，跨国公司从 12 家降至 8 家。1989 年伦敦 WPP 集团收购了智威汤逊公司和奥美集团，掀开了“疯狂合并”时代的帷幕。

并购后的跨国广告集团更具市场竞争力。大规模的并购行为导致媒体购买方式的转变。这些集团以较强的资本实力可以以低价大量购买媒体，然后再以折扣价把它们卖出去。这种方式被称为欧洲方式。集团内部的子公司既可以资源共享，彼此之间在媒体和营销方面又能保持竞争。

当然，众多公司的合并也引起人们的担心。广告主担心如此庞大的广告帝国能否综合各子公司的实力提供更高水平的服务，也担心这些同属一个集团的广告公司能否为客户保守商业秘密。

第三节　90 年代以来的美国广告业

90 年代以来，日新月异的新科技、市场的全球化和起伏不定的经济形势剧烈地撞击着当代广告业。进入 90 年代，有线电视、卫星接收器以及网络媒体的普及，改变了社会传播的模式。美国广告业继续保持其世界第一的地位，在总广告费、人均广告费以及广告费占 GDP 总值的比例等指标中均在世界各国中遥遥领先。美国的广告业已经成为一个全球性行业，为众多全球品牌服务。截止 1998 年，美国广告总额超过 2 000 亿美元大关，达到 2 008.3 亿美元。

进入 90 年代以来，由于美国政府的鼓励和大力提倡，企业长期大力投资于与信息关联的产业及第三产业，美国人也一直保持着良好的消费心态，因此，作为经济晴雨表的广告业在整体上逐年增长。汽车业、零售业及商业与消费者服务等 10 大产品类别占美国广告费的 1/3。通用汽车、宝洁、菲利普·莫力斯、克莱斯勒、福特汽车公司等广告投资大户每年的营销计划和广告预算都直接影响着美国广告业的营业额。

一、广告公司的发展

20 世纪 90 年代以来，跨国公司迅猛发展，他们依靠其雄厚的资金、先进的技术和管理优势，实行全球投资，推动全球资源的优化配置。从世界各国经济相互联系的紧密性上说，跨国公司是全球化进程中最深刻的表现形式，它以交易内部化的方式把世界经济联系起来。跨国公司控制着 50％的国际贸易，90％以上的海外直接投资，80％以上的新技术、新工艺、专有权和 70％的国际技术转让。随着经济国际化、全球化的进程，世界广告业加快了集团化、国际化的步伐，积极向外扩展业务，大型跨国公司纷纷建立起来。这些跨国分支机构在各大跨国企业公司业务以及各地经济发展的带动下，一直保持着营业额的增长。近年来，建立海外战略联盟的做法比较普遍，跨国投资、生产、销售领域不断拓宽，大量中小跨国公司趁势崛起。所有这些，都把世界各国的经济越来越紧密地联系在一起。

广告国际化是资本国际化的必然需求。广告国际化，或称广告全球化是指在世界各地市场上通过采取基本一致的广告传播方式，实现全球市场营销战略。这种全球化广告给国际资本带来明显的利益：迅速扩展生产和分销渠道，获得规模经济效应；减少为实现市场规划和控制目标所需的营销的广告成本；降低广告制作成本；提高在各地市场上传播其产品概念的能力；树立国际性品牌和企业形象。

根据《广告时代》统计，目前美国有大小广告公司 6 000 多家，从业人员超过 40 万。在世界排名前 10 位的巨型广告公司中，美国占了 60％。1997 年美国前 10 名的广告公司其国内广告经营额都在 24 亿美元以上。这些公司都是跨国综合性大型广告公司，实施国际性广告经营战略，拥有全球性媒体网络，能够为广告主提供综合性全球性广告服务。它们以雄厚的资本和先进的管理经验及科学的运作方式对世界广告市场产生重大影响。各大型广告公司在世界各国或各地都没有分公司或办事处。美国也有许多小型的广告公司，大约有 2/3 以上的广告公司每家员工不到 5 个人。它们在经营上以专门化为其特色，为广告主提供专业服务，也是美国广告公司中的重要组成部分。

纽约仍然是世界广告之都。1997 年，纽约的 152 家广告代理经营额达到 377 亿美元。1997 年度，美国前 10 名广告公司中有 9 个总部设在纽约。

总部设在纽约的"奥姆尼康"(Omnicom Group)超过 WPP 成为世界最大的广告集团;智威汤逊成为美国第一大广告公司。90 年代中期以来,美国广告公司间的整合、兼并及购买活动持续不断,使得世界广告集团的排序屡屡更替。

当代国际主要的广告市场已形成了科学的组织体系和有序、良性的运行机制,服务水准和经营效率很高。广告主企业、广告公司、媒体广告传播、广告调查以及广告管理机构等相互依存,相互竞争。广告公司的作业水准普遍较高,综合类广告公司注重市场调查和策划,专业性广告公司也有自身的经营特色。广告公司内部一般分工精细,广告制作技术手段高超。

目前,著名的国际性广告集团奥姆尼康拥有三个全球运作的广告公司——BBDO、DDB、TBWA 以及由业务多样的代理商组成的多元代理服务系统 DAS(Diversified Agencies Services)。

WPP 规模仅次于奥姆尼康。目前拥有三个全球运作的全资代理商(扬・罗比凯、奥美、智威汤逊)、两个全球运作的媒体公司(MindShare 与 Media edge:cia),包括 Kantar 研究集团的几个调查公司、数个公关公司以及一些区域性、专业性公司。

二、整合营销传播理论的提出

80 年代的技术革命打破了原本整体化的大众市场和大众媒介。广告商及其代理们意识到传统的媒体手段已经越来越难以迎合目前消费者的口味了。不断拓展的各类专业杂志、有线电视网、卫星接收器、录像机以及日益更新的电脑技术,打破了传统意义上的整体化的大众媒介体系。广告业内人士逐渐意识到,仅仅依靠一种媒体来传播信息是行不通的。以前他们可能通过电视或报刊来宣传新产品,然而,在新的媒体革命的形势下,它们得运用创造性的思维和技术,通过各种媒体传播渠道来争取和赢得消费者。这一发展趋势对广告代理商的业务活动有着深远的指导意义。《连线》杂志认为:"媒体的未来就是广告业的未来;同时,广告业的未来也是媒体的未来。而这两者的根本区别在于:数字媒体的设计思维将会给传统广告业带来更大的影响。"

在新的媒体环境中,每一种新的传播技术都为广告商们赢得消费者提供了新的机会。1970 年,电视台和主流杂志的数量极其有限。如今,电视已被划分为全国电视网、地方电视网以及有线电视网等各种种类;同时,卫星接收站的设立使人们在家里就能收看全球任何一个地方的直播节目。全国性刊物也刊登某些地区的专题报道。非传统的媒体品种也日益繁多,从录影电视、电影屏幕到充气飞船、彩色气球和 T 恤衫等等,应有尽有。随着媒体选择的不断增多，广告费用的不断上涨，大众媒体总体规划的作用也显得越来越重要。于是，整合营销传播计划(IMC)应运而生。

整合营销传播实际上就是一揽子媒体计划，它通常综合运用各种媒体形式，如：公共关系、促销、直销、推销及其他方式来实现与消费者的接触，其领域涉及从商品包装袋、购物袋到社区活动等方方面面。这种实现方式需要有一个"整合营销传播"计划(IMC)。这一概念源自这样一个认识：一系列单个独立的商业广告有可能导致信息传播的混乱和相互矛盾，一种系统的一揽子传播计划则更为行之有效。

整合传播营销计划实际上是一种旧概念的新表达。过去，广告代理商们在媒体选择过程中所遵循的原则简单而明了：一致性原则、明晰性原则和持续性原则。整合营销传播计划同样需要坚持这些原则。

在整合营销传播观念指导下，可口可乐新广告的视觉刺激效果一改过去广告中的循规蹈矩和单调重复，顺应媒体多样化的世界潮流。可口可乐公司改变了过去"同一种图像，同一种声音"的做法，根据不同的观众、不同媒体，甚至不同的季节，制作不同的广告。可口可乐除了继续使用大众媒体以外，还采用新传媒渠道，创造出与电视广告全然不同的一系列商业广告：霓虹灯闪烁着"永远的可口可乐"；吹玻璃工人吹出个可口可乐瓶；北极熊喜爱冰天雪地中嬉闹玩耍。另一方面，尽管每则可口可乐广告都各有特色，但它们都含有体现整体营销构想的三个基本元素：红色圆盘，独特的高颈瓶，以及"永远的可口可乐"这一主题。

三、广告媒体进入多媒体网络时代

20 世纪 90 年代以来，美国社会迈入信息时代，美国广告媒介的发展更是超过经济的发展。除传统的四大大众传媒不断革新、稳步发展，仍在广告传播中起主体作用以外，其他各类广告媒介也得到飞速发展。90 年代以来，美国的主流媒体即四大传统媒体的内容也发生了很大变化，从政治转向生活，商业化程度更深，对广告的依赖程度也继续加深。同时，由于互联网为代表的新媒体的冲击，传统媒体在经营方面也正面临着愈益严重的危机。

1. 报纸

美国现有日刊报纸 1 520 种，此外还有周报及社区报 7 000 多种。发行量最大的是《华尔街日报》，目前为 182 万份。美国报纸中，知名度最高的都是一些全国性日报，即所谓高品质报或精英报，主要有《纽约时报》、《华盛顿邮报》和《洛杉矶时报》，它们是美国最有声望的"三大日报"。

各报经济收入也主要依靠广告收入，如《纽约时报》广告收入占其总收入的 70%，《华盛顿邮报》广告收入占其总收入的 85%。报纸广告的最大广告主为汽车业和零售业。值得注意的是，近年来，美国全国性日报逐渐走下坡路，而市郊日报及社区日报却因其贴近居民生活得到发展。

报纸正在适应数字化媒体的新发展。不仅报纸的撰写、编辑、排版等都电脑化了，出版商们还在互联网上制作电子报纸。目前，几乎美国所有的主要报纸都开设了数字化网上服务。

2. 杂志

美国现有各类杂志 10 000 多种。有不少著名杂志的发行量惊人，是重要的广告媒介。如著名的《读者文摘》月刊，早在 1977 年，其国内版即创杂志发行的最高记录 1 840 万份；到 1992 年，仅国内版的发行量也有 1 692 万份，长期以来是美国发行量最大的杂志。其次是《电视指南》其期发行量也超过 1 000 万份，1992 年的期销售量达 1 565 万份，居美国杂志发行量的第二位、全美杂志广告的第一位。

美国新闻性杂志中，最著名的有三家：《时代周刊》、《新闻周刊》和《美国新闻与世界报道》。

近年来，美国的各种科学杂志也逐渐成为强有力的广告媒体。此类杂志的主要读者属于高学历、高收入的 30 岁左右的青年人，是广告主最重视的消费群体。同时，由于这些科学杂志的读者以男性占大多数，因此，对与电子相关的行业，或酒类、汽车等企业的广告投放决策颇具吸引力。其中，《国家地理杂志》最为著名。该杂志创刊于 1888 年，是美国最早的摄影杂志，也是美国最早整本使用彩色印刷的杂志。它以一般大众为对象，以动物或外国风景、名胜为主题，大量刊登优美的照片以及使读者爱不释手的文章，在美国杂志界独树一帜，有广泛的读者群。

由于美国老年化问题日趋严重，老年人作为消费群体是一个愈益庞大的市场。适应这种社会现象，美国有诸多面向中老年人的杂志，其中，最著名的有《现代中老年》杂志。该杂志创刊于 1958 年，是美国退休人协会创办的会刊，属非营利性的会员杂志。1980 年起，该杂志开始刊登广告，并大量刊登鼓励消费及启发、引导人们积极享受人生的文章，深受读者欢迎。到 1992 年下半年，该刊发行量已高达 2 280 万份，成为全美杂志发行量最大的杂志。

从总的发展趋势来看，在电视、互联网等媒体的冲击下，美国的杂志与报纸似在走向式微。在全美广告总额中，报刊广告所占比例在逐年递减，其每年的增长率也明显低于电视广告和互联网广告。

3. 电视

20 世纪 90 年代，电视成为美国最大的广告媒体。1997 年美国电视广告费超过了报纸广告费，几乎占全美广告总额的1/4。现在，美国广播公司(ABC)、全国广播公司(NBC)、哥伦比亚广播公司(CBS)和有线电视广播网(CNN)控制着全美广播电视网络。美国电视媒体的总收入远高于其他媒体。

但是，在新的媒体环境中，电视也面临着严峻的挑战。挑战主要来自媒体间的激烈竞争和电视观众人数的不断下降的趋势。电视不仅面临与平面媒体的竞争，还面临着互联网和其他新媒体的挑战。例如，一些广告商发现利用电视技术的一种新的广告形式可以使他们能够制作出时间更长、更能充分展示产品的节目，那便是："邮递录像广告"或"录像产品目录"。每盘录像带只需2美元，广告商们无需花大价钱购买昂贵的电视或有线电视广告时间，就能够拥有大批感兴趣的观众。录像广告以一种其他媒体所无法实现的形式传播商业信息；这种方式在展示产品，刺激消费情绪方面效果更佳。

为了保持广告市场的竞争优势，近年来，电视广告进行了各种创新的尝试。例如，近年来一种貌似"非商业化"的商业广告的流行就是这些尝试中的一种。商业广告涉及的领域越来越广，其内容也越来越引人入胜，广告与商业节目之间的区别也越来越难以辨认。广告商们发现制作高质量的商业广告，关键在于要使"娱乐"元素与"可信度"兼而有之。例如，某食品公司在"电视食品栏"中做了一则85秒钟的广告，广告词为"怎样迅速做好一顿饭"，介绍了使用该公司生产的汤料的各种方法。

4. 户外广告媒体

户外广告媒体是美国传统大众媒体之外的又一种重要的广告媒体。到1997年，全美户外广告额为14.55亿美元。户外广告的广告主主要来自烟草业、娱乐业和服务业。由于美国食品药品管理局放宽了对与医药相关的广告活动的限制，因此，近年来，在户外广告中，直接对消费者进行广告宣传的药品广告也有大幅度的增加。

美国户外广告表现形式不拘一格，有立体的、有平面的、也有动画的，互相组合，形象、生动、逼真，极富感染力，充分体现了广告作品的现代性，是美国广告业的"形象工程"。近年来，户外广告以形式多样、个性化创意、高科技制作手段、规模总量大等为特征。美国的户外广告一般设在繁华的商业区及办公区域的屋顶、沿街商业大楼的立面、公交候车棚、公交车身、市区道路交叉口和高速公路两侧。户外广告一般都有较高的科技含量，制作手段先进，声、光、电多种技术结合，电脑写真广告、高科技数码技术制作大型喷画广告、各种灯箱广告、印刷拼贴广告等纷纷出现。电子、激光等高新技术，甚至计算机程控技术也在户外广告中广泛使用。

5. 网络媒体

1993年，克林顿政府提出建设国家信息高速公路计划。1994年互联网即开始商业化运作。1996年美国通过了新的《电信法》使得互联网的发展速度大大加快。互联网在美国只用四年时间就成为拥有5 000万用户"第四媒体"，而报纸达到同样规模用了一个世纪。互联网的媒体特征使网络广告的诞生和发展异常迅速。1997年，美国互联网广告收入已超过9亿美元，直追户外广告，其作为主流广告媒体的地位已经确立。

2002年全球互联网广告收入60亿美元；2003年是73亿美元，较2002年上升21%；2004年全球媒体广告收入达2 642亿美元，其中互联网广告收入为95亿美元，占整体收入的3.6%。

随着互联网普及速度的提高，互联网作为广告媒体的价值正在日益提升。起初，只有与电脑相关的行业在网上推销他们的产品，而如今，越来越多的其他行业也加入到网上来。食品、服装、出版社、饭店、音像出版社、电视台、花店和航空公司等行业都越来越意识到新媒体的作用而在互联网投放广告。电脑用户还可直接在互联网上所需的一切东西：从比萨饼到电脑小装置、汽车、房屋、机票和钻石等，无所不有。网上服务为广告商们提供了推销品牌的机会，他们可以同时运用电脑数字信息和传统的广告方式来宣传其产品。这种形式体现了书刊、广播、电视与互联网技术的有机结合。

四、完备的广告管理

经过百余年的积累和发展，美国广告业现已形成了政府管理、行业自律、社会监督相结合的管理体制。美国的广告管理机构以及广告管理法规大多在20世纪初即已奠定基础，后来又经不断完善，至今已形成较完备的体系。

1. 广告管理机构

美国政府管理广告的机构很多，其中，"联邦贸易委员会"(FTC)是政府广告管理的专门机构。FTC是根据《联邦贸易委员会法案》于1914年建立的，它的主要职责是对欺骗性广告进行认定和处罚。FTC下设6个分局，其中欺诈行为局下设有一般广告处、食物药品广告处、一般营业处、科学意见处，并在地方设有分支机构。1914年，美国政府又建立了商业改进局(简称BBB)，负责监察商业包括广告业的经营。

此外，美国还有一些政府下属专业职能部门和机构，有权对广告活动进行管理，这些机构主要有联邦通讯委员会(FCC。该机构1934年建立，下设4个局，其中"广播局"负责管理广播、电视广告。)、食品药品管理局(负责管理食品、药品、化妆品、医疗器械方面的广告)等。

2. 广告管理法规

美国最早有关广告的法案是《普令泰因克广告法草案》。该法案规定:任何人、任何企业和广告代理者均不得进行欺骗性的广告宣传;任何不真实和令人误解的广告,都将以诈骗论处。同年,美国政府又颁布了《印刷物广告法规》,明确规定:“任何人、任何企业和广告代理者,在从事印刷广告活动中,不得使用欺骗性或讹诈性言论,如在广告宣传中以假乱真,有损消费者利益,均属犯法”。这部法规后来被美国37个州作为法律条文采用。

美国虽然没有专门的广告法,但涉及到广告的法律却很多,其中最重要的是《联邦贸易委员会法案》。此外,还有《惠勒·李对联邦贸易委员会的修正案》(1938年通过)、《克莱顿法案和罗宾逊·帕特曼法案》(1936年通过)、《侵权行为法(第二次)重述》、《商标法》、《联邦食品、药物和化妆品法》、《公共卫生吸烟法案》,等等。

3. 广告行业自律

在行业自律方面,美国普遍建立起全国性的广告主、广告代理公司和媒介的行业组织,制订会员行为规则,增强行业自律机制,完善和健全自我管理。其中最重要的行业自我管理机构是美国广告联合会(简称AAF,1905年成立),它是代表美国国内广告商、广告客户、媒介行业的联合组织,拥有有215个分会,40 000多个会员。广告公司协会(AAAA,简称4A,1917年成立)、广告主协会(ANA,1910年成立)、广播电视协会、报纸杂志协会等也是美国广告联合会的团体会员。

在社会监督方面,消费者团体、商业团体、媒体一旦发现虚假广告,都可要求广告主终止该广告,并利用社会舆论或法律手段迫其纠正。

4. 广告赛事对广告业的促进

为了奖掖先进,提升广告业的整体水平,美国广告界设有若干有全球影响的广告大赛。每一次的广告大赛都会推出一些有才华的广告人。获奖广告为商品创造良好声誉与形象,并促进销售,促使广告增加广告预算,还会为从业人员提供更多的晋升机会,扩大公司知名度。

纽约广告奖始创于1957年,当时这个全球性奖项主要是为了奖励非广播电视媒介的广告佳作而设。在此后的20年间,这项大奖在全美的广告业界和教育界取得了非凡的声誉。在20世纪70年代,纽约广告奖增添了电视电影广告、电视节目和促销等诸多项目。1982年,又增设了国际广播广告、节目、促销竞赛项目;1984年,印刷广告、设计、摄影图片、图像项目;为了适应技术和科技的发展,1992年该赛事增加了全球互联网奖项;1995年又添设了广告市场效果奖，以嘉奖那些创意精良而且市场销售突出的广告活动。

克里奥(CLIO)广告奖，创立于1959年，举办地是纽约。克里奥广告奖素有广告界“奥斯卡”之称。这项大赛有一个传统，即大赛过后，获奖作品将由每个国家和地区的克里奥奖代表赴世界38个国家和地区进行巡回展览。

莫比(MOBIL)广告奖，创建于1971年，是全球5项最重要的广告大奖之一(即莫比广告奖、纽约广告奖、戛纳广告奖、伦敦广告奖、克里奥广告奖)。其总部设在美国芝加哥。莫比奖的参赛者来自世界各国。每年10—12月中旬评选，第二年2月举行颁奖仪式。随后获奖作品在世界各地巡展。设立莫比奖的目的是为全球的广告公司、广告制作公司、艺术指导人员以及设计师、电影公司、电视台和广告主提供一个国际性的平台，使他们能够获得对各自成就的恰当评价，并从中选出最优秀的作品。

五、当代美国广告的风格

90年代以后，广告人开始把目光投向18到19岁的被称为“X一代”的年轻人。汽车、杂志、音乐、服装——各行各业都以这群有价值的群体作为服务对象。这些年轻人很少看电视，读与众不同的杂志，“美国梦”在他们看来是望尘莫及的。1美元再也买不到20年前或三十年前他们父辈所能买到的物品了。1993年，这些年轻人占到工作人数的23%，所挣的工资只是他们父母在他们这个年龄时所挣的1/3。广告商意识到，对于这些消费者来说，耐久性和可靠性才能引起他们的购买欲望。他们还希望广告主能真实地介绍产品，并提供利益保证。为此，广告人较少依靠旧时的广告模式来满足这些对广告真实性提出质疑的群体。那些了解后新生一代市场的厂商很快改变了他们对时尚服装、家和汽车的广告宣传形式。

李维斯(Levis)“501蓝色牛仔裤”所作的广告是对品牌进行详尽清晰的说明。美国著名的晚间谈话节目大卫·莱特曼作为广告代言人将穿着这种牛仔裤的首要的十条理由列出后，该产品1995年的宣传活动就列出了501条年轻人应该穿这种没有扣子的牛仔裤的各种原因。最具有说服力的原因是：002号，“那是一个装上拉链会很危险的地方”。还有031号，“第二天他们会更好。”007号原因是：“在布拉格，你可以拿它与一辆汽车交换。”有趣的是没有1号原因——号码序号和原因是由代理商随意选择的。

其他一些广告宣传活动则帮助年轻人判断如何选择主要的投资内容，包括家具和汽车这样的大件物品。汽车制造商对他们的广告做了实质性的改变，开始强调价格和质量。例如，一则汽车广告写道：“我想有辆车……别告诉我什么木制镶板，什么外型会使我的邻居尊重我。要告诉我它有像萨巴卢那样的皮条调节器。要告诉我它有安全气囊。请告诉我。我有钱。我想知道我要开的是什么样的车。”

一直关注于青年人的广告人似乎忽视了在美国很重要的另一部分人的市场，也就是50多岁人的市场。这个市场在持续扩大。目前，50多岁的人超过美国总人口的25%，而18—34岁之间的人口数量在减少。这一老龄人群有着极大的购买力，占个人财产、股份、房地产和储蓄的绝大部分。这一市场中，有两组人可为产品广告提供机遇。一组是“专家级消费者”，他们当中许多人仍在工作，身体健康、思维活跃，家庭完整并且颇有成就。另一组是“善于保养的人”，他们多数已到退休年龄，也很健康并且经济状况良好。这些人有购买宠物、玩具、操场设施、豪华轿车、温泉疗养和以及旅游等多项消费能力。随着美国的老龄化现象日趋严重，有关退休、休闲、健康和生活花费方面的问题也就更加重要。

90年代以来，消费市场在变化，消费者的态度和价值观也在发生巨大的变化。有远见的广告商把他们的产品品牌与一些公共事业联系起来，如禁止在公共场所吸烟、环境问题以及观众较多的体育活动，借此和他们的客户保持长久关系。

吸烟已不再是时尚。人们甚至将香烟视为麻醉品，并且制订法律在大部分办公场所甚至酒吧及饭馆禁止吸烟。烟草厂家在广告方面受到很多限制，但是烟草公司却也能在法律范围内制作出机智有趣的广告，使他们的顾客感觉良好。

“绿色市场食品”是大型广告商使自己摆脱激烈竞争的又一共同努力。绿色市场食品的出现是消费者的保护环境意识的直接体现。环境运动倡导者对快餐连锁店提出不满，要求他们不能再使用苯乙烯泡沫包装食品，与此同时，用可再生材料生产包装已成为一条准则。1993年美国开办了曼哈顿绿色广告公司。这是“第一家也是唯一一家”专为对环境负责的产品服务的广告宣传公司。

越来越多的广告公司开始认识到对环境的关注也能带来经济效益，绿色市场商家在寻求各种方式，主动地把野生动物、大自然和他们的产品挂上钩。例如，早在19世纪80年代，一种烘烤苏打饼的箱子上就写着这样的广告语：“为了美好的一切，请不要伤害鸟类。”各公司倡导环境保护运动，包括从野生动植物到野兽生存的沼泽地的保护，他们纷纷捐款保护动植物，并通过电视节目进行广泛宣传，同时还发送印刷品以示他们的支持。

本章关键词

创意革命　定位　企业赞助　全球化　跨国广告集团　广告国际化　整合营销传播(IMC)　互联网广告　广告管理机构　美国广告联合会

思考题

1. 20世纪60年代,美国广告创意有何特点?
2. 20世纪60年代,美国广告反映出哪些新的社会意识?
3. 简述产品定位法产生的宏观背景及其主要观点。
4. 举例分析广告中企业赞助形式的发展。
5. 分析90年代以来美国广告的国际化趋势。
6. 简述整合营销传播理论的主要内容。
7. 90年代以来,美国广告媒体有什么发展特点?
8. 试述美国广告管理的特色。
9. 简述当代美国广告的风格特点。

第九章
其他西方国家广告

第一节　日本的广告业

日本是世界广告业高度发达的国家之一，在规模上仅次于美国，排在世界第二位。在亚洲国家中，日本广告业占第一位，其每年的广告收入总额占亚洲广告总额的75%左右。1997年，东京有广告公司52家，总营业额达314亿美元，仅次于美国纽约(377亿美元)，是世界第二大广告城市。日本最大的广告公司“电通”自1973年以来，一直是世界实力最强、规模最大的单体广告公司。日本广告业的发展是与日本的社会经济发展水平相一致的。

一、日本早期广告

关于日本早期广告，大伏肇在其1888年出版的《日本广告千年轨迹》一书中，把明治维新以前的广告媒体分为固定的广告媒体、可移动的广告媒体和声音广告。最早的固定广告媒体是762年正仓院文书记载的名为“国悬文”的《工程材料运漕费表示》，这块招牌标示出了各种材料的运输费。固定广告媒体包括招牌和暖帘(在布上写上自己的商号或商品名当作帘子)，大量出现是在16世纪以后。可移动的广告媒体主要是引札，出现于17世纪后半期至18世纪，最初主要用于佛教宣传，后来才用于商品交易。声音广告就是商贩的叫卖，771—790年间的诗集《万叶集》之《卷一杂歌》记录了一些叫卖活动，但是叫卖较多地出现在文献记载中是在19世纪以后。

1868年，日本“明治维新”推行一系列有利于资本主义发展的改革，为资本主义发展开辟了道路。明治维新标志着日本进入近代时期。明治维新采取了一系列措施，如开展邮政事业，建立国家银行，进行地税改革，修建铁路等，使交通、邮政、货币、商品的生产和流通实现了自由化，国内市场逐渐形成。日本的近代报纸在这一时期出现，这些报纸主要是在横滨、长崎等外国人聚居的港口由外国人发行的外文报纸。随后《每日新闻》(1872)、《读卖新闻》(1874)、《朝日新闻》(1879)等报纸先后出现，广告量也随之增加。到1890年，报纸总收入中广告费的收入约占30%左右。报纸是日本最重要的广告媒介。1867年3月,日本最初的本土广告主的报纸广告就在《万国新闻》中刊登了。

在日本,近代报纸一出现,最早把它用做广告媒体的主要是出版商和药商。1878年左右,日本的广告主尚未形成规模。当时,投放广告最多的行业,第一位是图书,第二位是房地产,第三位是学校,药品广告排在十位以外。而图书广告中最大的广告主是丸屋书店。但是,此后药品广告迅速增多,并在明治后期超过图书广告而位居第一。

1880年,日本第一家广告代理商"空气堂组"在东京开业,标志着日本广告代理业的开始。20世纪初,资本主义生产方式在日本国民经济中占统治地位,使日本的经济有了较快发展。与此同时,广告界在名古屋召开了全国广告代理商大会,从此广告业形成一个独立的行业。

从1908年起,日本电报通讯社开始按年度对广告进行统计。根据当时的统计,药品、化妆品、图书出版仍然是三大广告主行业,且广告总量呈持续增多的趋势。1912年以后,化妆品逐渐取代药品而成为第一大广告行业。明治末期以后,家庭生活逐渐现代化、欧美化,牙膏、香皂等代表新生活方式的日用品普遍流行。生产企业也从传统的手工作坊转变为机械化的批量生产,企业间的竞争加剧,企业为拓展消费市场不得不积极加大对广告的投入。到1919年以后,随着新药种类的增多,药品广告又重新成为第一大广告主行业。

随着报纸广告数量和内容的迅速增多,夸张广告、虚假广告随之泛滥起来。报纸上对欺骗广告、夸张广告和虚假广告的批判日渐增多,这种批评进而指向了刊载虚假广告的报社。随着民众广告意识的觉醒,一方面,政府开始制订法律加强对广告的管理,另一方面,媒体的自律活动、广告净化活动也逐步展开。

1911年,日本颁布了广告管理法规《广告物取缔法》。该法规定:

> 第一条　行政官厅为了市容美观或维护社会风气,在认为必要的情况下,可以下命令禁止或限制广告标识或其他与此相关的物件的设置。
>
> 第二条　根据上一条的规定,行政官厅对违反上述命令的物件可以予以取缔或处以其他必要的处罚。
>
> 第三条　广告、招牌或其他与此有关的物件,在有潜在的危险或妨害社会治安或扰乱风俗的情况下,行政官厅可以予以取缔或处以必要的处罚。
>
> 第四条　如违反第二条、第三条的规定,行政官厅可以处以拘

留或罚款的处罚。

《东京朝日》在1905年刊发了社告《急告广告主》，说明此后将对广告内容进行甄别，对不能刊登的广告将向广告主申明理由，并请广告主给予谅解。此后，日本的广告管理相关法规进一步完善。1921年制订、发布了《实用新案法》、《特许法》（专利法）、《商标法》等。1919年制订了《道路法》，并以此为范本制订了各地方行政单位（县）的道路管理条例、交通管理条例，对广告塔、招牌等户外广告进行管理。

二、广告代理业的发展

日本的广告代理业衍生于报业，与报业有着较深的渊源。当时的报纸主要集中在政治中心东京和商业中心大阪。明治中期，商业都市大阪对商业活动报道和信息的需求大为增加，报纸的政党色彩逐渐淡化，报纸经营的收入转而主要依赖出售广告版面。大阪商家众多，因此出售广告版面的代理公司便有了生存的市场空间。对报纸的社会需求增加，阅读报纸的商人和市民人数增加，报纸上大量刊载广告，反过来又给报纸的经营提供了有利的条件。与此同时，在政治中心东京，报纸接受政府或政党的资助，为某个政党或党派代言，报纸的党派色彩依然浓厚。但是，随着人口的增加和商业的发展，报纸订阅人群不断扩大，此时报纸如果仍然只代表一个政党的主张，便无法适应新的形势，于是报纸开始强调不偏不党、公正客观的报道。

当时，东京各报社都无实力在各地派驻通讯员，因此出现了专门向报社出售新闻的通讯社。但是，运营新闻社需要较多的资金，因此新闻社便又兼营广告，将所得收入作为通讯社运营的补贴。日本广告业最早的广告代理商出现于1880年，但日本广告代理制与美国广告代理制最大的不同是，美国的广告代理是较为全面的客户代理，而日本的广告代理较侧重于媒介代理。

当时，东京各报纸的代理公司通常都采用通讯社与广告代理公司兼营的方式。甲午战争至1900年期间，日本的广告代理公司数量剧增，仅东京就有约150家。1900年初，东京有实力的广告公司有弘报堂、正路喜社、帝国通讯社、博报堂等。

第二次世界大战前，日本的广告代理业随着媒体的发展而起伏。在小公司数量增长的同时，代理大报广告业务的广告代理公司也有了飞跃性的发展。然而，太平洋战争爆发后，由于物资匮乏，报纸版面减少，导致广告活动大大萎缩。1944年，在日本商工物价局的指导下，日本原有的186家广告公司被合并成12家，东京地区有6家，大阪地区有4家。这次合并对日本广告代理业的现代化具有重要意义，是日本广告发展史上具有划时代意义的重要事件。

第二次世界大战结束以后，日本广告活动复苏，广告公司数量开始迅速增加。为了防止小广告公司扰乱报纸广告代理的既有秩序，上述12家广告公司在1945年9月组成了行会组织“日本新闻广告同业组合”。加入行会的报社只与指定的广告代理公司进行交易。但这项规定在1947年《独禁法》中被废止。同年，自1939年10月起实行的对报纸广告费实行统一定价的制度也被废止。

这一时期，广告公司面临的最大困境是银行融资问题。战后，广告公司的融资等级排在丙等，根本无法得到银行的贷款，虽然后来有所缓解，但这仍然是战后日本广告界需要克服的困难之一。1947年，吉田秀雄成为电通社长，并于1948年夏起着手进行各项广告调查活动：1948年8月、9月开始对电影观众进行调查；1949年起对药品销售情况进行调查，对银行进行认知调查，并尝试对报纸和杂志的发行量进行调查。此外，1947年设立“广告电通赏”；1949年设立学生广告论文奖。此外，还于1949年设立学生广告悬赏论文。这些活动对促进广告业的现代化作出了积极的贡献。

日本现代广告事业的大发展是从20世纪50年代开始起步的，与其经济发展的大环境有密不可分的关系。二次世界大战之后，作为发动侵略战争战败国的日本，经济彻底崩溃，丧尽元气，各地物资缺乏，国民大多连一日三餐都发生问题。其后，美国先后发动朝鲜战争、越南战争，这两次战争给日本经济的发展提供了“契机”。两次战争中，美国都把日本当作大后方，很多军事设备都就近在日本订货、制造，许多军需品都向日本采购。日本趁机大发战争横财。朝鲜战争、越南战争庞大的美国订货的“机遇”，促进了日本经济的复苏和发展。日本广告公司善于把西方科技和东方文化结合起来，靠他们领先的国民教育水平，推动全民族的科学技术水平，日本终于崛起为世界“超级经济大国”。从1955年到1965年的10年间，日本经济突飞猛进，终于迎头赶上了西欧发达国家。1965年以后，甚至超过了西方发达国家。强大的经济，带来了广告业的突飞猛进的发展。

日本的广告业有自己独特的特点：第一，在同一行业里相互竞争的品牌可以由一家广告公司做代理，同一产品在不同媒介上的广告也可以分别由几家广告公司代理。第二，大型广告公司占据了广告市场的半壁江山。第三，媒介和广告主的专属广告公司较多。从20世纪60年代起，日本的一些大型广告主企业，也纷纷自设广告公司，即日本的所谓house agency（广告主的广告公司），它们在日本广告业界占有特殊的位置，如丰田公司的大广、东急集团的东急广告等。它们中的部分公司除承担自己企业本身的广告宣传外，也承接其他企业的广告业务。现今在广告行业中实行的AE制度即是由日本广告公司于1956年最先提出的。AE即广告公司的代表，所谓的AE制度，就是代表广告公司与广告客户进行联系的制度。AE制度的建立，推动了日本广告行业及广告公司的发展。

20世纪90年代，日本广告业面临的最重要的问题是国际化。与日本大企业在世界各国迅速成长为大广告主的情形相比，日本广告公司海外市场扩展的速度和规模都不尽如人意。据《广告时代》历年世界广告公司的调查资料显示，虽然电通和博报堂在1990年均进入了世界十大广告公司之列，但这两家广告公司的海外经营额所占比重却非常少。以电通为例，其1990年的营业额约为96.7亿美元，居世界第五位，但是其中海外部分所占比重还不到10%。

日本在企业迅速全球化的同时，广告公司的国际化却步履维艰。阻碍日本广告业国际化的原因有很多，主要有以下几个方面：第一，日本广告公司以媒体代理为主，同时其“同一企业多家代理”的特殊经营形态与国际惯例不符，因此较难适应海外的广告操作环境。第二，在业务操作方面，欧美的广告公司主要以四大媒体为中心开展代理业务，而日本广告公司的业务范围不仅包括促销、公共关系，还涵盖体育、文化活动、版权贸易、影像业务、新媒体等所有的领域，且都是在公司内部解决。结果，欧美公司的全球化推广战略很难与日本的广告代理制度对接。第三，进入海外市场的日本企业在海外营销和国际广告制作领域，仍然会优先选择跨国广告公司，因为他们在营销、创意、媒体等方面精通当地的广告环境。第四，日本广告公司进入国际市场较晚，在国际传媒领域内的运作经验还比较少，当地媒体保障能力较弱，提供国际营销服务的能力也相当弱。在文化、风俗完全不同的国家，若想积累广告制作的经验，需要投入相当多的时间和费用。日本广告公司无法提供足够让广告主满意的海外当地营销信息。

问题的另一方面是，日本广告公司正面临着外来资本的挑战，国际性跨国大广告集团以业务合作和资本合作的形式纷纷进军日本广告业，如1998年，奥姆尼康集团下属的BBDO购买了日本排名第8的I&S广告公司，TBWA则出资50%介入“日放”的经营。

截至1997年，日本的广告公司共有4573家，其中既包括“电通”这样的巨无霸，也包括一些小型的、专业的广告公司等。从业人员近10万人。主要的广告公司团体是“日本广告业协会”，共有会员157家。此外还有户外广告协会、POP广告协会等专门性的行业协会。90年代以来，日本的广告公司通过购买、兼并后，更加高度集中化、集约化，最大10家广告公司的广告营业额占全日本广告总额的一半以上。日本最大、最具影响力的“电通”公司，其每年的总广告额都占当年全日本总广告额的1/4以上。从趋势上看，这种集约化的程度还在不断加深。到1998年，由于整个日本经济的不景气，也带来10大广告公司营业额的下降。

三、日本的广告媒体

日本是一个广告媒体十分发达的国家。报纸、杂志、广播、电视等传统媒体在广告媒体中经营额约占65%左右，其余媒体占35%左右。

1. 报纸

20世纪初，日本报纸的政党色彩逐渐淡化，汉字减少，从文言转为白话，插图、照片增多，报道内容也从以政治话题为主转向更多地关注社会经济生活。报纸的早报、晚报制度更加成熟。1904年，日本报纸的总发行量约为163万份，1924年达到625万份，1934年第一次突破1 000万份。当时，发行量超过20万份的报纸达到了7家，而《报知新闻》和《东京日日新闻》的发行量都超过了30万份。

1951年，日本取消了对报纸纸张的配给制和报纸定价的管制，从而使1949年以来已然成风的报纸扩版竞争愈演愈烈。在扩版的同时，日本报纸还采用因竖排版而产生的“段”位法，使广告版面反而由战时的16段或18段变成了15段，这意味着广告版面空间的增加。报纸的扩版和段制的实行，不仅扩大了报纸的广告版面，也使广告的活动领域大大拓宽。1951年取消战时制定的对报纸定价的限制后，各报为了应付扩版导致的成本增加问题，或提价或想方设法扩大报纸发行量，从而加剧了报纸的发行竞争。如全国性报纸在地方城市直接印刷，增加地方发行网点；地方报纸结成发行联盟对抗全国性报纸。在各报纷纷扩版、增多广告版面的同时，一些新生报纸的出现也使报纸广告媒介的整体空间增多，其中体育报纸的出现最为典型。1946年3月，日本最早的体育报纸《日刊体育》创刊。1955年10月，体育报纸的发行量达到约45.66万份，成为重要的报纸广告媒体。这一时期，报纸广告费占了广告经营总额的七成以上。

由于1950年后报纸的扩版竞争和发行竞争，以及对广告费价格限制的放开，加上报纸广告经营困难，面对填不满广告版面的业务压力，战时曾一度稳定下来的报纸广告单价体系彻底崩溃。争取广告客户的竞争引发了广告的价格战，人们开始呼吁合理的现代化的广告定价体系。1952年1月，电通社长吉田秀雄在《电通报》上提倡引入“递减料率”制，即广告单价随投放频次的增加而递减。1952年4月起，《西日本》、《读卖新闻》、《北海道》等报纸也开始试行递减料率制，使递减料率的实施细则逐步完善。

对报纸广告的定价及操作方式进行反省的另一个方面，是对如何确定媒体的价值所做的探讨。1952 年 10 月成立的"ABC 恳谈会"对两家报纸进行了发行量调查，并在 1954 年 5 月更名为"日本 ABC 协会"。此时，对印刷媒体的发行量进行调查，以客观公正的数据作为广告定价的依据，建立公开的发行量审计制度已经迫在眉睫。

1955 年至 1965 年，是日本产业技术革新和设备现代化的时期，报纸也不例外。1959 年，《朝日新闻》、《每日新闻》、《读卖新闻》三大报采用汉字电传。同年，《朝日新闻》在北海道的札幌开始使用电传发送新闻，出现了所谓的"没有活字的报纸印刷工厂"。1960 年，共同通讯社开始用电传发送新闻，近代报纸产生以来一直使用的手工操作开始实现机械化。电传促进了凸版印刷和高速轮转机的引进，使报纸的出版发行周期大大缩短，印刷质量提高，印数增加，从而促使报纸更加普及。

这一时期，报界的另一变化是周日报纸的出现和体育报的大发展。1959 年 4 月，报纸的定价上调后，各大报纸推出了周日版作为对价格上调的一种补偿。周日版从一开始就大量刊载广告，彩色广告出现后又成为巨幅彩色广告的主要舞台。这一时期，随着电视机的普及，体育赛事转播开始盛行，体育报的发行量也在这一时期飞跃性地上升。由于体育报的读者层主要是年轻的蓝领阶层，因此体育报以职业介绍、大众娱乐、汽车、百货商店的广告居多。

1964 年至 1965 年，日本的报纸正处于不景气时期，报纸广告的营业额首次出现了负增长。为了解决报界自身发展的问题，日本新闻协会广告委员会下设的广告调查研究会(创立于 1964 年 6 月)从 1966 年 5 月起开始研究报纸广告的媒体价值问题。这一时期，广告逐渐成为报纸经营的重点。报纸经营中发行收入和广告收入的比重发生根本性的变化。1965 年至 1970 年间，报纸的发行收入减少 5%，跌至总收入的 40%，而广告收入则从 55%增长到 60%。报纸的发行收入仅够支付纸张、印刷和邮送费等，而人力成本和各项支出费用却每年都在增加，因此，广告收入在报纸经营中的作用便显得愈发重要。

进入 20 世纪以来，日本的报纸长期保持繁荣态势，报纸的普及率非常高。截至 1997 年，报纸每天总发行量为 5 376 万份，平均每户 1.18 份。日本的主要报纸包括《读卖新闻》、《朝日新闻》和《每日新闻》三大日报，以及《产经新闻》、《日本经济新闻》等，合称全国性五大报纸。它们每日发行早、晚报，每家的早报发行量都超过 400 万份。最大的三家报纸同时也发行周刊和月刊，还发行杂志和书籍。此外，三大报也出版英文日报。据统计，发行量最大的三份报纸中,《读卖新闻》为1 018万份、《朝日新闻》为842万份、《每日新闻》为398万份。报社面临的难题主要有两方面:一是报纸发行量已饱和,难以保持大幅增长,与此同时,由于报纸竞相降价,甚至导致销售收入减少的现象。二是由于电视媒体的竞争,日本的报业广告风光不再。在日本广告业界的变迁中,报纸广告费在整个广告费中所占比例,40多年来呈现逐年递减的趋势。

日本报业的一大特征是,全国性的大报拥有电视台的股份,如《朝日新闻》拥有TV朝日;《产经新闻》拥有富士TV;《日本经济新闻》拥有TV东京;《读卖新闻》拥有日本TV。此外,电通在东京放送中也有3%的股份。

日本报业的第二大特征是,骨干报纸都有自己的广告公司,且《每日新闻》的大广广告社和《朝日新闻》的朝日广告社都进入了日本十大广告公司之列。不仅如此,日本的报社还兼营庞大的出版事业,以《朝日新闻》为例,除了《周刊朝日》、《朝日Graph》、《朝日杂志》外,还有十几种月刊、季刊、年刊等正式出版物。

日本报业的第三大特征是,几乎所有的报纸都加入了ABC组织,由独立的第三方调查报纸的发行量。

2. 广播电视

1951年9月,日本民营广播首次开播。1955年,包括日本短波放送在内,日本共有40家广播电台。1955年至1956年间,收音机的普及已基本完成。1957年至1959年,收音机开始向小型化便携式发展,这意味着收音机从室内走向了户外,从家庭收听为主的媒体转变为在户外活动或开车时以个人收听为主的媒体。1960年以后,随着电视机在全日本范围内的普及,日本的全国性广告主开始削减广播广告预算,并将其转向电视广告,民营电台的经营受到影响。这种状况一直持续到调频广播出现,广播重新定位,节目做了调整后,才得以扭转。

1953年2月1日,"日本放送协会"公营的"NHK东京电视"正式开播。这是日本电视事业之始。同年8月,NTV商业电视台也正式开播,这是亚洲第一座商业电视台,从此出现了亚洲地区最早的商业电视广告。1960年,NHK采用美国制式播出彩色电视节目;1984年5月2日,试验播出卫星直播电视节目。

吉田秀雄认为,商营广播电视的出现不仅有助于提升广告公司的社会地位,而且也为日本广告业走向现代化提供了一次机会。以往,广告公司的职员总是被当作版面掮客,广告操作方式也相对封闭和落后。民营广播出现后,电通成立了广播广告研究会,邀请广告主和同行共同学习、研讨。同时，电通又是广播广告的最大买主，早期电通在中部日本放送、新日本放送两家电台的广告量曾经占到全台广告量的60%—80%。

日本电视台分为NHK公共电视台和私营商业电视台两大系统。前者的经营制度同英国BBC一样，是国营的非营利机构，不能播放广告，而靠收取电视机用户的收视费及国家拨款来维持运转。私营商业电视台则靠广告来经营，共有5个系统，共计126家。这些私营电视广播以东京、大阪为中心，形成电视广播网延伸到全国各地。其中，东京广播公司(TBS)是日本最大的商业广播电台和电视台，其他有日本电视广播网公司(简称NTV)、全国朝日广播公司、富士电视公司、东京电视台等。

1956年至1958年，是日本电视广告第一次迅速成长的时期。由于经济状况良好，消费需求高涨，在电视剧前后插播广告的做法逐渐稳定下来。1961年至1965年，是日本电视广告第二次迅速成长的时期。广告片中的动画制作越来越多，广告片的社会影响提升，广告主亦越来越认识到制作优良的广告片对提高广告效果的重要性。在制作广告片前进行事前调查、应用心理学技术等做法开始普及。广告片从直播变为录播。1964年以后，名人广告明显增多，名人的价值逐渐被企业所认识。

电视机的普及、可收视范围的扩大以及日本国内经济的活力，使电视作为广告媒体的价值凸显出来，结果导致电视广告费一涨再涨，而企业旺盛的广告需求是电视广告费一再上涨的根本原因。

1967年后，日本真正进入了彩色电视时代，导致电视的编辑和制作体制发生了变化。新闻谈话类节目和电视剧等节目类型的出现，极大地提高了收视率，使各电视台间的竞争日益激烈，节目制作成本日趋提高。1965年，电视广告经营额下滑，促使人们不得不关心如何降低制作成本，促进经营合理化，结果导致外包给独立制作公司的节目越来越多，而电视台自己制作的节目却逐渐减少，从而使节目制作公司之间的竞争加剧。

日本的电视一直是报纸的劲敌。日本的电视广告在同报纸广告多年的竞争中，逐渐取得优势，1975年广告量终于超过报纸，成为四大媒体中的龙头。截至1998年，电视广告额超过报纸广告额13.5%，占绝对优势。

80年代后半期，日本的媒介经历了巨大的变革：第一，日本电视以地上无线传输为主，直到开通卫星电视之前，日本的所有电视都是无线电视。第二，以多个综合频道为主，公营的和五个民营电视网都是以新闻、公益、教育、娱乐(民营放送包括广告)为主要内容，日本称之为综合放送。第三，公营和民营并存的二元化格局。公营电视依靠从收视家庭中征收收视费，其本身不播出广告，而民营商业放送则主要依靠广告收入。

广播卫星、通信卫星和有线电视的出现,使日本的电波媒介进入了多频道时代,同时也预示着频道专业化时代的到来。1988 年,放送法修订案提出取消广播电台的"节目比例协调平衡原则",这是日本在多频道时代使广播走向专业化的一项法律措施,也意味着综合播出体制的变化。

3. 杂志

日本的现代杂志业在 20 世纪初就已经开始发展,杂志作为新的大众媒体的新地位得到确立。仅在 1914 年至 1923 年的 10 年间,日本新创刊的杂志就达 400 种。1923 年至 1937 年间,杂志的种类和发行量显著增长,仅大众娱乐杂志和妇女杂志就增长了约 2 倍。

第二次世界大战以后,日本的杂志如雨后春笋大量出现,1947 年达到 7 249种,经过竞争,到 1951 年还剩 1 572 种。战后活跃的杂志大多是新创刊的大众娱乐杂志和女性杂志。这一时期,杂志扩大版面,突出视觉表现,改变了传统杂志的表现手法。

60 年代以后,伴随日本经济的高速成长,杂志广告费稳步上升。这一时期,杂志从形态、表现和技术方面都有了较大提高,逐步走向了现代化:新创刊的杂志版面规格都由原来的 B5 版扩成 AB 版;杂志市场开始细分,出现了按照特定年龄层、职业、爱好、生活方式等进行细分的分层杂志。杂志广告的表现方法更加富有个性,视觉因素得到了更充分的运用,出现了大量情感诉求的广告;杂志发行量调查制度逐步走向正轨,接受日本 ABC 协会调查的杂志数量逐年增多。据统计,目前日本发行的杂志有 17 300 种,其中有 4 000 种刊登广告。1997 年,日本杂志总销量达 38.137 亿册。杂志的专业化倾向非常明显,即使面向家庭主妇的杂志,也被细分为烹饪杂志、育儿杂志、时装杂志等。有很强地域性的都市信息杂志也日渐发达。杂志的广告主主要为化妆品、时装、首饰类,约占杂志总广告费的 13%以上。此外还有通信及信息、精密机器、办公用品、汽车及其相关产品等比较喜欢用杂志作为广告媒体。1997 年,日本杂志广告额占日本总广告额的 6.9%;1998 年上升到 7.4%,名列四大传媒的第 3 位。

4. 户外媒体

除四大媒体外,日本的户外广告也极为发达。1926 年,东芝公司的霓虹灯管生产实现国产化,此后霓虹灯广告开始普及。与此同时,铁路列车上开始出现广告;气球广告引起人们的注意;橱窗秀等各种广告形式也都开始出现。

第二次世界大战以后,户外广告活动迅速恢复。1952 年 7 月制订的《航空法》允许在飞机上悬挂广告,直升机也可以用做广告宣传。1952 年 8

月东京芝浦电气和森永制果分别用飞机开展了全国性的宣传活动。但是由于使用飞机做广告成本太高,因此,这种方式并不普及。1951 年 6 月,对氢气球的管理规定有所缓和,氢气球的许可直径可达 3 米,距地面高度可达 45 米,从而使大型氢气球成了这一时期广受欢迎的广告媒体。1950 年 2 月,电力管制解除后,霓虹灯广告全面恢复。1951 年 4 月,森永制果在东京上野制作了一个高约 34.8 米的霓虹灯广告塔,一时间成为人们谈论的话题。

这一时期,铁路、地铁等大众交通工具广告得到广泛利用。此外,海报、折页广告、产品目录、传单、直邮、橱窗展示、店面等也都开始得到应用,广告的媒体和宣传手段越来越丰富。

1955 年至 1965 期间,日本的户外广告等非大众媒体广告的经营额增长了 5 倍。霓虹灯、招牌、广告塔等户外广告取得了飞跃性的发展,尤其是霓虹灯广告,迎来了战后的鼎盛期。大型化、高层化是这一时期霓虹灯广告的特点。

此时,户外广告的设计和制作水平明显提高,著名设计师参与户外广告设计和制作的案例增多。此前,霓虹灯广告大多只考虑夜间的效果,而这一时期的霓虹灯广告则开始考虑广告塔白天的视觉效果和功能,如放置时钟或温度计等。1957 年日立在大阪设置的霓虹灯广告柱矗立了 15 年之久,成为一个标志性建筑。

这一时期,氢气球广告更加普遍,尤其是中小广告主,无论是开店、开业还是落成典礼等,赠送氢气球几乎成了商务交往的程式,有造型或夜间有照明设施的氢气球广告尤其受到用户的欢迎。

1957 年以后,大众交通广告的使用率明显增多,地铁的吊环广告、车身广告、车站广告、出租车车门广告、坐垫广告等等,这些新的交通广告媒体的出现,一时间成为人们谈论的话题。

大型霓虹灯、灯箱及路牌广告,直到今天仍然是日本城市的亮丽风景。1997、1998 年连续两年,户外广告额占广告总额的 5.5%。

四、日本的广告管理

日本的广告业在 20 世纪初就开始建立各种行业组织,以规范广告业的行为,加强行业自律。20 世纪初,与广告相关的各种行业组织陆续成立。在综合广告代理方面,1913 年,以日本电报通讯社为核心,由报纸、通讯社、广告代理公司组成的广告行业组织新闻协会成立。该组织为日本报纸和通讯社的全国性组织,1924 年更名为日本新闻协会,但与今天的日本新闻协会没有什么关系。1914 年 6 月,东京的五家广告代理公司,即日本电报通讯社、帝国通讯社、正路喜社、弘报堂、博报堂，组织成立了协同会。后来广告社也加入其中，更使得协同会成了当时最有实力的广告行业组织。

20 世纪 20 年代，由于虚假广告现象十分严重，日本政府进一步加强管理制订了相关法令：如 1924 年颁布的《工人招聘管制令》，1925 年颁布的《营利性职业介绍管制规定》，1931 年颁布的《保险管制规定》，1934 年颁布的《防止不正当竞争法》和 1934 年颁布的《众议院议员选举法试行令》等。

第二次世界大战爆发以前，日本《新闻纸法》和《出版法》规定，禁止作为广告媒体的报纸和杂志刊载或出版扰乱社会秩序、败坏风俗、冒犯皇室尊严等内容。对广告的规制，包含了对其意识形态的约束。战后，由于美国占领军的介入，对思想进行控制的各种制度和法规才逐渐被废止。这些制度和法规的废止，直接或间接地促进了日本广告表现的自由。

1948 年 5 月实施的《轻犯罪法》规定取缔欺诈广告和误导的广告。1949 年 6 月起实施的《屋外广告物法》取代了 1911 年 4 月起实施的《广告物取缔法》。新法旨在保持户外广告的美观，保证广告不对公众造成危害，不再干涉广告内容的思想性。

1950 年，日本颁布了专门的广播电视法规《放送法》，其中有四项关于广播电视广告管理的规定：(1) 禁止日本放送协会播出广告；(2) 民营广播电视台（一般放送事业者）在播出广告时必须有显著的广告标识；(3) 民营广播电视台（一般放送事业者）有义务播放选举候选人的广告；(4) 限制民营广播电视台（一般放送事业者）播出针对学校的广告。

1987 年，历经两年 20 多次讨论，日本邮政省发表了《关于新媒介时代放送的恳谈会》报告。在此基础上，1988 年日本国会通过了《放送法修正案》，主要内容如下：坚持公营放送 NHK 和民营放送并存的体制；有计划地促进放送的普及；将放送局执照的有效期限从现在的 3 年延至 5 年；从根本上提高放送节目的质量；进一步加强对放送节目的管理；引进付费电视；扩展 NHK 的业务范围；改善 NHK 的经营体制。1989 年，日本政府在 1988 年修订放送法的基础上，再次修订放送法的内容，主要包括：通过通信卫星提供卫星电视服务；加强 NHK 业务委托管理和审查；成立放送节目中心，搜集、保存电波媒介的节目。

1989 年的放送法修正案，为民营卫星通信公司参与广播电视事业扫除了法律上的障碍。日本民间放送联盟公布的《放送标准解释书》，对广告的时间、类型和执行标准做了详细的规定。根据规定，广告播出的总时间不得超过节目播出时间的 18%，黄金时间段广告播出的时间必须低于 18%。但是，该规定是以周为时间单位的，因此电台、电视台可以根据自己的财政状况适当进行调整。广告分为节目广告、冠名广告、插播广告和信息广告。节目广告，指节目的赞助商在节目播出的时间内，插入规定数量的广告；冠名广告，指节目自己承揽的商业广告；插播广告，指与节目无关，在节目与节目之间播出的广告；信息广告，指在节目与节目之间，休息时间以外，在电台、电视台编排的时间内集中播出的广告。

《放送标准解释书》还对广告审查制订了统一的标准。日本的广告审查实行事前审查，由各放送局自行审定。各放送局（电台、电视台）的部门设置情况不尽相同，有的叫考查部，有的叫商业广告部。各放送局基本上都常年对故事板或已完成的广告作品进行审查。广告审查不另行收费，但是如果需要调查企业的信用状况，则要另行收费。日本民间放送联盟公布的《放送标准解释书》，是各放送局共同遵守的审查标准。

此外，日本民法中的有关条款规定了广告主、广告代理公司及广告媒体三者之间的权利与义务，为调节这三者之间的关系确立了基本法律规范。有关广告方面的立法主要有：

《防止不正当竞争法》从制止经济活动中不正当竞争行为角度，对生产经销企业虚假广告内容作了严格的法律责任的规定，包括商品的原产地、质量、制造方法、用途或数量等方面的广告不正当表示。

《不当赠品及不当表示防止法》规定禁止做诱售的有奖广告和旨在引诱顾客、阻碍公平竞争的非法比较广告及其他含有上述意图的广告。《户外广告物法》规定了户外广告的基本原则和限制。

《消费者保护基本法》对消费者在广告方面的权利及其权利的保护做出了规定。此外，有关专业法律，如《药品法》、《食品卫生法》、《家庭用品质量表示法》等，分别对药品、食品、家庭用品等具体的商品或事项的广告传播做出了明确规定。

另外，日本为保护在国际竞争中的日本企业的利益，还制定有《进出口保险法》，对日本企业到国外做广告的效果予以“海外广告保险”。

在行业自律方面，全日本广告联盟是日本全国性的自律机构。该联盟制定的《广告伦理纲领》是广告界制作广告必须遵守的最高准则。其他如日本新闻协会、日本广告主协会、日本民间广告联盟、日本国际广告协会等各类专业自律机构也十分健全，遍及日本广告行业的各个角落和部门，形成一个多层次的完整的行业组织。

第二节　英国的广告业

英国广告业有悠久的历史，在世界广告发展史上有着举足轻重的地位和重要影响。17、18世纪，英国不但是世界第一强国，而且曾经是世界广告的中心，直到19世纪末美国广告兴起后，世界广告中心才由英国转移到美国。

中古时期，英国就出现了用盾形纹章表示客栈，用三个修女刺绣的图盘表示布店，用一只手臂挥锤表示铁匠作坊，三只鸽子和一只节杖表示纺线作坊等广告雏形。19世纪中期，现代报业的繁荣和18世纪源于英国的工业革命，为英国广告的发展更是创造了有利条件。

19世纪50年代以前，英国广告业一直居世界首位。进入20世纪以后，尤其是在第二次世界大战之后，随着经济的高速发展，英国广告也取得了举世瞩目的成就。英国是世界上广告业发达的国家之一，伦敦以其广告的创造性及规模，被称为世界三大广告中心之一(第一纽约、第二东京、第三伦敦)。现代英国广告位列美日之后，仍居世界前列。

据国际广告协会统计资料，1989年，英国广告费总额为136.3亿美元，占国民生产总值的1.6%，人均广告费达238美元。1997年度英国最大广告主为零售业，广告费支出达9.56亿英镑。其次分别为食品业、汽车业、金融保险业、办公自动化仪器设备及用品行业等。

一、英国广告媒体的发展

英国是世界上媒体最为发达的国家之一。它的报刊、广播电台和通讯社在世界上有广泛影响。

1. 报纸、杂志

尽管英国的地域和人口都十分有限，但英国的报纸和杂志数量惊人。据统计，1990年，英国有日报130家，周报1 300家。其中，全国性报纸有10多种，如:全国性的严肃日报有《每日电讯报》、《金融时报》、《卫报》、《泰晤士报》等，全国性的星期日报有《星期日电讯报》、《星期日泰晤士报》等。另外，全国性通俗日报有《每日快报》、《每日邮报》、《每日镜报》，全国性通俗星期日报有《星期日邮报》、《星期日镜报》、《世界新闻》等。上述报纸中，《每日电讯报》、《星期日泰晤士报》、《太阳报》、《世界新闻》等的发行量都非常大。英国最大的报业集团是默多克的新闻集团。

除上述报纸之外，英国还有大约600多种免费赠送的报纸，大部分为周刊，内容以广告为主。各类报纸各有其不同的读者对象，广告商往往有针对性地选择报纸进行广告宣传。

英国杂志数量惊人，多达 7 000 多种。根据内容的特点，这些杂志可分为综合性、商业性、技术性、专门性以及娱乐性等多种类型。《广播周报》和《电视导报》的发行量最大，达 351 万份。英国杂志主要销售方式是零售，订阅率很低，只有 9%，远低于美国的 73%，德国的 43%。杂志总收入中，广告收入和销售收入比例为 3∶2，到 1997 年则各占 50%。

英国管理报刊广告的官方机构是广告标准局，广告商和报刊在刊登广告时均必须遵守《广告业准则》。

2. 广播、电视

英国的广播、电视分为公共事业和商业两大系统，主要有公营的英国广播公司（BBC）和商营的独立电视公司（ITV）两个系统。1922 年成立的英国广播公司（BBC）原为私营，1926 年改组为公共事业，1936 年播出黑白电视，1967 年播出彩色电视。BBC 的广播和电视均不准播放广告。BBC 依靠收取收音机和电视机的执照费及收视费来维持其国内广播电视业务的运营，国际广播经费则另由政府拨款开支。

商营的英国独立电视公司（ITV）成立于 1955 年，是根据 1954 年英国议会下院通过的《电视法》创办的，起初叫“独立电视局”。ITV 完全依靠电视广告收入作为经济支柱，它在欧洲国家中是最早经营电视广告业务的。ITV 早期没有广播，也就没有涉足过广播广告，而 BBC 也不能做广播广告，因此，英国有很长一段时间没有广播广告。1972 年，英国议会通过法律，准许“独立电视局”开办商业广播电台，并改名为“独立广播局”，此后，英国广播广告才得以产生。现“独立广播局”管辖着 15 个地区的电视台、独立电视新闻公司和其他几个电视台，还有 49 座商业广播电台。它覆盖英国全境，是 BBC 最大的竞争对手。最早为 3 个频道。现在扩展为 6 个频道：ITV1、ITV2、ITV3、ITV4、CITV 以及“ITV 数码频道”，等等。在初期，独立电视的 15 个营运商均有独立的台徽和识别。但 2003 年以后，只有 4 个营运商能维持独立的台徽和识别。其他 11 个营运商已经与“独立电视有限公司”合并，成为独立电视第一台（ITV1）。英国现有商业广播电台 180 多个。

英国的有线电视和卫星电视也很发达。近年来，英国的有线电视市场形成了三大有线电视网，即 Telewest、C&WC 以及 NTL。英国卫星电视的总用户现有 353 万个，其中有一大部分与有线电视用户重叠。

20 世纪 80 年代中后期，世界广播电视市场竞争日益加剧。为适应新的形势，1990 年的新广播电视法对商业广播进行了一系列的改革，设立了独立电视委员会和无线广播局分别管理商业电视(包括有限电视与卫星电视)和商业广播。

英国的电视节目相对稳定,许多节目具有悠久的历史。电视节目的制作具有独到之处,如:注重选题的策划;资料的准备和运用十分充分,对事件和受众的反应快捷。电视节目的整体质量较高。

3. 网络广告媒体

英国媒体中介机构协会 2007 年最新公布的数据显示,英国的网上广告业务正以每年 40%的速度激增,网络广告业务量占整个广告业的近 14%。这一比例比美国高出 1 倍多,为全世界之最。英国的广告客户对互联网特别青睐。他们认为在网上做广告的效率更高,成本更低。在互联网广告业务激增的情况下,近年来英国广告的总业务量并没有太大增长,这说明传统媒体的广告主资源正在流失。英国广告主往往直接与网站谈判,对广告出现的时间和位置有更大的话语权。

二、英国的广告公司

到 20 世纪 80 年代,英国有 1500 家左右的广告公司。盛世(Saatchi & Saatchi)是 1970 年创办于伦敦的广告公司,由英国人莫里斯·萨奇和查尔斯·萨奇两兄弟创办。

萨奇兄弟出身于犹太教家庭,是伊拉克籍织布商人的后裔,从小就居住在英国。20 世纪 70 年代的伦敦广告业尚不能同美国的纽约相比,当时英国本土还没有自己的大型广告集团。同时,英国企业家对广告的作用也没有给予足够的重视,不太愿意将资金注入广告行业。在这样的背景下,萨奇兄弟却坚信广告对于经济发展的巨大作用,并成立了自己的广告公司。他们在公司发展初期,制定了三个经营理念,即:制作优秀的广告;为客户提供全方位服务;全球化。

最初使盛世公司扬名世界的是一则题为"怀孕的男人"的公益广告。20 世纪 70 年代初,受英国家庭协会委托,盛世公司要制作一则反对早孕、未婚先孕、鼓励使用安全套的公益广告。广告的画面是一个挺着大肚子的"怀孕"的男人,广告标题:"假如怀孕的是你,你是否会更加小心呢?"广告正文:"避孕是生活中的紧要事之一,家庭计划协会忠告每位已婚和未婚者。"这则广告并无枯燥的说教,而是采用了一个极具视觉冲击力和情感震撼力的反常的"怀孕的男人"形象,极大地激发了男士们的责任心,收到了非同寻常的劝诫效果。正是这则广告也使盛世广告公司一举成名。此后,盛世的广告一直都秉承着"怀孕的男人"般的大胆创造,用富于变化和夸张的手法表现事物,把广告用一种最离奇的方式呈现给大众,打破了原本呆板拘谨的英国广告风格,使广告变得生动活泼,富于变化。盛世广告制作不仅为公司带来了广泛的社会影响,也为整个英国广告带来了声誉。

1986年前后,萨奇兄弟的广告公司进入美国,收购了一些广告公司,成为当时世界上最大跨国广告集团公司,在世界各地拥有办事处或分公司。1995年,萨奇兄弟离开萨奇环球公司,二人随即在伦敦创办了M&C萨奇公司。

WPP集团的总部也设在英国伦敦,创始人是马丁·索里尔。马丁·索里尔曾在盛世集团任财务总监达10年之久,1986年,马丁·索里尔离开盛世自立门户,成立了WPP集团。1987年,马丁·索里尔以5.66亿美元的价格收购了著名的美国广告公司智威汤逊。智威汤逊广告公司在世界广告业享有崇高的声誉,其一系列广告法则已经成为世界上许多广告公司乐于采用的广告法则。智威汤逊的加盟极大地提升了WPP集团的实力和知名度。1989年,马丁·索里尔又以8.64亿美元的价格收购了另一家著名的美国广告公司奥美广告公司。在短短十余年内,WPP已经发展成为全球首屈一指的广告传播集团,旗下拥有智威汤逊、奥美、扬·罗比凯、百帝、博雅公关、伟达公关等知名公司,在世界500强企业中,WPP的客户就有300家以上。现在,WPP集团旗下的广告公司已经达70多家。

三、英国的广告管理

英国的广告管理比较严格也比较成功。政府对广告的管理主要是制订法律。其法律规范包括判例法和成文法这两种形式。判例法是英国广告管理法规的主要形式。有关广告方面的限制,体现在反对不正当竞争判例法中。以成文法形式出现的广告法规大多散见于有关的法律、法规中,如《消费者保护法》、《公平贸易法》、《食品和药物法》等。

英国管理广告的政府机构有"英国广告标准管理局"(ASA,1962年建立),专门负责非广播电视广告的管理。"独立广播管理局"(IBA,1954年建立),专门负责管理电视、广播广告。英国独立广播管理局制订的《广告标准和实践》是很重要的专门广告法规。该法规对广告活动涉及的方方面面都作了全面、详细的规定。同时,该法规还制订了三个单项管理法规:《广告与儿童》、《财政金融广告》、《卫生和医疗广告》。

英国早年对电视广告有严格限制,根据《电视法》规定:所有电视节目不准由广告商"提供"或"赞助";广告商也不得参与节目制作,更谈不上任何决定权;广告商只是向电视台购买时间,但不能削弱节目的传播价值;广告的时间,每小时不得超过6分钟。此外,《电视法》还规定下列节目不得插入广告:宗教节目;国家庆典实况转播节目;英女王及其家属出现的节目;专为学校收视的节目；全国性及地方性新闻节目；ITV（独立广播局）认为性质严肃而不宜插播广告的其他临时节目。

英国对涉及儿童、金融、药品、营养品、慈善、宗教等领域的电视广告行为规范都十分严格。金融药品等广告必须经过英国独立电视委员会下属的广告监管委员会的逐条批准核对。对画面字幕上的内容有严格的法律规定，就连银行政策中的利息、汇率都要注明是税前还是税后纯利息，这与英国电视观众吹毛求疵的文化习惯是不无联系的。

另外，任何电视机构不得受理具有治疗酒精中毒，脱发，受孕测试，催眠等病状的广告。任何药品不得面向 16 岁以下的观众。“滋补品”、“天然”等词均不能出现在食品广告中，不得表现对某食品食用过量的镜头，不得出现购物车里面塞满同一种食品的广告，甚至不得描述儿童夜间食用糖果的镜头。在英国的电视广告中，酒类产品占据了相当大的比重，针对酒类的广告规定也十分细致。酒类广告不能够起到引诱青少年饮酒或者酗酒的内容，不允许将酒与性联系在一起。酒类广告中禁止出现暗示喝酒可以促进性欲的语言和动作。

政府有关职能部门主要通过国家立法对广告的范围、内容和形式进行严格的限制，如 1907 年颁布的规范广告活动的《广告法》。该法是以规范户外广告为主的法律，最初规定禁止广告妨碍娱乐场所、公园、风景地带的自然美。1925 年修订后扩大到凡影响乡村风景、公路、铁路、水道、公共场所与任何有历史价值建筑物及场所的情况，均禁止设置广告。1927 年修订时，又增加了禁止车辆涂饰广告行驶于街头，禁止任何人步行、骑马或乘车在闹市中做广告。

其他有关广告管理的法规则散见于有关法律中，如《消费者保护法》、《公平贸易法》、《食品和药物法》、《商品供应法》、《商标法》、《版权法》、《诽谤法》等。据统计，英国有 40 多种法律、法规涉及广告管理的内容。

除政府机构及法律、法规管理外，英国广告行业及媒体自我管理系统也比较完善，英国的广告自律团体构成自我管理系统。广告主、广告代理商及广播、电视公司、报刊出版业等专业、行业的团体组织，也都是各行业广告活动的自律组织，如英国广告人协会（ISBA，代表广告主）、广告商协会（DA，代表广告代理公司）、广告从业者协会（IPA）、户外广告协会（OAA）、独立电视公司协会（ITCA，代表电视业界）、报纸出版者协会（NPA）和期刊出版者协会（PPA，代表印刷媒介）等，也都分别对本专业的广告及广告活动进行管理工作。英国公众对广告业的自我管理较为信任。

第三节 德国和法国的广告

一、德国广告概况

德国是高度发达的工业国家,也是广告业非常发达的西方国家。截至1997年,德国总广告经营额为387亿马克,约合231.32亿美元,在当年欧洲国家中排名第二。广告主中占第一位的是汽车业,其次有大众媒体、零售业、批发业、软硬件及电讯通信业、化妆品业等,这些行业年广告费也都在10亿马克以上。进入21世纪以后,由于宏观经济环境的影响,德国的广告收入有所下降。2001年,德国广告经营额为216亿欧元。在2002年,德国广告经营额为200亿欧元,广告业在全球排名第四。2004年,德国经济出现1.7%的小幅增长,广告增长率则达到2%,超过经济的总体增长速度,显示出较强的复苏态势。

德国的广告公司几乎全是以美国等外国资本为主的跨国广告集团,其1997年排名前10名的广告公司中,纯德国资本的大广告公司只有Spning& Jacoby一家(排名第七,年营业额为6.48亿马克)。近年来,德国媒介购买公司势力大大扩张。

1. 德国的广告媒介

报纸是德国传统的强势媒体。德国发行的全国性报纸、地方性报纸合计有1 400多种,其中有424家在报纸发行量审计机构登记,每天总发行量在3 000万份以上。著名的全国性报纸有《法兰克福汇报》、《世界报》、《日报》等。德国地方独立性较强,一般德国人喜欢看本地报纸,因此,德国的日报市场是由地区性的和地方性的报纸主宰的,这一类报纸数量很大,几乎占总数的70%以上。这些报纸的主要发行量在城镇地区,每一种报纸的发行量很小,一般都在5万份以下。这些报纸的繁荣,培育了一个广阔的地方商业广告市场。在这些报纸中,广告一般占40%以上。一些全国发行的报纸也往往拥有诸多的不同的版本,即在不同地区刊登不同的地方新闻和不同的广告专页。德国发行量最大的《图片报》就是这种类型的报纸。

德国发行的杂志约9 400种,其中1 810种在发行量审计机构登记,是主要的广告媒体之一。德国杂志按内容,大致可以分为四类:新闻杂志、电视及电视指南杂志、妇女杂志和专业杂志等。新闻杂志中,鲁道夫·奥格施泰因主办的《明镜》周刊(1946年创办)曾是新闻杂志中出类拔萃的刊物,期发行量达100多万份。电视指南之类的杂志发行量也很大,大多在1 000万份以上,一般德国家庭是主要的订阅户。

德国广播电台也分公营公共广播电台和民营地方广播电台两大类。公共广播电台中，覆盖若干州的有26家；地方广播电台在170家以上。民营电台主要靠广告收入来维持运营。公共广播电台也播放广告，但星期天、节日则不能播放广告。

德国电视台也可分为公共电视台和民间电视台两大类。公共电视台有三大系统，即“第一电视台”（简称ARD、最早由联邦德国9个联邦于1952年创办）；“第二电视台”（简称ZDF，1961年12月正式创办，在业务上与ARD竞争）；“第三电视台”（简称DFP，1964年成立，与ARD、ZDF鼎足而立）。1990年德国统一以后，三大电视台仍是德国最大的三家电视台。公营电视台对广告的播放有严格控制，规定广告播出时间一天不得超过20分钟，逢星期天及节假日不准播放广告。最重要的民营电视台为RTL和SAI，广告播放时间可占全部播放时间的20%。德国有线电视发展很快，加入有线电视的家庭达1 850万户以上，家庭普及率达50%。

德国的户外广告包括各类路牌、大型广告牌、霓虹灯广告等。交通广告也很发达，包括地铁、巴士、电车及车站广告等。此外，德国广告中颇有特色的是会议及会场广告。德国的各种展览会和订货会在世界上非常有名，主要的城市都有订货会会场，一年要召开大约90次国际订货会，因此，会场成为很好的广告媒体。

2. 广告管理

德国最重要的广告管理法规之一是《反对不正当竞争法》。该法明确规定了哪些广告行为属于刑事犯罪行为和扰乱治安行为，以及上述行为应当承担的法律后果。该法规定：制作虚假广告，属于刑事犯罪行为；凡制作虚假广告者，处以一年徒刑或罚金；在广告中制造或散布伤害他人营业或营业者信誉的不实信息者，属诽谤行为，处以一年以下徒刑或罚金。该法还规定：对扰乱社会治安的广告行为，处以1万马克以下的罚款。

二、法国广告概况

法国也是世界上广告业发达国家之一，广告业起步较早。据国际广告协会公布的数据，1989年，法国广告费总额为86.693亿美元，人均广告费154.5美元。截至1997年，法国的总广告费为1 580亿法郎，约合281.78亿美元，在当年欧洲国家广告额排序中名列第一。90年代中后期，法国的最大广告主为食品业、服务业和化妆品业。信息产业及媒介行业的广告费也急剧增长，移动电话、卫星数字电话等的广告投资增大，带动了整个广告业的发展。

1. 法国广告公司

法国有1 000多家广告公司，专职广告人员3万多人。1997年，法国经营额最大的广告公司为哈瓦斯广告公司，其利润为19.45亿法郎。哈瓦斯(Havas)曾是全球前5名、法国最大的广告与传播集团。目前，哈瓦斯旗下主要的广告公司包括灵智大洋(Euro RSCG Worldwide，总部位于纽约)、Arnold Worldwide(总部位于波士顿)、传媒企划集团(Media Planning Group，总部位于巴塞罗纳)与市场服务机构“精实整合行销”(Field Force Integrated Marketing Group)等。2002年，哈瓦斯以总收入18亿美元，排名全球第6大广告与传播集团。1998年以来，哈瓦斯广告公司为了提高效益，把市场开发的主要目标从饱和的国内市场转移到美国。

1997年以前，法国广告业界本土广告公司的力量占据压倒性优势，前三名一般被本土公司囊括，但近年来这个传统的广告业结构发生了变化。法国重要的广告集团欧洲RSCG集团总部也在近年转移到美国。排名第三的BDDP被美国的奥姆尼康集团收购。奥姆尼康集团在法国的总营业额已经超过了哈瓦斯广告。

2. 法国的广告媒体

法国的媒体较为发达。其报纸可分为全国性报纸和地方性报纸两大类。全国性报纸又包括一般综合性报纸、体育报纸和经济报纸。在巴黎出版的面向全国的综合性报纸有9家，按发行量排列为《法兰西晚报》、《世界报》、《费加罗报》、《解放报》、《巴黎人报》、《巴黎晨报》等，《论坛报》、《回声报》则为权威性的金融报纸。地方日报有70多种，其中，《法兰西西部报》发行量居全国之首，在法国西部地区影响较大。该报1899年8月2日创刊于法国西部的莱恩市，原名为《西部闪光报》，由天主教社会民主党共和派特罗许神父和厄马尼埃·德格雷·迪卢创办。二次大战期间，该报持“中立”立场，继续出版，后因发表了一篇有利于德国占领军的声明，被认为与德国人“勾结”，1944年布列塔尼地区一解放，即由基督教民主抵抗派保罗·于坦和费朗索瓦·德格雷·迪卢接管，并改用现名。该报内容以地方新闻为主，设有40个地方版，日发行量79万份，居法国日报之首，是目前法国发行量最大、最为重要的地方报纸。法国报纸有一个重要特征，即地方日报的发行量大多超过全国性报纸。这些地方报纸之间在广告方面都互相协作、共同策划，使广告目标对象覆盖率大大提高。有的报纸还与其他媒体合作，如与电视媒体组合发布广告。

法国杂志业也非常发达，现有杂志约1.4万种，包括新闻杂志、综合性政治周刊、经济周刊、电视周刊、女性杂志、健康杂志、计算机杂志，等等。其中发行量排名前6位的几乎都是电视杂志，都在100万份以上，主要内容为电视节目介绍。但近年来，法国的杂志同样受到来自互联网的冲击。2007年5月24日，按照法国"广告报刊发行量审计局"(OJD)公布的数据，2005年，法国期刊的发行量下降了2.85%。这一年，两大类原本发行量大的刊物，如占全国发行量41%的电视周刊和占市场21%的女性杂志的发行量都下降了2.5%。2006年，法国期刊的发行量仍有减无增，下降比例为2%至3%。2006年法国期刊广告的发行情况同样呈下滑趋势。据法国"广告研究所"(IREP)的统计数字，2006年期刊广告下降了1%，营业额为15.27亿欧元。

法国同英国一样，也是欧洲第一批开办广播、电视的国家。早在本世纪初，法国就有种种无线广播的实验。1903年，广播业的先驱德福雷斯特在巴黎的艾菲尔铁塔上设过广播实验台。1922年法国邮电部正式在艾菲尔铁塔设立电台，定期播放节目，开始了法国广播事业的历史。1933年起实行广播收费制度。1935年开始进行电视实验广播。第二次世界大战期间，占领当局禁止法国人经营广播。战后，法国政府吊销全部私营广播电台的营业许可证，宣布广播、电视全部由"法国广播电视台"独家经营，并于1949年起实行电视收费制度。1967年10月，采用本国发明的SECAM制式播出彩色电视节目。1968年10月，电视台才开始播出商业广告。

法国现有面向全国的国营广播网1个，播送6套节目。商业广播网10多个，联网电台700家；另有独立的商业台450家，非赢利性电台380家。全国性地面电视台6个，其中公共电视3家，商业电视4家。截至1998年，法国居民拥有收音机5 200万台，平均每千人891台；拥有电视机2 147万台，平均每千人368台。

法国广播电视的另一特点是，广播电视体制在几十年里几经变革，政策缺乏连续性。世界上许多国家，包括法国，在战后重建广播电视业时都效仿英国模式，创立公共广播机构，以收视费为经费来源，为公共事业和公众利益服务。但是，法国的公共广播机构却被纳入政府部门管辖之下，并且广播电视政策随着执政党的更迭而发生巨变，与英国广播政策的延续性和发展过程的迟缓性形成鲜明的对比。

法国公共广播电视经过几十年的演变，现在已形成几个相对独立的公司，采取国有公营的体制，依法产生领导机构并自主开展业务。各公司领导机构均为管理委员会，管委会的人数、选任办法、职责权限都由广播法规定。公司的经费主要来自电视收视费(收费标准由国会审定、由政府财政部门收缴并分配)、广告收入和少量国家拨款。

公共广播主要由法国广播电台经营，下面分设四个台：国内台，这是个综合台，日夜播音，每小时都有正点新闻；文化台，以文化教育节目为主，也有新闻和时事专题；音乐台，立体声调频广播，日夜播放；新闻台，每天 24 小时连续播送新闻时事节目，每半小时更换一次，滚动式播送。

公共电视主要为电视二台、电视三台，它们同属法国电视台领导。公共广播电视还包括：法国国际广播电台，主办国际广播并对侨居法国的外国人广播；法国海外领地广播电视公司，总管海外省和海外领地的广播电视台，并提供广播电视节目；法国广播发射公司，主管广播电视发射网、发射频率，经营公共广播电视的发射业务，还拥有并经营卫星广播。法国视听节目制作公司，这是由国家资本、商业银行以及电视二台、三台、一台共同出资组建的公司，专门制作和销售各种音像制品、广播电视节目。此外，还有一个负责广播电视业务研究的视听研究所。

自从开放商业广播电视以来，公营台面临着严峻的挑战和激烈的竞争，另一方面这些公共台也出现了“自我商业化”的倾向。

法国的商业广播是 1982 年开放的。商业广播开放后，国内私营台大量涌现，现在已形成一些全国性广播网，还有不少独立的商业电台，总的市场占有率已超过公共电台。

商业电视萌生于 1984 年。这年 11 月，民营的新频道电视台获准开办。这是收费电视台，也称第四频道。其他商业电视台有：法国电视一台、电视六台。商业广播电视的经费主要来自广告。

法国有线电视网的建设始于 20 世纪 80 年代。1995 年，能够提供 15 套以上节目的宽频带有线电视网有 380 个，入网用户约占电视机家庭 20％以上。法国卫星电视主要使用法国广播发射公司、法国电信公司的卫星以及某些欧洲卫星进行传播。法国广播电视的数字化和电脑网络化也在逐步推进之中。

法国的户外广告在欧洲最注重艺术性，也是最发达的。它是法国除电视、报纸外的第三大广告媒体。

除了上述媒体以外，法国还有为数众多的非主流小众广告形式。1997 年，法国总广告额中的 63.6％是这类广告，其中包括直销、促销、现场活动、电话簿广告等。

3. 法国广告管理

目前，法国广播电视的最高管理机构是视听最高委员会，管理设在法国境内的所有电台和电视台。

第二次世界大战结束后，法国政府迅速吊销了全部私营电台的营业执照,以立法的形式确立了国家对于广播电视的垄断地位,成立了直属政府新闻部的国营广播电视机构——法国广播电视台(RTF)。1964年法国广播电视台被改组为"法国广播电视局"(ORTF)直接受一个管理委员会的领导。这个由16名成员组成的管理委员会,一半是政府代表,一半是新闻界、雇员和受众代表。他们负责制定法国广播电视局的政策和财政预算,监督和保证节目的质量、新闻报道的客观性和准确性等,其经费来自执照费和后来的广告费。

1975年,法国政府通过法令解散法国广播电视局,将其统一行使的职权分散移交给7个新成立的相互独立、相互竞争的公营公司。在经费方面,公营公司除了依靠政府分配的收视费外,还有商业广告收入。不过法国政府对所播广告的内容有很多限制,并且还限定各电视台的广告收入不得超过总经费的25%,以确保公共电视台为公众利益尽职尽责。

80年代是法国广播电视发生翻天覆地变革的年代。以密特朗为首的社会党执政之后,于1982年迅速通过了新广播法《视听通信法》,鼓励频道和节目的多样化,允许私营企业在法国经营电台和电视台,并与公共台竞争,从而结束了国家对广播电视的垄断。根据新广播法设立的视听最高机构以确保公共广播电视的独立性为主要任务,负责监督公共广播电视机构的节目及运营,任免各公共台的台长,审核颁发私营台包括有线台的经营执照,但不干涉各广播电视机构的经营。最高视听机构的9名成员由总统、国民议会议长和参院议长各指定3人。

80年代中后期,在私有化浪潮的冲击下,法国电视一台被成功私有化。政府在90年代通过立法规定各电视台播出的节目中,欧洲制作的节目必须占60%,其中50%又必须是法国制作的,以保护本国文化和本国影视制作业,但是大部分电视台都忽略或违反这些限额和规定。

法国的广告管理主要包括以下几个方面:一是对虚假广告的管理,二是对广播、电视及报刊广告的管理,三是对户外广告的管理。

法国1973年12月27日颁布的《商业、手工业引导法》,其第44条明确了虚假广告的定义。对虚假广告罪的处罚一般援用1905年8月1日《关于欺诈及假冒产品或服务》的法律条文,处3个月至两年的监禁,或罚金1 000至25万法郎。

有关广播电视方面的法规规定:国营电视台每天播放广告的时间,不得超过24分钟;广告节目不得影响固定节目,每一组广告节目开始前或结束后,要播放一个特殊的、易于辨认的电视广告标志;烟草及与烟草有关的产品和酒类,都禁止做电视广告;禁止广告中出现猥亵、有伤风化以及易导致人不安的内容。

本章关键词

日本广告　英国广告　德国广告　法国广告

思考题

1. 简述日本早期广告发展特点。
2. 简述日本广告业发展的历史进程。
3. 日本报纸发展有什么特点?
4. 分析日本广播电视的传播体制。
5. 日本有哪些广告管理法规?
6. 英国广告媒体发展有什么特色?
7. 简述英国广告公司的发展。
8. 英国政府是如何对广告行业实施管理的?
9. 简述德国广告媒体的发展特色。
10. 法国广告媒体发展有何特点?

后　记

在广告学这门应用型学科中，对中外广告发展史的研究可说是其知识体系中的基础部分，而本书则是致力于强化这一基础的努力之一。成书之际，编者更加感到广告发展史研究的意义所在。广告发展史，不仅能够为挖掘和总结人类广告实践中的思想和智慧服务，为给当代广告实践带来启迪、促进当代广告业健康发展的目的服务，同时，还能够有助于对社会发展进程的透视和理解。在整个社会的历史进程中，广告发展只是其中一个很小的侧面。即使这样，透过中外广告发展的历史已经能够一窥中外各国不同历史时期的社会发展风貌。因此，编者希望，本书不仅有益于广告业内人士和高等院校广告学专业师生，也有助于广大业余爱好者了解中外广告发展史和社会发展史。

成书之际，特别感谢本书责任编辑施敏女士！是她的宽容、理解、责任心最终化成了编者的动力。

本书第一章、第二章第一、第二节以及第三章的部分资料由王芳编写。其他章节由夏文蓉完成编写。

本书难免有错误、疏漏之处，请读者批评指正。

编　者

2009 年 10 月

图书在版编目(CIP)数据

中外广告发展史/夏文蓉编著．—南京：南京大学出版社，2009.12(2011.12重印)
(大学广告系列丛书/夏文蓉主编)
ISBN 978-7-305-06583-5

Ⅰ．中…　Ⅱ．夏…　Ⅲ．广告—历史—世界
Ⅳ．F713.8-091

中国版本图书馆CIP数据核字(2009)第212422号

出 版 者　南京大学出版社
社　　址　南京市汉口路22号　　　　邮编　210093
网　　址　http://www.NjupCo.com
出 版 人　左　健

丛 书 名　"大学广告"系列丛书
书　　名　中外广告发展史
编　　著　夏文蓉
责任编辑　施　敏　　　　编辑热线　025-83596027

照　　排　南京玄武湖印刷实业有限公司
印　　刷　南京人民印刷厂
开　　本　787×960　1/16　印张17　字数296千
版　　次　2009年12月第1版　　2011年12月第2次印刷
ISBN　978-7-305-06583-5
定　　价　31.00元

发行热线　025-83594756
电子邮箱　Press@NjupCo.com
　　　　　Sales@NjupCo.com(市场部)